公司法学
Corporation Law

王仰光◎主编

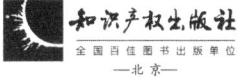

图书在版编目（CIP）数据

公司法学 / 王仰光主编. -- 北京：知识产权出版社，2025. 8. -- ISBN 978-7-5130-9822-9

Ⅰ.D922.291.911

中国国家版本馆CIP数据核字第2025AL7854号

内容提要

公司资本制度、公司治理和公司法人制度是公司法的三大支柱，2023年《公司法》对资本制度、公司治理和公司退出制度等进行了修订，迫切需要结合实务案例进行阐释。本书根据2023年《公司法》，结合《公司登记管理实施办法》和最高人民法院建设的人民法院案例库中的公司法案例，借鉴学者的研究成果和作者研习公司法的心得体会，对公司的理论体系、制度原理从法解释学的角度予以阐明。本书语言通俗易懂，既有理论深度，又有实务解读，不仅可以满足在校生学习公司法的需求，又对社会大众了解公司法、律师等法律共同体运用公司法提供助力。

责任编辑：张利萍		责任校对：王 岩	
封面设计：杨杨工作室·张冀		责任印制：刘译文	

公司法学

王仰光　主编

出版发行：知识产权出版社有限责任公司		网　　址：http://www.ipph.cn	
社　　址：北京市海淀区气象路50号院		邮　　编：100081	
责编电话：010-82000860转8387		责编邮箱：65109211@qq.com	
发行电话：010-82000860转8101/8102		发行传真：010-82000893/82005070/82000270	
印　　刷：天津嘉恒印务有限公司		经　　销：新华书店、各大网上书店及相关专业书店	
开　　本：720mm×1000mm　1/16		印　　张：20	
版　　次：2025年8月第1版		印　　次：2025年8月第1次印刷	
字　　数：342千字		定　　价：99.00元	
ISBN 978-7-5130-9822-9			

出版权专有　侵权必究

如有印装质量问题，本社负责调换。

编写人员及具体分工

主　编：
王仰光(第二编第五章、第六章、第七章、第八章，第四编第十三章)

副主编：
刘经靖：教授，博士生导师，山东大学法学院（威海），民商法学科带头人（第一编第一章、第二章）

马国泉：副教授，硕士生导师，山东财经大学法学院（第三编第九章、第十章，第五编第十六章、第十八章）

其他编写人员：
王伟国：研究员，二级巡视员，中国法学会研究部（第一编第三章）
王林彬：教授，博士生导师，新疆大学法学院（第二编第四章、第五章）
张玉东：教授，烟台大学法学院（第三编第十一章、第十二章）
李　哲：教授，山东工商学院法学院（第五编第十七章，第六编第二十章）
张　弛：副教授，济南大学政法学院（第四编第十四章）
李　静：讲师，应急管理大学文法学院（第四编第十五章，第六编第十九章）

第一编 公司与公司法

第一章 公司 ……………………………………………… 003
  第一节 公司的概念和特征 / 003
  第二节 公司的性质 / 006
  第三节 公司与现代企业制度 / 011

第二章 公司的种类 ……………………………………… 014
  第一节 公司的学理分类 / 014
  第二节 公司的法定种类 / 018
  第三节 我国公司的法定类型 / 023

第三章 公司法 …………………………………………… 030
  第一节 公司法的概念与性质 / 030
  第二节 公司法的立法体例和地位 / 037

第二编 公司设立制度

第四章 公司设立的一般规则 …………………………… 045
  第一节 公司设立的概念与性质 / 045
  第二节 公司设立的原则及演变 / 049
  第三节 公司设立的具体制度 / 052
  第四节 发起人与设立中公司 / 059
  第五节 公司设立瑕疵及救济 / 066

i

第五章　公司登记 ·········· 071
第一节　公司登记概述 / 071
第二节　公司登记的监管 / 075
第三节　公司登记的效力 / 078

第六章　公司章程 ·········· 082
第一节　公司章程概述 / 082
第二节　公司章程的内容 / 089
第三节　公司章程的效力 / 091

第七章　公司人格和能力 ·········· 095
第一节　公司人格 / 095
第二节　公司人格否认 / 097
第三节　公司的能力 / 104

第八章　公司名称与住所 ·········· 116
第一节　公司名称 / 116
第二节　公司住所 / 120

第三编　公司金融

第九章　公司融资 ·········· 125
第一节　公司资本结构及融资渠道 / 125
第二节　公司资本 / 127

第十章　出资制度 ·········· 134
第一节　股东出资的法律规制 / 134
第二节　股东出资形式 / 136
第三节　股东出资义务与瑕疵出资责任 / 138

第十一章　公司股份与公司债券 ·········· 144
第一节　公司股份 / 144
第二节　公司债券 / 149

第十二章　公司的财务会计制度 ·········· 153
第一节　公司财务会计制度概述 / 153
第二节　公司的财务会计报告制度 / 154
第三节　公积金制度 / 159

第四节　公司分配制度 / 161

第四编　股东权利

第十三章　股东 ……………………………………………… 169
　　第一节　股东概述 / 169
　　第二节　股东身份的取得和丧失 / 171
　　第三节　股东身份的认定 / 174
第十四章　股权 ……………………………………………… 188
　　第一节　股权概述 / 188
　　第二节　股权的内容 / 192
第十五章　股权转让 ………………………………………… 200
　　第一节　股权转让概述 / 200
　　第二节　有限公司股权转让的特殊规定 / 206
　　第三节　股份公司股权转让的特殊规定 / 209
　　第四节　股权回购 / 211

第五编　公司治理

第十六章　公司治理基本理论 ……………………………… 221
　　第一节　公司治理概述 / 221
　　第二节　公司治理的模式 / 222
　　第三节　我国公司治理概述 / 224
第十七章　公司组织机构及其成员 ………………………… 227
　　第一节　股东会 / 227
　　第二节　董事会 / 235
　　第三节　监事会 / 242
　　第四节　上市公司组织机构的特别规定 / 246
　　第五节　董事、监事与高级管理人员的资格 / 251
　　第六节　公司决议的瑕疵及救济 / 252
第十八章　受信义务 ………………………………………… 259
　　第一节　受信义务概述 / 259

第二节　忠实义务 / 265
第三节　勤勉义务 / 274
第四节　股东代表诉讼 / 277

第六编　公司变更、合并、分立、解散与清算

第十九章　公司变更、合并和分立 ······ 287
第一节　公司组织形态变更 / 287
第二节　公司的合并 / 288
第三节　公司的分立 / 295
第四节　公司并购和重大资产出售 / 297

第二十章　公司解散和清算 ······ 299
第一节　公司解散 / 299
第二节　公司清算 / 304
第三节　公司注销登记制度 / 310

第一编 公司与公司法

第一章 公　司

第一节　公司的概念和特征

一、公司的概念

公司作为人类社会创造的最有影响力、最常见的一种企业组织形式，是市场经济的重要支柱，对社会经济制度产生了较为深远的影响。

在不同的国家，由于法律体系及文化等的差异，公司的含义并不相同。在英语中，公司主要对应着两个词，分别为"company"和"corporation"，前者主要在英国使用，而后者主要在美国使用。具体而言，在英国，"company"一词主要是指人们以经营商业或者工业等经济目的而组成的团体，例如以营利为目的的团体；但是公司也可不以营利为目的或者不以营利为主要目的。[1] 在美国，公司是指看不见，摸不到，仅在法律上存在的拟制主体。[2] 布莱克法律词典给公司的定义是，公司通常是商业实体，像一个自然人一样，其依法享有权利，与拥有其股份的股东不同，其有权发行股份并可以无限期存在；公司是由数人依据法律规则设立的法人，该法人与其设立者不同，可以永久存续，并享有章程所赋予的法律权利。[3]

在大陆法系国家和地区，公司是依法设立的以营利为目的的企业法人。[4] 大陆法系各国（地区）规定的公司种类较多，立法难以从中抽象出统一的定义。对于公司的概念，大致可以分为三种情形：一是统一定义。如我国台湾地区所谓"公司法"第1条规定："本法所称公司，谓以营利为目的，依

---

[1] Paul L. Davies, D. D. Prentice, Gower's Principles of Modern Company Law, Sweet&Maxwell, 1997, pp.3-5.
[2] Trustees of Dartmouth college v. Woodward, 17 U.S. (4 Wheat.)
[3] Bryan A. Garner, Black's Law Dictionary, eighth edition, p.365.
[4] 需要说明的是，大陆法系中的"法人"乃非自然人但是可以享有权利义务的主体。参见郑玉波：《民法总则》，北京：中国政法大学出版社，2003年版，第163页。

照本法组织、登记、成立之社团法人。"相似的立法还有《韩国商法》第 169 条，《法国民法典》第 1832 条。二是对各类公司分别定义。如《意大利民法典》第 2291、2313、2325、2462、2472 条分别就无限公司、普通两合公司、股份公司、股份两合公司、有限公司作出定义。三是仅规定各类公司设立的目的、性质。如德国《有限公司法》第 1 条规定："有限公司可以按照本法的规定为任何法律允许的目的由一人或者数人设立。"德国《股份法》第 1 条规定："（1）股份公司是具有独立法律人格的公司。对于公司债务，只以公司财产向债权人承担责任。（2）股份公司的基本资本划分为股份。"

从词义上看，"公司"一词是否为汉语固有概念，存在肯定说和否定说两种学说，但均无可靠的史料证明。目前来看，否定说占据上风，即"公司"不是汉语的固有词汇，而是随着西方企业法律形式传入中国而逐渐通行的一个术语。当然，公司一词的含义并不是一成不变的，据学者考证，在 1833 年以前，"公司"专指英国的东印度公司，其核心的意思是官设独占；但在 1833 年以后，公司泛指欧洲公司的集合名词，其官设独占的含义趋于衰弱。1903 年，清政府颁布《大清公司律》第 1 条规定："凡凑集资本共营贸易者名为公司。"至此，"公司"泛指一切具有法人资格的企业。现代汉语词典中，"公司"是指依法设立，以营利为目的，独立承担民事责任的从事生产或服务性业务的经济实体。分为有限责任公司和股份有限公司。[①] 依我国《公司法》规定，公司是指依照《公司法》设立的以营利为目的的企业法人。

二、公司的特征

根据《中华人民共和国民法典》（以下简称《民法典》）、《中华人民共和国公司法》（以下简称《公司法》）及相关法律法规的规定，在我国，公司具有以下法律特征：

（一）公司为法人

我国《民法典》将法人定义为具有民事权利能力和民事行为能力，依法独立享有民事权利和承担民事义务的组织。同时规定，法人应当依法设立，应当有自己的名称、组织机构、住所、财产或者经费。法人以其全部财产独立承担民事责任。我国《公司法》也明确公司是法人，有独立的法人财产，

---

① 中国社会科学院语言研究所词典编辑室：《现代汉语词典》，北京：商务印书馆，2021 年版，第 452 页。

享有法人财产权。

公司为法人，独立于公司的股东，这意味着公司具有权利能力和行为能力，依法独立享有民事权利和承担民事义务。同时也意味着公司可以自己的名义独立地从事经营活动，实施法律行为，并能够依法独立承担民事责任。但是，作为法人，公司是法律的产物，公司人格的产生必须满足法律规定的实质条件和程序要件，这与自然人基于出生而取得人格不同。公司的法人资格由法律赋予，在满足一定条件时，法律也可否定公司的法人资格。

（二）公司为企业法人

企业是以从事资本增值活动为目的的组织，是一种重要的市场主体，其本身具有众多的法律组织形态。根据是否具有法人资格，企业可以分为不具有法人资格的企业，比如个人独资企业、合伙企业等；具有法人资格的企业，比如全民所有制企业。二者的区别在于是否可以独立承担责任。《公司法》第3条规定公司为企业法人。

（三）公司为营利法人

营利法人是指以取得利润且将其所得利润分配给其成员的法人。营利法人区别于其他法人的根本特征是其以取得利润并分配给出资人为目的。公司为营利法人，强调两点：一是公司为营利而存在。虽然现实中并非每个公司都一定能够实现营利，但是这并不妨碍公司目的是营利。二是公司获得利润后，需要将其利润分配给公司的股东。如果某法人获得利润后，并不将获得的利润分配给其成员，而是用于组织事业的扩大，则不能认为该组织为营利法人。公司以营利为目的，则必须进行商品的生产经营活动，必须有自己的营业，且其营业应当具有连续性。但是应明确公司从事营业活动只是一种手段，其终极目的在于追求利润的最大化，来满足股东的投资回报要求。但是并不是所有公司均以营利为目的，比如我国《证券法》第145条第1款规定："证券登记结算机构为证券交易提供集中登记、存管与结算服务，不以营利为目的，依法登记，取得法人资格。"因此，中国证券登记结算有限责任公司是不以营利为目的的企业法人。

（四）公司应当依法进行登记注册

公司应当依法设立，作为营利法人，需要按照《公司法》及相关法律法规的规定设立。设立公司除须具备《公司法》及相关法律法规所要求的条件外，还必须依照法定程序进行登记；在公司设立后，如果发生变更或者解散、被宣告破产等，还需要向公司登记机关进行变更登记或者注销登记。

第二节　公司的性质

对于公司的性质，理论上存在不同的学说。有代表性的主要有以下几种：

一、特权理论

该理论认为，公司是由政府许可或者特许而设立，公司来源于政府的特权（privilege、franchise）、特许权（concession）、授权（grant）。例如，在美国，只要向州务卿提交一份适当文件并交纳相应的费用，就可以成立公司。基于这一公司成立过程，学者们认为，州务卿代表州政府允许所有者或者投资者以公司的名义从事活动，公司的权利能力来源于州政府的特权。[1] 事实上，早期公司设立均须得到政府或者国会的特许令状（charter），且公司的设立受到诸多限制。比如，英国最初是皇室给公司颁发执照（charter），1688年"光荣革命"后由议会颁发。欧洲的其他国家，比如西班牙、法国等，政府也通过颁发公司执照的形式给予公司特权。[2] 这一理论强调政府在设立公司中的地位。但是现在公司设立仅仅是一种民事行为，公司登记机关对普通公司设立的审查仅仅为形式审查，在这一过程中，并不存在实质性管制。因此，对于普通公司而言，这一理论已经不具有解释力。

二、法人理论

从法人概念出现到20世纪早期，公司理论一直被法人理论主导。法人理论中的三元论也长期统治着公司理论。

（一）拟制说

拟制说认为，法人是观念上无形的权利主体，是法律针对人和财产的集合而拟制的人格（artificial person）或者拟制的实体（artificial entity）。拟制说

---

[1] Robert W. Hamilton, The Law of Corporations in a Nutshell, West publishing Co, 1991. 4~5.
[2] 胡国威：《美国公司法》，北京：法律出版社，1999年版，第1页。

认为，法律本为自然人而设，自然人之外本不存在人格，但因社会经济发展的需要，法律为公司另创一种人格。公司作为拟制的法律主体，可以起诉和应诉，拥有财产，以及进行商业交易。但是因公司没有意思能力，所以公司本身没有行为能力，公司参与民事活动必须由自然人来代理。公司机构的行为不是公司的行为，但作为拟制的结果，其法律后果归属于公司。

拟制说认为，公司和股东之间，公司独立于股东，但是独立是相对的；公司为法律的拟制，公司的权利能力和行为能力来源于法律的授权，但是公司与自然人不同，其并不存在自然人基于出生获得的权利能力，未经法律确认，自然人所享有的权利，公司并不能自动获得。

拟制说来源于教会法，属于罗马法的法人观念，对于近代以来立法中弘扬个人主义、人本主义的法律精神，反对封建主义和团体思想，强调对个人人格的尊重，颇有助力，英、美、德、日民法典中规定法人的董事为法人的法定代理人，即此种理论的体现。

但是，拟制说存在一定的弊端。首先，拟制说强调法律先于实体，实体的权利来源于授权，导致许多未被法律界定的权利难以保护，在全球化的背景下，对非本国公司的主体资格确认难以应用。其次，拟制说容易产生唯名主义，主要控制制度是登记，登记后具有主体资格。但是简单的控制制度也会忽略了主体内部的关系。[1] 最后，拟制说未能对法人相对于其成员的独立性、法人的意思形成等法人基本制度提供有力的解释。所以学者对该学说权利义务的主体以自然人为限的大前提进行批判，认为这一前提在今天已经不合时宜。[2] 对于法人没有独立意思，所以法律仿效自然人制度，另创一种人格的观点，学者认为，人格并不是与意思能力相伴随，意思能力为行为能力的要件，而不是权利能力的要件。[3]

（二）实在说

实在说认为，公司不是法律的虚构，也并非没有团体意思和利益，而是客观存在的主体。[4] 对于实在说，主要有两种见解：一是有机体说。该说认为，人类社会生活中，存在许多结合体，这种结合体均有其内在的统一，而

---

[1] 邓峰：《作为社团的法人：重构公司理论的一个框架》，《中外法学》，2003（6）：745.
[2] 郑玉波：《民法总则》，北京：中国政法大学出版社，2003年版，第170页。
[3] ［日］富井政章：《民法原论》（第一卷），陈海瀛、陈海超译，北京：中国政法大学出版社，2003年版，第136页。
[4] 王泽鉴：《民法总则》，北京：北京大学出版社，2009年版，第151页。

成为统一体，像自然人一样，有其固有的生命。即自然人是自然的有机体，有个人的意思；而统一体为社会的有机体，有团体的意思，法律对这种实际存在的社会有机体，赋予人格，使之成为法人。这一学说的集大成者为基尔克（Gierke）。这一理论矫正了个人主义法律思想的偏见，强调团体的重要性。但是对于人类结合体的本质是否应视为社会有机体，是否有团体意思的存在，以及为何法律对于社会的有机体应赋予人格，应赋予权利能力，均无法给予圆满的解释。另外，自然人为权利义务的主体，并不是因为其属于自然的有机体；自然人具有权利能力，也不是因为其具有意思能力，有机体说无法较好地解释这一现象。二是组织体说。该说认为法人是社会生活中的团体，自然发生，并有其固有的生命，法律不能对其进行随意限制。目前我国民法学界主要采纳了实在说。[①] 探讨法人的性质，主要考虑到法人在经济社会中的作用及其具有的社会价值。如果法人能够发挥其应有的作用，具有相应的社会价值，则法律有必要赋予其人格。但是实在说没有考虑到法人与自然人的区别，而且将法人机构的行为等同于法人的行为，可能导致法人机构所从事的越权行为要由法人负责等对法人不利后果的发生。

（三）否认说

该说认为法人本身不是独立的人格，而是为了一定目的而存在的无主财产，或者认为法人的财产并不属于法人本身所有，而是属于管理其财产的自然人所有，只有管理法人财产的自然人，才是法律上所称的法人；或者认为法人仅仅是形式上的主体，实际上权利义务归属的主体为享有法人财产利益的多数个人。否认说将公司放入社会或者市场来理解公司的本质，强调自然人特别是股东对公司的控制，对实在说中的管理者中心主义进行了挑战，为保护小股东权利提供了救济方向。但是否认说否认团体意思和公司机关的存在，不承认公司犯罪且无法解释公司双重税收问题，显然与法不符。[②]

三、契约理论

契约理论解释公司的本质，主要有两种思路：第一种是将公司执照视为契约，该理论认为，公司执照为契约，这种契约关系存在于政府和公司之间、公司和股东之间以及股东相互之间。学者认为，这种契约理论在今天已经失

---

① 王利明、杨立新、王轶、程啸：《民法学》（第六版），北京：法律出版社，2020年版，第99页。
② 邓峰：《普通公司法》，北京：中国人民大学出版社，2009年版，第57-58页。

去了意义,并被新的"契约关系"理论替代。[1] 第二种是合同联结体理论。该理论认为,公司是一系列合约安排,是一个由明示或者默示的交易构成的网络,或称为合同的联结体。[2] 公司中的各方当事人,如雇员、管理者、股东和债权人等均为理性的经济人,有权利也有能力按照自己的意愿缔结契约。公司事务是契约当事人之间的私人事务,它们应当交由市场决定,尽量减少国家干预。[3] 契约理论建立在自由市场与契约自由这一假设基础之上,其反对公司法上强制性规范的存在,为公司自治、自由主义、对抗国家管制提供了理论依据。

契约理论认为,既然公司是通过多个私人契约设立的,法律保护契约关系中的每一个契约,基于契约自由原则,公司法应由任意性规则(default rules)或者赋权性规则(enabling rules)构成,公司在运作过程中自由决定其事务,立法机关不应在公司法中规定强制性规范来限制公司及其利害关系人。公司法主要的作用是给公司的起草者提供可供参考的示范规则,节省公司设立者单独起草相关文件的麻烦和时间,节省公司设立和运行的成本;对于私人契约者而言,可以提供一个合法性检验标准,避免契约条款出现违法无效的情形,提高缔约的效率,并在当事人之间的契约存在遗漏、空白之时,填补合同的空白。[4]

但是契约理论也遭到一些质疑,比如契约理论的分析方法建立在所有人都充分了解交易,并能够理性地最大化其财富的假设前提下,但是这一假设在真实世界里并不存在。相反,在真实世界里,信息不对称、交易者存在冲动等非理性行为比比皆是,与假设情形大相径庭,契约理论的说服力遭到质疑;而且从各国公司法的具体规范来看,强制性规范数见不鲜,而且在某些方面比如公司产品责任法律关系中,受害人与公司并不存在契约关系。

四、利益相关者理论(stakeholder theory)

利益相关者理论将公司看作利益共同体。利益相关者理论有两个来源,分别为实体论和参与论:实体论将公司的群体分为股东、雇员、顾客和公众,

---

[1] 施天涛:《公司法论》(第三版),北京:法律出版社,2014年版,第15页下参考文献[14]。
[2] [加拿大]布莱恩 R. 柴芬斯:《公司法:理论、结构和运作》,林华伟、魏旻译,北京:法律出版社,2000年版,第32页。
[3] [美] 弗兰克·H.伊斯特布鲁克等:《公司法的逻辑》,黄辉编译,北京:法律出版社,2016年版,前言第3-4页。
[4] 李建伟:《公司法学》(第二版),北京:中国人民大学出版社,2011年版,第11页。

认为公司治理在坚持管理者中心主义的前提下,需要重视公司的社会利益;参与论认为公司本质上为政治机构,其决策机构应当由雇员代表、消费者代表、政府代表等组成。[1] 该理论有两个主要主张:①实体论者倾向于扩张性解释诚信义务,认为董事的目标在于公司利益最大化而不是股东利益最大化;②参与论者强调公司的本质特征是双重决策、审慎决策、分权理论,可以将适用于官僚组织的一些做法引入公司治理。这一理论在各国公司法中均有或多或少的体现,比如利益相关者条款进入公司法。

但是利益相关者理论也存在诸多弊端,不同利益群体的偏好不同,导致不同群体选择不同,在利益相互冲突的群体中进行合作存在诸多困难;掌握公司实际权力的内部群体可能会排斥外部群体,将利益集团带入本属于生产性组织的公司,可能造成公司应有价值的丧失;在股东设立公司这一大背景下,需要法律用强行性规范来规制可能遇到的问题,但是这种外部规制无法穷尽全部规则,未规定之处,难以避免某一利益群体利用自身优势谋私。

五、公共性理论

因为公司本身处在公私二元的特性之中,对公司性质的争议会一直持续。针对上述理论的冲突,有学者提出了某种折中理论,不再将某一理论作为所有类型公司的本质,而将公司法作为一个标准化的框架。

公共性理论认为应当根据公司公共性程度、公司的性质等因素决定公司的治理结构问题。公司公共性程度越高,越应当赋予公司更为独立的权力,董事会拥有更大的决策权,法律应当要求公司更多地考虑社会利益、外部利益,公司治理趋向于利益相关者治理模式。公司公共性程度越低,公司作为股东寻求商业利益的工具,越应当更多地考虑股东的利益,在公司治理上应当强化股东同意规则。

对于公司公共性的考虑,应当根据公司的实际运行情况来判断,分别考虑到股东的人数和异质性程度、公司的成立依据和其在社会中的职能承担、公司实际运行中的独立性程度以及公司的财产组成方式和来源等。[2]

---

[1] Robert A. Dahl, Polyarchy: Participation and Opposition, Yale University Press, 1971, pp. 1-32. 转引自邓峰:《普通公司法》,北京:中国人民大学出版社,2009年版,第65页。

[2] 邓峰:《普通公司法》,北京:中国人民大学出版社,2009年版,第66-68页。

第三节　公司与现代企业制度

一、企业法律形态

企业法律形态，是指法律所规定的企业组织形式。经过长期的历史发展，根据成员构成、责任形式和法律人格的不同，企业分为独资、合伙和公司这三种典型的企业形态。这三种企业形态涵盖了一切商业组织，各类企业之间各具特色，成为市场经济体制国家企业立法的共同选择。我国为社会主义国家，根据我国公有制的经济制度，按照所有制标准，在立法上将企业分为全民所有制企业、集体企业和私营企业。但是随着我国市场经济体制的发展，我国企业立法逐渐实现了以独资企业、合伙企业和公司企业为企业形态的立法体系。

二、公司与独资企业

个人独资企业是由一个自然人出资设立、财产为投资人个人所有，投资人以其个人财产对企业承担无限责任的市场主体。独资企业是最古老的企业形态，多为小规模企业采用的一种法律形态。

公司企业与独资企业的不同之处在于：

（1）法律地位不同。独资企业是自然人参与市场经济的一种组织形式，其没有法人资格，不具有法人地位，为非法人组织。公司具有独立的法律人格，是典型的营利法人。

（2）投资人身份和人数不同。独资企业的投资人限于自然人，法人和非法人组织不能设立独资企业；公司的投资人没有这一限制。独资企业的成员限于一人，这是其区别于合伙、公司的基本特征之一。除一人公司外，公司股东人数具有复数性。

（3）财产结构和管理结构不同。独资企业的财产由企业主所有，经营权由企业主享有和行使，但是其可以将经营权委托给经理或者雇员行使。这与公司的股东会、董事会和监事会等机构分权运行显然不同。

（4）责任能力不同。独资企业中出资人的财产责任不一定是有限的，当企业资不抵债时，债权人可以要求出资者以其个人财产清偿债务。而公司为企业法人，能够独立承担责任，其股东承担有限责任。

三、公司与合伙企业

合伙企业是指二人以上按照合伙协议依法设立的以营利为目的的市场主体。与独资企业一样，合伙企业不具有法人资格，属于非法人组织。

公司与合伙企业虽然同为组织，但是依然存在显著的区别：

（1）成立基础不同。合伙企业是按照合伙协议设立，公司是以章程为基础设立。合伙协议和章程的性质不同：合伙协议的订立、变更和修改须经全体合伙人一致同意，公司章程适用多数决规则；合伙协议仅对签约的合伙人具有拘束力，公司章程作为公司的自治规则，对公司、股东、董事、监事、高级管理人员均具有约束力；合伙协议适用合同自由原则，而公司章程必须满足公司法的规定。

（2）法律地位不同。在我国，合伙企业属于非法人组织，公司为营利法人。

（3）投资者人数和财产权益不同。合伙企业至少包括两个合伙人，而公司股东可以为一人，也可以为数人。合伙企业的利润和亏损，由合伙人依照合伙协议约定的比例分配和分担；合伙协议未约定利润分配和亏损分担比例的，由各合伙人平均分配和分担。而公司的利益分配较为复杂，但是大多数根据股东的股权比例决定。

（4）财产结构和管理结构不同。合伙企业是合伙人独立从事经营活动的组织，合伙企业的财产不同于合伙人的个人财产，合伙企业的财产具有相对的独立性。但是合伙企业财产本质上属于合伙人共有，合伙人在一定的条件下可以退伙而取回出资。但是公司作为企业法人，有独立的法人财产，享有法人财产权，股东在公司存续期间不得抽回出资。与财产结构相适应，合伙企业的各合伙人对于合伙企业事务享有平等的决策权、执行权和监督权，其决议方式由合伙协议规定，但是某些特定的事务需要全体合伙人一致同意；而公司权力由法定机构行使，股东个人不得以股东身份行使管理权，公众性公司实行集中管理，除非章程另有规定外，公司事务的管理一般实行多数决规则。

（5）信用基础不同。合伙企业是典型的人合企业，其信用基础在于合伙人的财产，而不是合伙企业的财产。因此，一旦发生合伙人难以继续参加合伙企业的事由等严重影响合伙人信用关系的事项，即使合伙企业约定了经营期限，合伙人也可以申请退伙。如果发生合伙人死亡或者被依法宣告死亡、被依法宣告为无民事行为能力人、个人丧失偿债能力或者被人民法院强制执行在合伙企业中的全部财产份额，此类事项实际发生之日，合伙人退伙。对公司而言，除无限公司外，公司多属于资合企业，其信用基础为公司本身的财产，而不是股东的个人财产，所以理论上公司可以永久存续。

（6）责任能力不同。在对外责任承担上，因合伙企业的类型而有差别。普通合伙企业的全体合伙人对合伙企业债务承担无限连带责任，法律对普通合伙人承担责任的形式有特别规定的，从其规定；有限合伙企业中，普通合伙人对合伙企业债务承担连带责任，有限合伙人以其认缴的出资为限对合伙企业债务承担责任。而股东承担有限责任是有限公司、股份公司的基本特征。

四、公司与现代企业制度

现代企业形式包括公司企业、合伙企业和独资企业，但是以公司企业为核心。在某种意义上，现代企业制度主要是指公司制度。在当今社会，公司作为最重要的市场主体，因其资本雄厚、经营规模庞大、业务范围广泛，在社会经济生活中发挥着重要的作用。

在我国由计划经济向市场经济的转轨过程中，公司法作为社会主义市场经济的基础性法律，为建立现代企业制度发挥了重要的作用。1993年《公司法》第1条立法目的中，明确了公司法制定的目的之一是建立现代企业制度，之后确立了我国以公司制为核心的现代企业制度建设。2005年《公司法》取消了"建立现代企业制度"这一立法目的，强调《公司法》面向一般商事公司的普遍适用效力；2023年《公司法》将完善中国特色现代企业制度作为立法目的，强调了公司法对我国企业制度改革实践的适应与引领功能，[①] 这一修订必将促进具有我国特色的现代企业制度的建设，对于建立和完善社会主义市场经济体制具有基础性的作用。

---

① 陈甦：《中国特色现代企业制度的法律表达》，《法治研究》，2023（3）：17。

第二章 公司的种类

第一节 公司的学理分类

一、人合公司、资合公司与人合兼资合公司

以公司的信用基础为标准，大陆法系国家和地区的公司法学者将公司分为人合公司、资合公司、人合兼资合公司。

人合公司是指以股东个人信用为基础的公司。人合公司以股东个人资产、声誉、地位等信用作为对外活动基础，股东个人信用越高，公司的信用也就越高。在人合公司中，股东之间通常存在特殊的人身信任、依附关系，法律多规定公司事务由股东共同协商和执行，股东对公司债务负无限连带责任。法律对人合公司的注册资本额和股东的出资方式没有限制，股东可以劳务、债权、信用等出资。典型的人合公司是无限公司。

资合公司是指以公司资产作为公司对外活动的基础的公司。资合公司的信用在于公司自身资产，而与股东的个人信用没有关系。公司资产越高，公司的信用就越高。法律对于资合公司的设立、股东出资、公司资本和资产制度有严格的规定，例如限制股东的出资种类，不能以劳务和信用出资。法律作此规范，是为了防范股东对公司资产的侵害，来保护公司债权人的利益。典型的资合公司为股份公司。

人合兼资合公司是指兼取股东个人信用和公司资产作为公司营业活动基础的公司。在这类公司中，有限责任股东的出资为公司提供资产信用，无限责任股东以其个人信用为公司债务提供一般担保。这类公司的典型为两合公司和股份两合公司。

二、封闭公司与公众公司

以公司资本筹集方式以及股票是否允许自由转让为标准，可以将公司分

为封闭公司和公众公司。这是英美法系国家对公司的基本分类。

封闭公司（private company，closed corporation），又译为不上市公司、私公司，是指公司资本只能由设立公司的股东拥有，不能对外发行股份，股票不能在证券市场自由流通，股东的股权转让受到一定限制的公司。

公众公司（public company，share corporation），又称为开放式公司、上市公司，是指公司可以在证券市场向社会公开发行股票，股东人数无法定限制，股票可以在公开交易市场自由交易的公司。

三、普通公司与特殊公司

根据公司设立依据的部门法和公司经营范围的不同，将公司分为普通公司和特殊公司。

普通公司是指依照普通公司法设立的从事普通商事业务的公司。这一定义包含了两层含义：其一，依照普通公司法，比如我国《公司法》设立；其二，从事普通商事业务，无须特别许可，如普通商品的生产、销售等。

特殊公司是指依据商事特别法设立的从事特别业务的公司。这一定义包含两层含义：其一，依据商事特别法，比如我国《商业银行法》《证券法》《保险法》等设立；其二，从事特别的业务，比如金融业等。

这一分类的意义在于，特殊公司除了适用公司法以外，还要适用特别法。这意味着特殊公司将受到更为严格的法律规制。比如商业银行等特殊公司在设立、股东资格、公司治理等诸多方面受到严格的规制。

四、总公司与分公司

以公司内部组织关系（内部管辖关系）为标准，可以将公司分为总公司和分公司。

总公司是指根据公司法设立的管辖其全部组织和分支机构的具有独立法人资格的总机构。总公司为公司管理机构的中心，以自己的名义从事经营活动，负责公司系统内的业务经营、资金调度和人事安排等。总公司在法律上对外代表公司整体，以公司的全部财产对外承担责任。

分公司是由总公司依法设立的受总公司管辖的分支机构。分公司在业务、资金、财产和人事等方面均受总公司管辖，其本身在经济和法律上没有独立性，没有独立的法人地位。我国《公司法》第13条第2款规定：公司可以设立分公司。分公司不具有法人资格，其民事责任由公司承担。分公司名称应当冠以其所从属公司的名称,并缀以"分公司"字样。境外分支机构还应当在其名称中标明该企业的国籍及责任形式。①

分公司在我国属于非法人组织,但是其具有民事主体资格和诉讼主体资格。银行、保险公司等具有高度信用特征的企业,通常采取设立分公司而不是设立子公司的方式来开展业务。

五、母公司与子公司

以公司的外部控制关系为标准,可以将公司分为母公司和子公司。

母公司是指拥有另一公司的股权并能直接或者间接支配他公司或者对另一公司享有一定程度支配权的公司。对于被控制的公司而言,母公司为控股股东。我国《公司法》第265条第(二)项规定两种情形下的控股股东认定标准:①持股达50%以上;②持股比例虽低于50%,但是其表决权已足以对股东会的决议产生重大影响。在控股股东为公司时,则被称为控股公司。

子公司是指被另一公司控股或者控制的公司。虽然子公司在经济等方面受到母公司的控制,但是就法律地位而言,子公司与母公司均具有法人资格,是相互独立的民事主体,各自独立承担民事责任。根据我国《公司法》第265条的规定,理论上可以将子公司分为:①全资子公司,即母公司持有子公司100%股权。全资子公司是一人公司。②绝对控股子公司,是指母公司持有子公司超过50%但不足100%的股份。③相对控股子公司,是指母公司持有子公司的股权虽然低于50%,但是根据其持有的股份足以控制子公司。

随着母公司和众多子公司所形成的公司集团的发展,母公司利用其优势地位损害子公司债权人或者中小股东利益的行为时有发生,为此,包括我国在内的诸多国家在法律中设置了诸多规范予以回应。

六、关联公司

关联公司,是指两个以上彼此存在关联关系的公司。关联公司概念的核心是控制人、控制关系。控制人,是指基于股权控制、非股权控制或者综合控制机制而控制某一公司的自然人、法人或者非法人组织。根据我国《公司法》第265条的规定,控制人的外延包括控股股东、实际控制人、董事、监事、高级管理人员等主体,其中实际控制人是指通过投资关系、协议或者其他安排,能够实际支配公司行为的人。

---

① 参见《企业名称登记管理规定》第13条。

关联公司属于关联人的范畴，严格而言，关联公司并不是一个严谨的法律概念，也不是一种独立的公司形态。大多数国家以单个公司作为公司法的规范对象，我国亦然。我国《公司法》仅规制关联公司的特定行为，比如转投资，并未设专章对关联公司予以集中规范。

七、本国公司、外国公司与跨国公司

以公司的国籍为标准，公司可分为本国公司、外国公司与跨国公司。

各国对公司国籍的认定，所采标准不尽一致，大致有以下几种：（1）准据法说，即以公司设立时所依据的法律来确定公司的国籍，英美国家多采用此种标准。（2）住所地说，即以公司住所所在地的国家来确定公司的国籍。欧洲大陆国家多采用这一标准。但住所的理解又有本公司所在地、公司管理机构所在地、营业中心地等几种不同的学说。（3）设立行为地说，即以公司设立登记或者注册所在地来确定公司的国籍。（4）设立人国籍说，即根据设立人或董事会董事的国籍来确定公司的国籍。（5）资本实际控制说，即以公司资本的实际控制国来确定公司的国籍。（6）复合标准说，即结合公司的住所地和设立公司所依据的法律来确定公司的国籍。

我国现行立法对公司国籍的认定采用复合标准原则，本国公司是指依据中国法律（设立的准据法）在中国境内设立（住所）的公司。我国《公司法》第2条、第243条分别对此作了规定，如依照我国公司法在我国境内设立的公司属于中国公司，受中国公司法调整；外国公司是指依照外国法律在我国境外设立的公司。因外国公司多由外国法律管辖，一国公司法仅能调整该外国公司在其境内设立并从事业务的分公司，所以我国《公司法》第13章使用"外国公司的分支机构"作为章名。

跨国公司（transnational corporation/multinational corporation），是指以本国（母国）为中心，通过对外直接投资，在其他国家、地区（东道国）设立分公司、子公司或参股其他企业，从事国际性的生产、经营或服务活动的大型公司集团。跨国公司不是严格的公司法概念，各国公司法中也没有专门调整跨国公司的条款。跨国公司的内部关系实际上为母/子公司、总/分公司等法律关系，由相应法律予以调整。

第二节　公司的法定种类

各国公司法均实行公司种类法定主义，投资人只能在法定的公司种类中选取某一种适合自己的公司形式。但由于公司概念本身的不确定性，再加上立法理念和法律传统的差异，各国公司法规定的公司种类并不完全相同。总体而言，可以从两大法系分别考察公司的法定类型。

一、大陆法系的公司种类

（一）无限公司

无限公司（unlimited company, unlimited liability company），是无限责任公司的简称，日本称为"合名会社"，法国称为"合股公司"，是指由两个以上的股东组成的，全体股东对公司债务负无限连带责任的公司。无限公司具有以下特征：

（1）无限公司的股东由两个以上的自然人组成，如果股东只剩一人，则公司应当解散或者变更为独资企业，法人不能成为无限公司的股东。

（2）股东对公司债务承担无限责任。股东对公司全部债务承担责任后，如果其清偿债务超过了自己应当承担的份额，可以向其他股东进行追偿。

（3）无限公司设立简单，没有最低注册资本额的要求，出资形式无法定限制，公司资本可以任意增加或者减少，无须公开公司账目，公司解散手续简单。

（4）经营管理合伙化。股东直接参与公司管理，没有执行业务的股东享有监督权。在对外关系上，每个股东都可以代表公司。

（5）具有法人地位。除德国、瑞典、瑞士外，多数国家承认无限公司的法人地位。

无限公司具有设立简便、出资方式灵活、组织自由、运营成本较低、股东间信任关系密切、债权人信任度高等优点。但是该类公司中股东责任过重、规模受限、出资转让困难，其并不是当代社会的主要公司形式，在有些国家事实上已经趋于消亡。我国《公司法》未规定无限公司。

（二）两合公司与股份两合公司

两合公司（jointly owned company），又称为"简单两合公司"，日本称为"合资会社"，是指由部分无限责任股东与部分有限责任股东组成，有限责任股东以其对公司的出资额为限承担责任，无限责任股东对公司债务负无限连带责任的公司。两合公司属于人合兼资合公司，但是本质偏向于人合。

股份两合公司，日本称为"株式合资会社"，由无限责任股东和有限责任股东组成，有限责任部分的资本划分为股份，可以发行股票，股东仅就其认购的股份对公司债务负责。这是两合公司的一种特殊形式，两合公司兼有无限公司和有限公司的特点，而股份两合公司兼有无限公司和股份公司的特点。

两合公司和股份两合公司的法律特征是：

（1）公司由无限责任股东和有限责任股东组成。

（2）出资方式。对于无限责任股东的出资方式，法律基本上不作限制；但是对于有限责任股东的出资，法律进行了限制，比如法国《商事公司法》第23条规定，有限责任股东不得以技艺进行出资。

（3）管理模式法定。公司一般由无限责任股东管理公司事务，有限责任股东不得执行公司业务和代表公司，无权参与公司管理或者以自己的名义接受委托，但是享有业务监督权。在股份两合公司中，有限责任股东组成股东会选举监察人，对公司事务进行监察。

两合公司和股份两合公司因为存在负无限责任的股东来取得外界信任，又可以吸收有限责任股东来扩大公司的资金来源，将无限责任和有限责任的优势结合为一体，所以具有制度上的优势。但是该类公司也存在明显的缺陷：因股东责任不同，经营目标不尽一致，致使公司的组织和财务基础不如无限公司稳固；而且在实践中极易导致无限责任股东利用业务执行权操纵公司事务损害有限责任股东的现象。总的来看，两合公司现在很少被投资者采用，而股份两合公司实际法律价值不大。[1]

（三）有限责任公司

有限责任公司（limited Liability company，LLC），又称为有限公司，日本称为"有限会社"（现已经并入"株式会社"），是指由一定人数股东组成，

---

[1] ［德］托马斯·莱塞尔，吕迪格·法伊尔：《德国资合公司法》（第3版），高旭军等译，北京：法律出版社，2005年版，第352页。

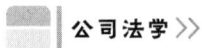

股东以其出资额为限对公司承担责任,公司以其全部资产对公司债务承担责任的公司。

与股份公司相比,有限公司的法律特征是:

(1)公司资本不划分为等额的股份,每一个股东所持有的出资证明书只证明其出资比例。

(2)禁止向公众募集股本。有限公司不得公开募集资本。

(3)股权对外转让受到一定限制。有限公司的股东人数有限,股东之间通常比较熟悉,彼此之间具有良好的信任关系,为保持这一状态,公司法规定,股东向股东之外的主体转让股权,其他股东在同等条件下享有优先购买权。

(4)集中管理的特征不明显。有限公司中,股东兼任公司管理岗位的现象较为普遍,股东亲自参与公司经营管理,所有权和经营权分离的现象并不明显。

有限公司作为具有明显封闭性特征的资合公司,股东之间的人身信任关系较为重要,因为股东数量限制,此类公司较适合中小企业的组织形式。

(四)股份有限公司

股份有限公司(joint limited company),又称为股份公司,日本称为"株式会社",是指由一定人数的股东组成,全部资本分为等额股份,股东以其所持股份为限对公司承担责任,公司以其全部资产对公司债务承担责任。股份公司的特征是:

(1)全部资本分为等额股份。股份是公司资本的最小单位,股东依据持有的股份数享有股东权益。

(2)股份的公开发行和自由转让。股份公司可以向社会不特定的多数人发行股份,并且股份可以自由转让。

(3)集中管理的特征较为明显。法律对于股份公司股东人数没有最高限制,这也导致股份公司的人数具有公众性特征。在股东人数众多的情况下,股东均参与公司管理并不现实;而股份的自由转让所形成的资本证券化现象,使得股份公司的两权分离现象更为彻底,对公司的财产结构和治理结构产生了重要影响。

股份公司的股东人数众多,融资能力较强,股本数额大,资金雄厚,适应了大规模社会融资的时代发展要求,在社会经济生活中发挥了重要的作用。

但是两权分离给股份公司带来较高的代理成本，因此法律对公司的管理层施加了更多的限制。

二、英美法系的公司法定类型

（一）英国

1. 注册公司与非注册公司

在英国，以公司是否注册为标准，可以将其分为注册公司（registered company）和非注册公司（unregistered company）。

注册公司是指依照公司法的规定经登记注册而成立的公司。注册公司是英国最普遍、最主要的公司形式。但是注册公司并不限于商事公司，慈善性、非营利性组织也可以成为注册公司，并受到公司法调整。根据英国2006年公司法的规定，注册公司可以分为有限责任公司和无限公司（unlimited company），有限责任公司又可以分为股份公司（company limited by shares）和担保有限公司（company limited by guarantee）。[①] 其中每一类又可以分为私人公司（private company）和公众公司（public company）。

股份公司是指股东以认缴的股份对公司承担责任，公司以其资产对外承担责任的公司。担保有限公司是指在公司清算时，股东的责任以他所承诺的资产为限。担保有限公司属于英国普通法上的特有概念，是一种非营利组织。

非注册公司是指依照特许法令或者各种特别法而成立的公司，又可以分为特许公司（chartered company）和法定公司（statutory company）。在英国，此类公司主要包括三种情形：其一，依照皇家特许令状设立的公司；其二，依照国会特别法案设立的公司；其三，依照某些专门法令设立的公司。

2. 私人公司与公众公司

以股权的流通性为标准，可以将公司分为私人公司和公众公司，这是英国普通法关于公司最基本的分类。

私人公司（private company，privately held company）是由若干股东合资经营、股东转让出资受限、不能公开招股、实行封闭经营的公司。英国1908年公司法［Companies（Consolidation）Act 1908］对私人公司的界定是：股东人数不超过50人，限制股份的转让，禁止向公众发行股份。另外私人公司需要在其名称中标明其为有限责任（limited）字样。三个标准中，只有最后一个

[①] 林少伟：《英国现代公司法》，北京：中国法制出版社，2015年版，第79页。

标准沿用至今,前面两个标准已作废。

公众公司是指可以依法定程序公开发行股份,股东人数没有法定上限,股票可以在证券市场公开自由转让的公司。根据英国2006年公司法,公众公司必须符合下列要求:①须在公司组织大纲(memorandum of association)中明确规定为公众有限公司;②遵守公司法上有关登记注册要求;③在公司名称中必须标明其为"公众有限公司"(public limited company 或者简称 PLC);④公司正式营业前必须满足法定最低资本限额五万英镑的要求(已发行并实缴)。

(二) 美国

在美国,所有的公司都具有法人人格,股东均为有限责任。美国公司的最基本分类是封闭公司和公众公司。此外还有所谓的"有限公司(企业)"。

1. 封闭公司与公众公司

封闭公司(closely held corporation/close corporation/private corporation/privately held corporation)一般是指只有少数股东,且公司股票不得在正式的证券交易场所或者柜台市场进行交易的公司。

根据《特拉华州普通公司法》第342条的规定,封闭公司有两个特征:一是股东人数较少,通常少于30人,全部或者大多数股东亲自参与公司管理;二是股份不能公开发行且转让受限。

公众公司(publicly held corporation/public corporation)是指股份可以在证券交易所交易,或者股票价格行情定期被公布的公司。公众公司可能是上市公司(listed corporation),也可能是非上市公司(unlisted corporation)。美国法学会(American Law Institute, ALI)的《公司治理准则》(Principles of Corporate Governance)根据公司人数和资产规模将公众公司分为公众公司和大型公众公司。该准则第1.31条规定:公众公司是指在最近一次股东年度大会的登记日,股东人数500人以上,公司总资产500万美元以上。在公司经营过程中,如果公司总资产下降到500万美元以下,仍然可以维持公众公司的地位。但是,如果连续两个财政年度低于500万美元,则不能维持公众公司的地位。该准则第1.24条规定:大型公众公司(large public held corporation)是指股东人数2000人以上,公司总资产1亿美元以上。如果在经营过程中,公司总资产下降到1亿美元以下,仍可维持其大型公众公司的地位。但是如果连续两个财政年度低于1亿美元,则不能维持大型公众公司的地位。据此,公众公司具有以下特点：①股份由社会公众持有，股东人数众多；②公开发行（public offering）股份；③存在一个其股份交易的公开市场（open market）。公众公司股份的价格比较容易测定，股权自由交易。

2. 有限公司

有限公司结合了普通公司的有限责任特权和合伙企业的管理模式，是公司与合伙的有机结合（hybrid）；在税收上避免了公司的双重纳税。1994年美国统一州法全国委员会制定了《统一有限责任公司法》（Uniform Limited Liability Company Act）作为示范，各州据此制定了本州的有限公司法。该类公司的特征是：①成员人数及国别不限。可以是自然人或者法人，可以是本州人、外州人或者外国人，人数可以是一人或者数人。②公司名称中必须有LLC字样表明责任形式，否则对所签订的合同承担个人责任。③出资人对公司的债务以出资为限承担有限责任；可选择所有权与经营权分离的方式，也可以选择自己经营管理。④出资一般不得自由转让。⑤只缴纳个人所得税。⑥公司一般规定存续期间。

3. 税法视角下的公司

美国《国内税务法典》（Internal Revenue Code）S章规定了一种对小公司的特殊税收优惠，申请并获批准的此种税收优惠小公司，一般称为S公司。此种公司股东只缴纳个人所得税。此类公司的条件为：第一，该公司的股东必须是本州的居民；第二，人数不超过35人，必须在本州登记成立；第三，只允许发行一种股票。

1997年美国国内收入署发展了打勾规则（check the box rule），即企业在报税时，自己按照六个标准在表格上打勾，符合四个以上为标准公司，需要缴纳企业所得税：①社团；②营利性；③有限责任；④集中管理；⑤永久存续；⑥利益的自由转让。如果符合四个及以下，则可以被认为是LLC或者非公司的合伙，不缴纳企业所得税。

第三节　我国公司的法定类型

根据我国《公司法》第2条的规定，我国只承认有限责任公司和股份有限公司两种公司类型，本书以下对"有限责任公司"称为"有限公司"，对"股份有限公司"称为"股份公司"。非公司制的企业法人，比如全民所有制企业，合伙企业、股份合作制企业等，原则上不能直接适用《公司法》的相关规定，只能参照适用。

一、有限公司和股份公司

根据《公司法》第 4 条的规定，有限公司的股东以其认缴的出资额为限对公司承担责任；股份公司的股东以其认购的股份为限对公司承担责任。可见，我国有限公司和股份公司的共同特征是股东承担有限责任。

根据我国公司法的规定，有限公司和股份公司在制度上的区别表现在以下几个方面：

（1）股东人数。有限公司由 50 人以下股东出资设立。股份公司发起人为 1 人以上 200 人以下，股东人数没有上限。

（2）章程制定方式。有限公司的章程应经全体股东同意，所有股东应在章程上签名、盖章。股份公司的公司章程，是由发起人制定，采用募集设立方式设立的，经成立大会通过。

（3）出资缴纳。有限公司全体股东按照公司章程的规定自公司成立之日起五年内缴足。股份公司发起人应当在公司成立前按照其认购的股份全额缴纳股款，向社会公开募集股份的股款缴足后，应当经依法设立的验资机构验资并出具证明。

（4）设立方式。有限公司采取发起设立方式，股份公司可以采取发起设立方式，也可以采取募集设立方式。

（5）股权形式。有限公司成立后，应当向股东签发出资证明书，出资证明书不是有价证券，是证书，不能流通和转让（但股权本身可以流通和转让）。股份公司成立后，公司应当向股东发行股票，股票是一种有价证券，股票的转让代表股权的转让。

（6）股权转让。有限公司股权只能通过协议方式转让，股份公司股权既可以通过协议转让，也可以通过公开证券市场转让，自由程度较高。

有限公司可以进一步分为普通有限公司和特殊有限公司，后者包括三种情形：国有独资公司、一人公司和外商投资公司。

股份公司依其设立方式可以分为发起设立股份公司和募集设立股份公司，其中以募集设立是否公开发行股票为标准，又可以分为定向募集股份公司和公开募集股份公司。依《证券法》第 9 条的规定，定向募集和公开募集的区别标准是：向特定对象发行证券且累计不足 200 人为定向募集，向特定对象发行证券且累计超过 200 人（但依法实施员工持股计划的员工人数不计算在内）或者向不特定的对象发行证券的为公开募集。

二、国家出资公司

（一）概念和特征

国家出资公司是指由国务院或者地方人民政府代表国家依法履行出资人职责，享有出资人权益的有限公司和股份公司。国家出资公司是我国公司法上特有的概念，是为了适应我国国情而设计的一种特殊类型的公司。与普通有限公司相比，国家出资公司具有以下特征：

（1）投资主体的特定性。国家出资公司的出资人是国家，由国务院或者地方人民政府代表国家依法履行出资人职责。国务院或者地方人民政府可以授权国有资产监督管理机构（以下简称国资委）或者其他部门、机构代表本级人民政府对国家出资公司履行出资人职责。这些代表本级人民政府履行出资人职责的机构、部门，统称为履行出资人职责的机构。

（2）法律规范的特殊性。国家出资公司适用公司法的规定，但在治理结构方面具有自己的特殊性。

（3）范围特定。国家出资公司主要为国家出资的国有独资公司和国有资本控股公司。

（4）类型不限。国家出资公司可以为有限公司，也可以为股份公司。

（二）国家出资公司的特殊规则

（1）坚持党对国家出资公司的领导作用。《公司法》第 170 条规定："国家出资公司中中国共产党的组织，按照中国共产党章程的规定发挥领导作用，研究讨论公司重大经营管理事项，支持公司的组织机构依法行使职权。"

（2）国家出资公司的风险防控。《公司法》第 177 条规定："国家出资公司应当依法建立健全内部监督管理和风险控制制度，加强内部合规管理。"

（三）国有独资公司的独特治理结构

1. 股东会职权行使的特殊性

国有独资公司只有一个股东，所以不设股东会。国有独资公司的股东会一般由国资委行使，董事会基于国资委授权可以行使股东会的部分职权，但是涉及公司章程的制定和修改，公司的合并、分立、解散、申请破产，增加或者减少注册资本，分配利润，应当由国资委决定。

2. 董事会

国有独资公司不设股东会，其治理核心为董事会。根据《公司法》第173条的规定，国有独资公司的董事会为必设机构，董事的任期等方面与普通公司相同，其特殊性在于：

（1）委派董事与职工代表董事。董事会由委派董事和职工代表董事组成，职工代表董事由公司职工代表大会选举产生，其余董事由国资委委派。董事会成员中过半数的董事为外部董事。董事会设董事长一人，可以设副董事长。董事长、副董事长由国资委从董事会成员中指定。

（2）职权较大。董事会拥有比普通公司董事会更大的权力，除了可以行使董事会的职权外，还可以根据国资委的授权行使股东会的部分职权。

（3）兼职禁止。《公司法》第175条规定："国有独资公司的董事、高级管理人员，未经履行出资人职责的机构同意，不得在其他有限责任公司、股份有限公司或者其他经济组织兼职。"

3. 监督机构

我国国有独资公司治理结构中代理成本较高，监督机制的效能不彰。2023年公司法修订中，强制性地将审计委员会嵌入董事会之中，由具备专业知识的外部董事担任审计委员会委员，不设监事会或者监事，为公司治理扩大了信息基础。《公司法》第176条规定："国有独资公司在董事会中设置由董事组成的审计委员会行使本法规定的监事会职权的，不设监事会或者监事。"

4. 经理

（1）国有独资公司的经理具有特殊性，其为必设机构。《公司法》第174条第1款规定："国有独资公司的经理由董事会聘任或者解聘。"

（2）董事会成员兼任经理的，须经国资委同意。

三、上市公司

（一）概念与特征

《公司法》第134条规定："本法所称上市公司，是指其股票在证券交易所上市交易的股份有限公司。"与非上市公司相比，上市公司具有以下特征：

（1）股票公开发行且在证券交易所集中交易。《证券法》第46条第1款规定:"申请证券上市交易,应当向证券交易所提出申请,由证券交易所依法审核同意,并由双方签订上市协议。"

(2) 公众性。由于上市公司股票的公开发行和集中交易,任何社会公众只要在证券市场购买上市公司的股票就可以成为其股东,所以该类公司的股东人数较多,且处于频繁的变动之中,公众性较强。

(3) 法律规制最为严格。上市公司关系到众多投资者的利益和整个社会经济的稳定,涉及面广,影响力大,因此各国立法均对上市公司进行严格规制。在我国,从有限公司、发起设立的股份公司、定向募集设立的股份公司、公开募集设立的股份公司到上市公司,存在着法律规制强度逐渐上升的趋势。

(4) 治理最规范。在《公司法》《证券法》等双重规范下,上市公司整体治理水平要优于其他类型的公司。

(二)《公司法》的特别规范

《公司法》对上市公司规定了八项特别规则:

(1) 上市公司某些经营行为需要股东会绝对多数决同意。根据《公司法》第135条的规定,上市公司在一年内购买、出售重大资产或者向他人提供担保的金额超过公司资产总额30%的,应当由股东会作出决议,并经出席会议的股东所持表决权的2/3以上通过。

(2) 设立独立董事。根据《公司法》第136条第1款规定,上市公司设独立董事。

(3) 上市公司章程须载明特别事项。根据《公司法》第136条第2款规定,上市公司的公司章程应当依照法律、行政法规的规定载明董事会专门委员会的组成、职权以及董事、监事、高级管理人员薪酬考核机制等事项。

(4) 上市公司设置审计委员会并规定其职权。根据《公司法》第137条和《上市公司独立董事管理办法》第26条第1款的规定,上市公司在董事会中设置审计委员会的,下列事项作出决议前应当经审计委员会全体成员过半数通过:①聘用、解聘承办公司审计业务的会计师事务所;②聘任、解聘财务负责人;③披露财务会计报告和定期报告中的财务信息、内部控制评价报告;④因会计准则变更以外的原因作出会计政策、会计估计变更或者重大会计差错更正等;⑤国务院证券监督管理机构规定的其他事项。

(5) 董事会秘书制度。根据《公司法》第138条的规定,上市公司必须设置董事会秘书一职，董事会秘书负责公司股东会和董事会会议的筹备、文件保管以及公司股东资料的管理，办理信息披露事项。

（6）关联董事表决权回避制度。《公司法》第139条规定："上市公司董事与董事会会议决议事项所涉及的企业或者个人有关联关系的，该董事应当及时向董事会书面报告。有关联关系的董事不得对该项决议行使表决权，也不得代理其他董事行使表决权。该董事会会议由过半数的无关联关系董事出席即可举行，董事会会议所作决议须经无关联关系董事过半数通过。出席董事会会议的无关联关系董事人数不足三人的，应当将该事项提交上市公司股东会审议。"

（7）股东、实际控制人信息披露制度。《公司法》第140条第1款规定："上市公司应当依法披露股东、实际控制人的信息，相关信息应当真实、准确、完整。"

（8）禁止代持股份制度和交叉持股制度。根据《公司法》第140条、第141条的规定，禁止违反法律、行政法规的规定代持上市公司股票，上市公司控股子公司不得取得该上市公司的股份。

四、外国公司的分支机构

（一）定义和法律特征

外国公司的分支机构，是指外国公司依照我国法律在我国境内设立的不具有法人资格的营业场所或者机构。外国公司与外国公司分支机构的关系，实际上为法人和分支机构的关系，在公司法上为总公司和分公司之间的关系。外国公司对我国进行投资，可以按照公司法设立有限公司和股份公司，也可以设立分支机构。

外国公司分支机构具有以下法律特征：

（1）具有外国国籍。外国公司是指依照外国法律在我国境外设立的公司，外国公司的分支机构虽然在我国设立，但仍然与外国公司具有相同的国籍。外国公司的分支机构应当在其名称中表明该外国公司的国籍及责任形式。

（2）依法在中国境内设立与经营。经批准设立的外国公司分支机构，在我国境内设立，应当遵守我国的法律，其合法权益受我国法律的保护。

（3）不具有中国法人资格。外国公司的分支机构不具有法人地位，主要表现在：没有自己独立的公司名称和公司章程，没有独立的管理机构，由外国公司指定代表人或者代理人，没有独立的财产，经营活动中产生的民事责任由外国公司承担。

（4）在我国境内进行直接的经营活动。这是外国公司的分支机构与外国企业常驻代表机构的显著区别。常驻代表机构是指外国公司或其他经济组织经我国政府批准，在我国境内设立的从事非直接经营活动的机构（常见的有"办事处""代表处"等），其活动内容限制为：在我国境内为国外总机构或其客户提供了解市场情况、收集商业资料、业务联络、咨询等服务活动；在我国境内为其他企业从事代表业务，为其他企业之间的经济交往从事联络洽谈、居间介绍等，不能直接进行营利性的贸易、投资活动。"办事处""代表处"等不具有商业代理权，以其名义签署的合同无效。[①]

（二）特别规则

（1）设立程序。外国公司分支机构的设立实行核准主义。外国公司在我国境内设立分支机构，应当向我国主管机关提出申请，并提交其公司章程、所属国的公司登记证书等有关文件，经批准后，才能向公司登记机关依法办理登记，领取营业执照。外国公司分支机构的审批办法由国务院另行规定。

（2）指定代表人或者代理人。外国公司必须在中国境内指定负责该分支机构的代表人或者代理人。

（3）资金要求。外国公司必须向该分支机构拨付与其从事的经营活动相适应的资金。外国公司分支机构的经营资金需要规定最低限额的，由国务院另行规范。

（4）名称与章程特别规则。外国公司分支机构应当在其名称中标明该外国公司的国籍及责任形式，并应在分支机构置备该外国公司章程。

（5）民事责任。外国公司对其分支机构在我国境内进行经营活动承担民事责任。

（6）守法义务。经批准设立的外国公司分支机构，在我国境内从事业务活动，应当遵守我国的法律，不得损害我国的社会公共利益，其合法权益受我国法律保护。

（7）撤销与清算规则。外国公司撤销其在我国境内的分支机构时，应当依法清偿债务，按照公司法有关公司清算程序的规定进行清算。未清偿债务之前，不得将其分支机构的财产转移至我国境外。

[①] 周友苏：《新公司法论》，北京：法律出版社，2006年版，第720页。

第三章 公司法

第一节 公司法的概念与性质

一、公司法的概念

公司法是调整公司的设立、组织、运营及管理等法律关系的商事法律。公司法所调整的法律关系主要是公司内部关系，即公司、股东（发起人）、管理层之间的权利义务关系，主要为组织法规范；另外，公司法也调整一定范围的公司对外法律关系，主要是公司与相关政府管理部门或者特定交易相对人之间的关系，表现为行为法规范。

公司法有形式上的公司法和实质上的公司法之分。形式上的公司法是指法典意义上的公司法，又称为狭义公司法，如我国《公司法》、日本《公司法典》等；实质上的公司法是指有关公司法律规范的总称，又称为广义公司法，除了形式上的公司法外，还包括证券法、证券交易法、商事登记法等法律中包含的公司法律规范。学理上所讲的公司法一般着眼于实质上的公司法，形式上的公司法仅在提及特定的法律文件时使用。

二、公司法的特征

（一）公司法是组织法与行为法相结合的法律

《公司法》第1条规定，公司法的立法宗旨是为了规范公司的组织和行为，明确了公司法是商事组织法和行为法的结合体。公司法以公司作为规范对象，规范公司的组织及其法律地位，因此公司法为组织法。作为组织法，公司法不仅要规范公司的设立、变更、解散、公司章程、股东的权利和义务以及公司内部的组织和管理等各种组织问题，而且要规范公司的名称、住所、权利能力和行为能力等问题，来确立公司的法律地位。因公司法是组织法，所以其与调整个人之间关系的法律在调整原理、方法和内容上存在不同，如公司法要受团体法原理的支配；契约自由原则在公司法领域受到一定的限制；股东平等原则、少数服从多数原则得到广泛的运用。

公司法不仅规范公司的组织及其法律地位，而且对公司实施的与公司组织特点直接相关的部分商行为进行调整，因此公司法还具有行为法的性质。公司的行为可以分为两类：一是与公司的组织特点直接相关的商事行为，如股票和债券的发行和交易，对外投资、担保等；二是与公司组织特点无关的行为，如商品的买卖、租赁等。公司法所规范的公司行为是与公司的组织特点直接相关的商行为。各国公司法调整公司商行为的范围并不完全相同，有些国家的公司法对公司商行为的规定较为全面，而有些国家的公司法对股票的发行、交易涉及较少，主要由其他法律予以调整，但是各国公司法均包含了一定的商行为法律规范。

(二) 公司法是私法与公法相结合的法律

大陆法系将法律划分为公法和私法。公司法属于私法，私法的核心原则如意思自治、权利本位等在公司法中均有体现，比如发起人可以自由设立公司，公司可以自由确定经营范围从事各项经营活动，公司可以自由解散以及自由转让股权等。但是随着现代市场经济的发展，完全放任公司依据意思自治原则进行活动，将难以防止公司的滥设和非法牟利，难以防止公司的有限责任制度被滥用；为了保障交易安全和公共利益，防止公司对社会经济秩序造成威胁，国家加强了对社会经济生活的干预，加强对公司组织和行为的监督和管理，限缩了公司意思自治的空间，大量属于公法性质的条款进入公司法，公司法呈现出私法公法化的倾向。

公司法的公法属性主要体现为公司类型，公司章程的记载事项，公司设立的条件和程序，公司名称的要求，股票与债券的发行，利润的分配，公司的合并、分立和解散，法定事项公示以及董事、监事和高级管理人员任职资格等内容。当事人违反这些规范，可能需要承担民事责任、行政责任，甚至是刑事责任。《公司法》第14章对公司、发起人、股东等主体违反公司法规定了相应的法律责任。此外，我国还规定了与公司有关的犯罪，如职务侵占罪、挪用资金罪、违法运用资金罪、集资诈骗罪、妨碍清算罪、虚假破产罪、非法经营罪以及违规披露、不披露重要信息罪，非法经营同类营业罪，为亲友非法牟利罪等。

(三) 公司法是强制性规范和任意性规范结合的法律

为了保护交易安全，保护公司、股东、职工和债权人的合法权益，维护社会经济秩序，公司法制定了较多的强制性规范。对于这些强制性规范，当事人必须遵守，不得以自己的意志加以改变。同时，公司法作为私法，建基于私法自治的基础上，其作为标准文本依然存在着大量的任意性规范。

虽然公司法由任意性规范和强制性规范构成，但是公司法具体条款的规范属性目前尚无定论。通说认为，规范属性与其所调整的社会关系、具体行为关系密切。在交易行为仅涉及当事人之间时，采用意思自治原则，适合采用任意性规范；对于公司组织、运营、治理等不仅涉及当事人，还直接或者间接涉及第三人甚至社会公众的利益，受团体法原理支配，应采用强制性规范。此外，调整公司内部关系宜采用任意性规范，调整公司外部关系应采用强制性规范；涉及股东和公司利益的事项宜采用任意性规范，涉及第三人或者债权人利益的事项应采用强制性规范。[①]

(四) 公司法是实体法和程序法相结合的法律

公司法作为组织法和行为法，必然以大量的实体法内容规范公司的组织活动准则、组织结构、公司的法律地位以及公司和股东的权利义务，因此公司法主要为实体法规范。但是为了规范公司的组织和行为，公司法规定了公司的设立程序，公司的组织活动程序，公司的变更、清算与解散等程序。公司法中程序法规范与实体法规范相互结合，不仅有助于实现实体正义，而且其本身也具有独立的价值。

(五) 公司法是具有一定国际性的国内法

按照国际法和国内法的分类，公司法属于国内法。与侧重于伦理性规范的民法不同，商法具有明显的技术性规范。作为商法典型代表的公司法，在公司的设立条件和程序、股票和债券的发行、公司治理结构、决议表决方式、公司财务会计制度等方面的规定，均为技术性设计的结果。正因为公司法具有强烈的技术性特点，所以各国公司法才存在技术上的共通性，才可以相互借鉴，公司法的国际性得到进一步的加强。公司法作为成文法，也方便其他

---

① [美]梅尔文·V. 艾森伯格：《公司法的结构》，张开平译，载王保树主编：《商事法论集》，第3卷，北京：法律出版社，1999年版，第390—442页。

国家移植和借鉴。目前已经出现了区域性的公司法统一运动,如欧盟通过采取制定公约(treaty)、规则(regulations)与指令(directives)和欧洲公司法等方式,来协调和统一成员国的公司立法。

(六)公司法主要表现为成文法

在立法形式上,两大法系多数国家和地区的公司法均表现为成文法。公司法成文化的主要原因在于公司类型的严格法定,因此对公司内外部的法律关系必须予以全面规范,另外成文法也可以避免判例法的易变给市场主体的稳定性造成损害。当然,在英美法系国家,判例法也是公司法的重要组成部分。

三、公司法的基本原则

公司法的基本原则是市场经济条件下公司运行规律的体现,其贯彻于公司运行始终、属于调整公司内外部关系的根本准则。虽然我国《公司法》没有明确公司法的基本原则,但是学者总结我国公司法制度,认为我国公司法形成了若干重要的基本原则。

(一)公司自治原则

公司自治是私法自治在公司法领域内的体现,其含义是指公司在法定范围内自由决定公司的一切事项,以章程、决议和约定排除任意性条款的适用,审慎设置强制性规范,尽量维护公司行为的效力。公司由股东投资而设立,公司意志源自股东意志,股东意志依据法律或者公司章程通过会议表决形成决议,上升为公司意志。

传统公司自治在公司法领域表现在两个方面:一是作为私法主体的公司,享有以自己名义自治的权力,公司从自身利益出发进行理性决策,进行经济活动和公司管理事务,不受公司意志之外其他因素的影响,其内部事务原则上由公司自决,法院对公司纠纷的干预应保持一定的节制,坚持有限干预的原则;[1] 二是指公司的股东享有对公司进行自主管理和经营的自由。在公司治理中尊重股东的自由意志,股东对自己的决策、选择负责。现代公司自治强调团体本位,为避免大股东和实际控制人对公司的控制与操纵,对其进行规

---

[1] 蒋大兴:《公司法的观念与解释Ⅱ:裁判思维&解释伦理》,北京:法律出版社,2009年版,第114页。

制，对中小股东权益进行了特别的保护。

我国《公司法》第 3 条、第 4 条对公司自治原则规定了两方面的内容：一是公司自主组织生产经营活动，并对自己行为的后果承担责任；二是股东享有参与重大决策和选择管理者等权利，股东对自己行使权利的后果承担责任。据此可知，公司自治不仅彰显了公司人格的独立，强调了公司意思自由和行为自由，而且明确了公司财产独立和责任独立。

（二）股东有限责任原则

股东有限责任原则是指股东以其投入公司资本为限对公司承担责任，公司则以全部资产对外承担责任。有限公司的股东以其认缴的出资额为限对公司承担责任；股份公司的股东以其认购的股份为限对公司承担责任。在公司资产不足以清偿全部债务时，不得将公司债务由股东清偿。从债权人的角度看，债权人的请求权仅及于以公司自身名义所有的资产，而不及于公司股东的个人资产。有限责任制度保护公司股东的个人资产免受公司债权人的侵害。但是对于银行、保险、证券等金融机构的股东，在相关金融机构发生特殊情况比如偿付能力不足时，监管机构有权要求股东在原有投资的基础上对金融机构追加投资。但这属于此类公司对股东的特别规范，可以作为股东有限责任原则的例外。

股东有限责任原则构成了现代公司法的基石，该原则产生于 19 世纪，是工业革命、政治平等、经济自由及责任限定法律实践共同作用的结果。股东有限责任原则的形成与确立，与债权人地位降低、公司所有权与经营权相互分离密切相关。

股东有限责任原则包含两个方面的含义：第一，股东对公司负有出资义务。对公司出资，既是股东的约定义务，也是股东的法定义务。股东出资构成股东承担有限责任的前提和基础。对此，《公司法》第 4 条规定，股东以其出资额或者股份为限对公司债务承担责任。第二，股东对公司债务不承担责任。有限责任的理论基础是公司的人格与其股东的人格发生分离。在法理上，一个人无须对另一个人的行为负责。公司具有独立的财产是公司独立人格的前提和基础，也为公司独立于股东奠定了物质基础。公司与股东两类人格拥有各自的财产，将公司财产与股东财产进行资产分割，增加了两类资产作为债权担保的价值，可以成为一种分担与公司债权人交易风险的手段，灵活分配股东和债权人之间的风险和回报，促进公司经营。

股东有限责任可以降低监控代理人和其他股东成本，通过促进股权的自由转让，促使管理层进行更为有效的管理，使市场价格能够反映出企业价值的附加信息，提高投资的多元化。但是因为股东有限责任并没有消除公司倒闭所带来的风险，而是将这部分风险转嫁给了债权人。因此，为了防止投资者利用股东有限责任原则，逃避法律责任，损害债权人和社会公共利益，现代公司法在维持股东有限责任原则的同时，逐渐确立了股东有限责任原则的例外，即公司法人人格否认制度。

（三）股东平等原则

股东平等原则是指基于股东身份而发生的法律关系中，股东待遇平等。股东平等原则是公司存在和运作的基础，是世界各国公司法普遍承认的根本理念和基本原则。股东平等原则的出发点是主体平等，其含义包括形式上的平等和实质上的平等两个方面。

第一，形式上的平等。从形式上平等来看，所有股东的法律人格一律平等，基于同类股权，股东的权利、义务的性质和类型相同，在公司运营中的待遇相同。

第二，实质上的平等。从实质上平等来看，股东平等原则表现为按照股东所持有的股份性质和数量进行平等对待。股东按照各自缴纳的出资额或者持有的股份数额享有权利、承担义务，股东享有权利、承担义务的多少与其向公司出资额的多少成正比。

股东平等原则为形式与实质平等的结合，即表现为相同的事情同等对待，不同的事情不同对待。股东平等原则是存在差别待遇的平等，这种差别待遇仅建立在股份种类和数量差别之上，而无须考虑其他因素。因此该原则并不排除股权在具体内容上的差异，如普通股与优先权的差异；并承认股东权利的享有和行使在现实状态下存在差异，比如因为股份多寡导致分红差异，这一差异可以根据股东所持股份增减而发生变化。

股东平等原则是民法平等原则在公司法领域的体现，是法律的公平、正义价值在公司法中的体现。这一原则要求股权的行使必须遵守诚信原则。因此在这一原则下，公司法一方面承认多数股东凭借资本多数决控制公司的合法性；另一方面也反对多数股东利用控制权欺压小股东，通过课以大股东对小股东的诚信义务、禁止股东权利滥用，抑制多数股东控制权的行使，保护公司资本中处于劣势地位的小股东权益，实现股东间实质意义上的平等。

股东平等原则也有例外，比如为防止资本多数决原则的滥用，消除股东事实上的不平等，通过规定异议股东评估权制度、表决权限制制度、表决权回避制度、表决权代理和累积投票制等，对股东平等原则作了适当的限制。

(四) 商事外观主义原则

商事外观主义原则是指在权利外观和实际权利不一致时，为维护交易秩序、保护交易安全，对善意第三人因信赖权利外观所实施的法律行为予以保护。

商事外观主义原则为我国《民法典》和《公司法》所认可，《民法典》第65条规定："法人的实际情况与登记的事项不一致的，不得对抗善意相对人。"《公司法》第34条第2款也规定："公司登记事项未经登记或者未经变更登记，不得对抗善意相对人。"商事外观主义原则强调相对人对商事主体对外公示的外观事实产生合理的信赖，因信赖该外观事实所实施的法律行为，即使外观事实与真实权利状况不一致，仍然应当根据外观事实认定法律行为效力。作为处理实际权利人与善意第三人之间利益冲突应当遵循的原则，其保护了善意第三人的合法权益，而实际权利人的损失只能通过内部关系予以解决。

商事外观主义仅适用于交易行为的领域，非交易关系不适用商事外观主义，因此对实际权利人与名义权利人之间内部法律关系、被冒名的名义权利人等股权权属争议案件以及执行异议（之诉）案件等，应注重财产的实质归属，而不是外观公示。另外需要注意的是，对基于形成合同的意思表示的外观，不得是相同当事人之间为首次交易采用的表征，必须是数次交易中采用的表征方可构成外观，认定交易相对人有理由产生信赖才符合理性，进而按照外观所表征的意思表示赋予法律效果。①

商事外观主义原则仅于不得已的情况下，才作为所有权绝对、意思自治等原则的例外和补充。外观主义旨在保护因信赖外观权利或者外观授权而与无实际权利的当事人进行交易的相对人，系以牺牲真正权利人的利益为代价保护相对人的交易安全，其正当性为现行各项具体法律制度，如善意取得、登记对抗、表见代理（代表）等制度，但是各个制度在法律构造上并不相同，适用范围也存在差异，因此裁判者不能脱离具体制度泛化地运用外观主义作

---

① 崔建远：《论外观主义的运用边界》，《清华法学》，2019 (5): 6。

为裁判的依据。[1]

（五）保护利益相关者原则

现代公司不再仅仅被当作股东这一单一主体的利益工具，而被认为是股东、管理者、职工、债权人等诸多利益相关者的集合体。在现代社会，公司的设立和运营离不开各个利益相关者提供的支持，并且随着公司规模的扩大和实力的增强，公司对利益相关者的影响也会越来越大。因此，保护公司、股东、管理者、职工和债权人等公司利益相关者的利益，而不仅仅限于股东的利益，是现代公司法的一项基本原则。我国《公司法》第1条在立法目的中明确规定，公司立法的目的是保护公司、股东、职工和债权人的合法权益。《公司法》第20条第1款也规定，公司从事经营活动，应当充分考虑公司职工、消费者等利益相关者的利益以及生态环境保护等社会公共利益，承担社会责任。

第二节　公司法的立法体例和地位

一、公司法的立法体例

公司法有多种表现形式，其中主要以成文法为主要的表现形式。由于各国和地区的立法传统和情况不同，公司法的立法体例也存在一定的差异，归纳起来，主要有以下四种。

（一）公司法是商法典的组成部分

在实行民商分立制度的大陆法系国家和地区，传统上将有关公司法规范作为商法典的一部分，如西班牙、葡萄牙、韩国等国家和我国澳门地区等。

（二）商法典和单行法相结合的立法体例

普通公司法编入商法典，特种公司单独制定法律予以规范。德国采用此种立法体例，德国《商法典》第二编规定无限公司、两合公司，另外制定了《有限公司法》《股份法》。2005年前，日本也采取这种立法体例，在《商法

---

[1] 吴光荣：《论外观主义在民商事审判中的运用》，《法学家》，2023（3）：124。

典》第二编规定公司基本规范，另行制定《有限公司法》。

（三）公司法是民法典的组成部分

在实行民商合一制度的大陆法系，传统上将公司法作为民法典的一部分。采用此种立法体例的国家有意大利、荷兰；而瑞士则将公司法规范编入债务法典。

（四）单行公司立法

制定单独的公司法，调整所有类型的公司。采用这一立法体例主要有三种情形：①英美法系国家。这些国家不存在大陆法系意义上的民法和商法的划分。如英国《2006年公司法》、美国《示范公司法》。②形式上"民商合一"的部分大陆法系国家和地区，如瑞典、我国台湾地区。③形式上"民商分立"的个别大陆法系国家和地区，如法国于1966年制定《商事公司法》，日本于2005年制定《公司法典》。

20世纪以来，将公司法单独立法的国家越来越多，成为公司立法的趋势。

二、公司法的地位

对于公司法在整个法律体系中的地位问题，人们存有不同的认识。虽然公司法的立法体例不同，在不同的国家和地区，公司法的地位也不同，但是随着公司法单独立法成为一种趋势，单行公司法逐渐包含着多种法律关系，因此与其他法律部门的联系也日益密切。与公司相关的法律，实际上数量众多。以公司法为中心，涉及以下诸多法律法规，包括反垄断法（反不正当竞争法）、证券法、行业法、消费者权益保护法、公司法、劳动法、民法、企业破产法和刑法等。

下面就公司法与民法、经济法、证券法、企业破产法、劳动法等的关系简述如下。

（一）公司法与民法

民法是调整平等主体之间的人身关系和财产关系的法律规范的总称。在大陆法系国家和地区，通常都颁布了民法典。在民商分立的国家，还颁布了商法典。但是无论采取何种民商事立法模式和公司法立法体例，民法作为私法的一般法，其基本制度和基本规则为公司法奠定了基础。民法典有关法人、营利法人以及法律行为的一般性规则，对公司法均有补充适用的余地。在公司决议的成立与撤销、公司解散时的清算义务与清算后剩余财产的处理等问题上，应处理好公司法特别规定的优先适用与民法典总则一般规定的补充适用之间的关系。公司法对公司董事以法人名义实施的民事法律行为缺乏规范，应以类推适用的方法适用民法典的规定，以填补该项漏洞。同时，以民法典的法源条款填补公司法上的其他漏洞时，应充分关注法源适用的顺位，使有关公司的商事习惯法优先于民法适用。①

（二）公司法与经济法

经济法是第二次世界大战以后新出现的法律部门，是国家采取积极措施干预经济的产物。当今，经济法已成为各国法律制度的重要组成部分，其核心内容包括反垄断法、反不正当竞争法和消费者权益保护法。作为国家宏观调控和管理经济的法律，经济法以保护国家宏观经济秩序为目的，以维护社会公共利益为宗旨，采取社会整体调节机制，运用强制性法律规范，来调整市场主体的经济活动。经济法与公司法的联系在于，两者均对市场主体的组织和活动进行调整。就形式意义上的公司法而言，其为经济法的重要组成部分。但是就规范意义而言，传统意义上的公司法规范与经济法规范仍然存在着一定的区别。这是因为公司法规范主要是建立在私法主体平等基础上，采取个体自我调节机制，强调当事人的意思自治，来平衡公司中股东、职工和债权人的利益。但是，随着公司活动对于国家经济生活的影响日益深远，为防止公司活动对社会的危害，维护国家经济生活秩序，公司法中体现国家积极干预的强制性规范逐渐增多，公司法与经济法之间的界限越来越难以区分。在公司的不同发展阶段，经济法与公司法的适用发生交集。比如在公司之间可能会发生不正当竞争问题，在公司与消费者之间可能会发生消费者保护问题；随着公司规模的扩大，可能会因为反垄断问题而不得不进行分立；而当公司为了扩大规模进行兼并时，也涉及反垄断审查等问题。

（三）公司法与证券法

证券法是规范证券发行和交易行为来保护投资者合法权益的法律规范。对于证券法和公司法的关系，存在不同的学说。一是交叉学说。该说认为证券法与公司法存在调整范围的交叉，证券法在调整公司股票和公司债券的同

---

① 钱玉林：《民法总则与公司法的适用关系论》，《法学研究》，2018（3）：51-63。

时，还调整存托凭证、政府债券、资产支持证券、证券投资基金份额等。这种学说认为，公司法和证券法的立法宗旨不同，证券法侧重于规范证券市场，防止和消除证券欺诈，保护投资者的合法权益；而公司法侧重于规范公司的组织和行为。二是特别法说。这种学说认为，证券法是公司法的特别法，证券法虽然也调整除公司股票和公司债券以外的其他流通证券，但是公司股票和公司债券是证券法上最重要的调整对象，证券法规范主要调整公司证券的发行和交易。公司法为公司证券的发行和交易确立了一般性规则，而证券法将这些一般性规则具体化，证券法为公司法的特别法。[①]

我国《证券法》调整对象虽然主要为公司股票和债券，但是证券法的调整范围已经不限于公司股票和债券，证券法和公司法在调整公司股票和债券规则方面存在交叉，或者仅在这一方面将证券法作为公司法的特别法才更符合两部法律的状况。

（四）公司法与企业破产法

企业破产法律制度是为了规范企业破产程序，公平清理债权债务，保护债权人和债务人的合法权益的法律制度。企业破产法的作用不仅体现为保护债权，而且体现为对债务人的救济。企业破产法一方面通过破产清算确定公平、有序的破产债权清偿顺序，实现公平清偿；另一方面通过破产和解与重整程序，为仍有挽救希望的企业提供重新发展的机会。企业破产法与公司法的联系在于，公司法确立公司制企业作为市场主体的法律地位，赋予公司权利能力和行为能力，规范公司的组织和活动，而企业破产法则是淘汰市场主体的法律。在市场活动中，如果公司被依法宣告破产，则会依据企业破产的法律实施破产清算。据此，从规范公司清算活动来看，公司法规范公司通常情形下的清算活动，而企业破产法则规范公司被宣告破产这一特别情形下的清算活动。

（五）公司法与劳动法

劳动法是关于劳动保护、劳动条件和劳动者劳动待遇的法律规范，它调整的是劳动者提供劳动而用人单位接受劳动者提供的劳动所产生的法律关系。公司作为用人单位，需要聘用职工并通过职工的劳动来完成其经营活动。因此，劳动法和公司法的联系在于，两者均调整公司与职工之间的劳动关系。

---

① 叶林：《证券法》，北京：中国人民大学出版社，2000年版，第30页。

但是两者调整公司与普通职工之间劳动关系的侧重点不同。劳动法调整基于劳动而产生的劳动保护、劳动条件和劳动待遇等问题；而公司法调整劳动者在劳动中获得特定身份（如董事、监事和高级管理人员）与其他当事人之间发生的权利义务关系。至于董事、监事和高级管理人员与公司之间的关系，应适用于公司法而不是劳动法。

第二编
公司设立制度

第四章 公司设立的一般规则

第一节 公司设立的概念与性质

一、公司设立行为的概念

公司设立是指依照《公司法》及其他相关法律法规规定的条件和程序，发起人[①]为了组建公司并取得公司法人资格而实施的一系列法律行为的总称。公司设立行为包括公司成立前的一系列行为，包括设立公司的协议、股份的认购、出资的缴纳、公司章程的制定、董事监事的选举、公司机关的确立、成立大会的召开、办公场所的选择和公司注册登记的办理等，其中大多数行为属于民事法律行为。公司设立具有两个法律特点：

第一，公司设立行为具有法定性。公司设立必须严格遵守法律规定的条件和程序，不仅要求设立人之间达成协议，还必须就章程的制定、股东的确定、出资的缴纳和机构的设置等事项达成一致，而且各国公司法均详细规定了公司设立的程序及其法律效果，并规定了公司设立过程中发生的发起人之间、发起人与将来成立的公司之间、设立人与第三人之间的民事法律关系。

第二，公司人格的创设行为。公司设立行为的目的是创设公司的法人资格。公司取得独立人格后，才具有相应的权利能力和行为能力，从而取得享有权利和承担义务的资格，可以公司名义实施相应的法律行为。

二、公司设立与公司设立登记、公司成立

公司设立与公司设立登记、公司成立之间关系密切，三个概念之间既有区别，又有密切联系，在公司实务中容易引起混淆。

[①] 我国《公司法》第91条第2款使用发起人这一概念。但是我国《民法典》第75条使用了"设立人"，第76条使用了"出资人"，在本书中这三者具有相同的含义。

(一) 公司设立和公司设立登记

公司设立登记是指公司设立人依据法定条件和程序,提交设立登记申请书、公司章程等文件,向公司登记机关申请设立登记,并由公司登记机关将公司登记事项记载于公司登记机关。

公司登记有设立登记、变更登记和注销登记三种形式。公司设立与公司设立登记的区别,主要表现在以下三个方面:

(1) 行为的内容不同。公司设立行为包括签订发起人协议、公司章程、确定股东、缴纳出资、设置机构、申请设立登记和登记机关核准登记等全部过程,涵盖了公司设立登记行为。而公司设立登记则包括申请设立登记和核准设立登记两个阶段。

(2) 行为的性质不同。公司设立行为主要在发起人之间,其性质上为私法行为。公司设立登记分为申请设立登记和核准设立登记两个行为:申请设立登记属于发起人之间的私法行为;[1] 而核准设立登记属于登记机关的行政行为,属于公法行为。

(3) 行为效力不同。公司被核准登记前,被称为"设立中公司",不具有承担法律责任的资格,仅为非法人组织,所有的责任由公司设立人承担。[2] 公司设立登记行为完成,经核准登记后,即获得法人资格,具有以自己的名义独立承担责任的能力,公司设立过程中发生的债权债务由公司承担。

(二) 公司设立和公司成立

公司成立是指发起人完成公司设立行为从而使公司具备设立条件,经登记机关核准登记取得独立人格的过程。公司成立与公司设立的区别,主要在三个方面:

(1) 性质不同。公司设立是由发起人为设立公司而进行的各种行为和程序的总和,其主要是发起人之间的行为,属于私法行为。而公司成立是发起人依照法律规定完成一系列设立行为,由公司登记机关核准登记,属于公法行为。

(2) 行为效力不同。公司设立是公司成立的前提条件,公司成立是设立

---

[1] 对此有不同观点,有学者认为申请公司设立登记属于行政法上的行为。参见施天涛:《公司法论》(第三版),北京:法律出版社,2014年版,第82页,注释一。

[2] 郭明瑞:《民法总则通义(修订本)》,北京:商务印书馆,2022年版,第106页。

的后果。只有公司成立后，发起人在设立阶段的行为后果才归属于公司。因此，公司成立成为公司是否独立承担民事责任的开始。

（3）法律效果不同。发起人实施了一系列的公司设立行为，必然产生一定的私法效果，但并不必然导致公司成立。公司设立失败的情况下，公司不能成立。

从上述论述可以看出，公司设立是公司得以成立的基础，而公司登记是公司设立的最后一个必经的步骤，登记机关核准登记后，公司成立。

三、公司设立的意义

公司设立是公司成立过程中一系列法律行为的总称，公司成立之前发起人为设立公司而从事的一系列活动均属该范畴。公司设立具有以下三个方面的重要意义：

（1）公司法人人格产生的必经过程。公司设立是公司独立法人人格产生的必经过程，公司法人是现代公司法律制度的基础。公司作为营利法人，必须符合法人的成立条件，并经由发起人完成公司设立程序，才能成为法律关系中的主体。

（2）对债权人的法律保护。公司股东有限责任是现代公司制度的基石，它意味着公司股东仅以出资额为限对公司债务承担法律责任。有限责任制度将股东的投资风险转嫁给债权人，为了平衡公司、股东和债权人之间的利益，法律规定了公司设立条件，只有符合法定设立条件的公司，才由公司登记机关登记为公司。

（3）对公司的法律控制。公司法中有大量的强制性规范，体现国家强制。国家在公司设立制度中采取鼓励或者限制的政策，来促进或限制公司进入市场。

四、公司设立行为的性质

公司设立行为大多属于法律行为，这一结论在学界并不存在争议。但是其属于何种类型的法律行为，则争议较多。目前主要有以下几种学说。

（一）合伙契约说

这种学说认为，发起人设立公司的行为为合伙契约。其认为发起人设立公司时，签订合伙协议安排公司设立的诸多事项，之后的一系列设立行为和发起人之间的权利义务关系受发起人协议的约束。这种学说明确了发起人协议的性质为合伙契约，解释了发起人协议未明确规定的情况下，发起人内部权利义务的分配。但是，该学说因与公司设立法理不合而日趋衰落：第一，发起人签订设立协议和制定公司章程的过程中，发起人的意思表示一致，方向相同，但是严格意义上的契约则属于意思表示一致，方向相反，所以发起人签订的设立协议与严格意义上契约的概念存在差异；第二，设立行为不限于签订设立协议、制定公司章程等行为，将公司设立行为等同于合伙契约，犯了以偏概全的错误；第三，该观点混淆了作为公司设立行为基础的发起人设立协议和作为履行该协议结果的公司设立。①

（二）单独行为说

该说认为公司设立是发起人以组织设立公司为目的的单独行为，其行为因内容相同而结合，其结合方式分为偶合和联合。② 偶合是指发起人的独立行为偶然凑合到一起而导致公司成立，这一学说虽然符合实践中发起人寻找志同道合者共同设立公司的现实，但这一寻找过程并不是公司法关注的重心，公司法关注的重点是从发起人签订订立协议开始之后的公司设立行为，其忽视了发起人设立公司的共同目的，仅将其解释为"偶然"的结果过于牵强。③ 联合是指不同的发起人各自进行的独立行为，在共同目的下联合起来，通过共同的意思表示设立公司。这一学说描述了发起人在公司设立过程中的不同分工及共同目的，但是其过于重视个体性而将其简单归并于"联合"，将发起人的行为解释为复数单独行为，对发起人之间的合意解释力稍显不足。

（三）共同行为说

共同行为说是我国目前学界的通说。根据意思表示构成的数量及表示方向，将法律行为分为单方法律行为、双方法律行为（契约行为）、多方法律行为（共同行为）与决议行为（团体行为）。该说认为，公司设立是发起人为设立公司这一共同目的、意思表示一致、取得同质的预期效果的法律行为。该说被认为较为恰当地解释了有限公司和发起设立股份公司的章程制定行为，明确了契约与共同行为等的不同。

---

① 契约说在英美法系为通说，需要说明的是，英美法中契约的概念与大陆法系不同。
② 两大法系均认为，单独行为说对于一人公司的设立具有较强的解释力。
③ 朱慈蕴：《公司法原论》，北京：清华大学出版社，2011年版，第72页。

(四) 我国公司法的规定

我国《公司法》第 45 条、第 94 条规定，有限公司和发起设立股份公司的章程，由发起人（股东）共同制定，属于典型的共同行为。但共同行为说也存在解释力不足之处：第一，募集设立股份公司的成立大会的决议（包括对发起人制定的公司章程的决议）属于团体法律行为，因为决议的通过适用资本多数决，只需获得表决权的过半数赞成即可（第 104 条），而共同行为则需要全体意思表示的一致；第二，募集设立股份公司的股份认购行为中，发起人认购股份属于共同行为，但是认股人认股行为的性质，现在通说为契约行为，即向设立中公司入股的契约。①

因为设立公司的发起人人数存在多寡，公司设立包含了一系列的行为，所以应就不同公司设立行为的性质进行具体的解释，而不应谋求统一界定公司设立行为的法律属性。具体而言，我国公司法中，一人公司设立行为属于单独行为，因为发起人只有一人；募集设立股份公司的成立大会决议属于团体行为，认股人对募集设立股份公司的股份认购行为属于契约行为，而其他公司的设立行为则为共同行为。

第二节 公司设立的原则及演变

公司必须通过设立行为取得法律人格。但在不同历史时期，法律对投资者设立并取得营利性公司法人人格的态度并不相同。

一、公司设立原则

自欧洲中世纪早期以来，随着社会经济的发展以及人们观点的变化，公司设立制度变化繁多。大体而言，法律对公司设立经历了一个从自由主义到特许主义，进而到核准主义和准则主义的历史进程。

1. 自由主义原则

自由主义原则，又称为放任设立原则，是指法律对公司设立条件和程序不作任何规定，设立人根据自己意思决定是否设立公司、怎样设立公司等事

---

① 李建伟：《公司法学》（第二版），北京：中国人民大学出版社，2011 年版，第 61 页。

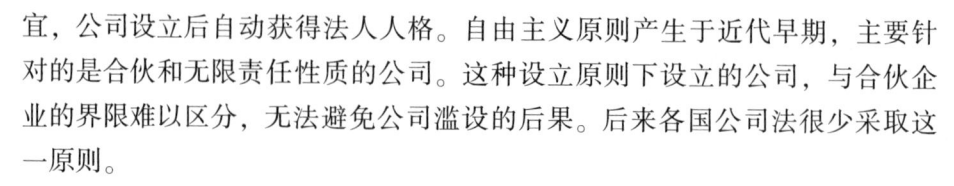

宜，公司设立后自动获得法人人格。自由主义原则产生于近代早期，主要针对的是合伙和无限责任性质的公司。这种设立原则下设立的公司，与合伙企业的界限难以区分，无法避免公司滥设的后果。后来各国公司法很少采取这一原则。

2. 特许主义原则

特许主义原则是指公司的设立需要王室或者议会通过颁发专门的法令予以特别许可的公司设立原则。特许主义起源于13~15世纪，盛行于17~18世纪的英国。如英国东印度公司就是伊丽莎白一世（Elizabeth Ⅰ）特许设立，被称为特许公司（charted company）；英国早期经营运河、铁路、自来水等公司，需要经过议会的特别法案成立，被称为法定公司（statutory company）。特许主义纠正了自由主义带来的公司滥设现象，但是矫枉过正，导致对公司设立过度管制，使得设立公司成为一项特权。因此，近代公司法只对个别公司采取特许主义原则。

3. 核准主义原则

核准主义原则，又称为许可主义原则或者审批主义原则，是指公司的设立除了具备法定的一般要件外，还需要经过政府行政主管部门的审查批准，方可成立。核准主义与特许主义分别是赋予行政机关和王室、议会等立法机关权力。与特许主义原则相比，核准主义原则给公司设立带来极大的便利，但是国家行政机关干预公司设立，不仅与市场经济不合，而且也带来规制过度、权力寻租的弊病，因此目前只在银行、证券等少数行业采取核准主义原则。

4. 准则主义原则

准则主义原则，又称为登记主义原则，是指法律预先规定公司设立的条件，公司的设立符合这些条件即可申请取得法人资格，无须经过主管机关的审批。准则主义原则纠正了核准主义的弊病，方便了公司的设立，促进了经济的发展。这是目前各国公司法普遍采取的原则。

5. 严格准则主义原则

严格准则主义原则，是指在公司设立时，除了具备法律规定的要件，还在法律中规定了严格的限制性条款，设立公司虽无须经过行政主管机关批准，但要符合法律规定的限制性条款，否则应承担相应的法律责任。准则主义原则对公司设立的要求较为宽松，在实践中造成公司滥设的现象。为了加强对公司设立的监督，采取了严格准则主义原则，来纠正准则主义原则对公司设立过于放任的弊端。与准则主义原则相比，严格准则主义原则在两个方面加强了对公司的监管：第一，严格一般公司的设立条件，强化发起人的责任；第二，加强法院和行政机关对公司设立的监督。

二、我国公司法采用的公司设立原则

我国长期以来对公司设立采取核准主义，表现为严格的行业行政许可制度和垄断前置审批制度。但是随着我国市场经济制度的建设，公司设立原则也发生了相应的变化。

1. 有限公司

我国1993年《公司法》对公司设立制度采用的是严格准则主义和核准主义相结合的立法模式。1993年《公司法》第19条规定了有限公司的设立条件，第27条规定股东出资经过验资后向公司登记机关申请设立登记。2005年修订《公司法》虽然缓和了严格准则主义，但是依然未摆脱严格准则主义的窠臼。在2013年修正《公司法》时删除了最低注册资本、缴纳方式等的严格限制，采取了准则主义原则。为了保护债权人的利益，在2023年修订《公司法》时，虽然未规定最低注册资本，但是规定了最长的资本缴纳期限，又再次转向缓和的严格准则主义原则。

2. 股份公司

1993年《公司法》对于股份公司完全贯彻了核准主义的立法原则，不仅规定了股份公司的设立条件，而且强调股份公司的设立必须经过国务院授权的部门或者省级人民政府批准，采取募集方式设立的股份公司向社会公开募集股份必须经过国务院证券管理部门的批准。但是审批制本身过于严格，而且让人们误以为国家对股份公司提供了信用担保，导致法律适用上的困惑。因此，2005年《公司法》取消了股份公司必须经过行政机关审批的规定，对于发起设立和向特定对象募集设立的股份公司，采用了严格准则主义原则。但是对于以公开募股方式设立的股份公司，依然采取核准制，需要向公司登记机关报送国务院证券监督管理机构的核准文件。2019年修订《证券法》将证券公开发行由核准制转变为注册制，至此以公开募集方式设立股份公司也采取了严格准则主义原则。

3. 核准主义原则

需要说明的是，上述有限公司和股份公司设立所采取的设立原则，仅限

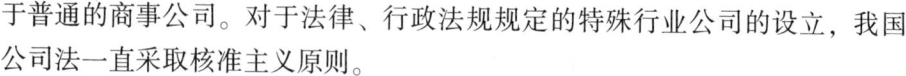

于普通的商事公司。对于法律、行政法规规定的特殊行业公司的设立，我国公司法一直采取核准主义原则。

第三节 公司设立的具体制度

一、设立方式

（一）概念

大陆法系公司法规定公司设立方式分为发起设立和募集设立。英美法系公司法规定，公司成立前不允许公司发行股份，也不要求发起人认购股份，而是在公司成立后以公司的名义发行股票，公司设立仅需履行注册手续，因此不存在发起设立和募集设立的概念。

1. 发起设立

发起设立，又称为共同设立、单纯设立，是指由发起人认足全部注册资本额的设立方式。发起设立方式减少了募集设立所需要的时间和费用，因此公司设立时间较短，费用较低，适合股东人数不多、规模较小的公司。但如果公司所需的资本额较大，现有的发起人难以认足，则无法采取这一方式。从公司类型看，发起设立可以适合任何类型的公司，但是因为无限公司、两合公司、有限公司具有封闭性，所以只能选择发起设立；而股份公司、股份两合公司可以选择采取发起设立。

2. 募集设立

募集设立，又称为渐次设立、复杂设立，是指由发起人认购公司发行股份的一部分，其余股份向社会公开募集或者向特定对象募集而设立公司。理论上股份公司、股份两合公司可以采用募集设立方式，但德国等国家仅允许发起设立股份公司。

募集设立可以向社会公众或者特定对象募集更多的资金，对于资金不充足的发起人具有较大的诱惑力，可以弥补发起人资金不足的劣势。但是因为涉及发起人之外的投资主体，如果发起人认购的股份较少，对认股人而言风险较大，所以为了保护社会公众的利益，我国公司法规定发起人认购的股份缴足后，才可以向他人募集股份。

(二) 我国的规定

1. 发起设立

根据我国公司法的规定，有限公司只能采取发起设立方式，股份公司可以采取发起设立或者募集设立的方式。

公司发起设立时，发起人所认购的股份是否须在公司成立时足额缴纳，各国规定并不相同。但是多数国家区分认购行为与缴纳行为，要求全部认购，但允许分期缴纳出资额，个别国家甚至允许分次认购股份，如法国、日本。我国1993年《公司法》实行严格的法定资本制，要求发起人足额缴纳，不允许分期。1998年8月和1999年2月，中国证券监督管理委员会（以下简称证监会）曾发文否定"募集设立"方式，使得发起设立成为股份公司的唯一设立方式。2005年《公司法》第26条允许有限公司股东分期缴纳认缴的出资额，第78条规定股份公司可以采取发起设立或者募集设立，第81条第1款规定发起设立股份公司可以分期缴纳出资额。2013年《公司法》删除了股份公司和有限公司最低注册资本、首期出资比例、出资期限的限制，方便了公司的设立，公司数量迅速增加。但是也出现了股东认缴期限过长，影响交易安全，损害债权人利益的情形，2023年《公司法》增加了有限公司股东认缴期限限制的规则，而股份公司发起人应当在公司成立前全额缴纳股款。

2. 募集设立

考虑到募集设立的弊端，各国公司法大多采取措施进行监管。常见措施是要求募集设立的发起人认购的股份额达到一定的比例，这样可以在一定程度上遏制发起人的投机和欺诈行为，保证股份公司的公众性。我国公司法采取了类似的规则，规定以募集方式设立股份公司的，发起人认购的股份不得少于公司章程规定的公司设立时应发行股份总数的35%；但是，法律、行政法规另有规定的，从其规定；而且规定发起人认购的股份缴足前，不得向他人募集股份。这些规定既保证了灵活性，允许法律、行政法规作出另外规定，又要求全体发起人认购的股份达到法定的最低比例，而不对单个发起人的认购额度进行规范。

对于募集设立股份公司，我国1993年《公司法》第74条定义的股份公司募集设立仅指公开募集，而2005年后则包括公开募集和定向募集。

二、公司设立条件

各国公司法大都明确规定公司设立必须具备一定的条件。但是概括起来主要包括发起人、资本、公司组织三个方面。

(一) 主体条件：发起人

发起人是指为了公司的成立而从事设立行为并承担设立责任的人。发起人需要订立发起人协议，制定公司章程，并向公司出资或者认购股份，从事公司的设立事宜。发起人通过签订发起人协议而成为合伙关系，对其在设立公司过程中产生的法律后果，承担连带责任。公司有效成立后，发起人成为公司的股东。

为了维护公司社团性，各国公司法大都规定发起人必须是两人以上。但是，随着一人公司的出现，公司设立中对发起人下限的限制有所松动，允许一个自然人发起设立公司。当然，大多数国家仅允许设立一人有限公司，但是我国 2023 年修订的《公司法》既允许设立一人有限公司，又允许设立一人股份公司。

对于有限公司的股东人数，许多国家规定了上限，我国公司法规定有限公司股东最多 50 人。对于股份公司的股东人数，大都没有规定上限，但是对发起人数量规定了下限，比如法国规定股份公司发起人最少 7 人，德国规定最少 5 人。我国 1993 年《公司法》规定股份公司的发起人最少 5 人，同时规定国有企业改建为股份公司的，发起人可以少于 5 人，但应当以募集方式设立；2005 年《公司法》规定，发起人应为 2 人以上 200 人以下；2023 年《公司法》规定，发起人应为 1 人以上 200 人以下，其中半数以上发起人在中国境内有住所。

(二) 资本条件

资本条件主要表现为对公司最低注册资本的要求。法律规定最低注册资本额是通过提高公司的设立门槛，防止设立人滥设公司，保护债权人利益。大陆法系公司法对于资合公司规定了最低资本额，但英美法系公司法和部分大陆法系公司法对此无要求。我国在 1993 年《公司法》中实行了较为严格的注册资本制度，但是在 2013 年修正《公司法》时，取消了公司注册资本最低限额制度，完全交由设立人决定。至此我国公司法像英美法系公司法一样，对资合公司注册资本不再从法律上进行限制。

需要注意的是，公司作为法人，应有一定的财产条件作为经营活动和承担责任的保障，而公司财产最初来自公司发起人的出资。我国公司法虽然废除了普通商事公司注册资本最低限额的规定，但是并未废除注册资本，规定章程应记载公司注册资本。但是法律、行政法规以及国务院决定对有限公司、股份公司的注册资本最低限额另有规定的，从其规定。目前我国实行最低注册资本制度的公司有银行业金融机构、证券公司、期货公司、基金管理公司、保险公司、保险专业代理机构和保险经纪人、直销企业、对外劳务合作企业、融资性担保公司、募集设立的股份公司，以及劳务派遣公司、典当行、保险资产管理公司、小额贷款公司等27类。[①]

（三）组织条件

组织条件主要包括公司名称、性质、住所和依法建立符合要求的公司的组织机构等，这些内容对公司的经营活动有着重要的影响。设立公司，必须确定公司的名称，建立符合法律要求的组织机构，要有住所。作为社会组织的公司，其团体意思的形成和实现均须借助于一定的组织机构。

三、设立程序

公司设立程序，因各国公司法采取的公司设立法律政策和公司设立方式不同而不同。广义的公司设立包括公司设立和公司设立登记，以订立发起人协议开始，以完成设立登记结束。公司设立程序虽然是一实务问题，但仍具有学理上的价值；没有完成公司设立程序，公司不能成立。

（一）有限公司的设立程序

有限公司是一种封闭性公司，设立方式仅限于发起设立，设立程序较为简单，大体遵循如下程序。

1. 签订发起人协议

发起人协议是股东之间签订的明确各自在公司设立过程中的权利和义务的合同，其仅规范发起阶段发起人之间的权利义务关系。发起人协议是一种内部协议，在性质上被认为是合伙协议，[②] 依据合同的相对性原理，仅对公司发起人具有约束力。发起人协议是公司设立的最初文件，自发起人签字起生效，但该协议并不是公司设立的必备文件。

---

① 参见2014年《国务院关于印发注册资本登记制度改革方案的通知》（国发〔2014〕7号）。
② 赵旭东：《公司法学》，北京：高等教育出版社，2025年版，第104页。

2. 制定公司章程

公司章程是公司设立的基本文件，应严格按照法律规定的条件和程序制定。有限公司的公司章程由全体股东制定，一人有限公司的公司章程由一人制订；国有独资公司的章程由履行出资人职责的机构制定。

3. 自主申报、选取符合要求的公司名称

我国公司名称的确定采取自主申报制。申请人通过企业名称申报系统或者在企业登记机关服务窗口提交有关信息和材料，对拟定的企业名称进行查询、比对和筛选，选取符合要求的企业名称。[1]

4. 公司设立的前置审批

一般情况下，有限公司的设立只要不涉及法律、行政法规的特别要求，直接注册登记即可。不过，根据我国《公司法》第29条第2款规定，法律、行政法规规定设立公司必须报经批准的，应当在公司登记前依法办理批准手续。我国目前实行负面清单制度，公司经营范围应当符合市场准入负面清单规定，外商投资公司以及外商投资企业直接投资公司的经营范围还应当符合外商投资准入特别管理措施规定。

5. 股东出资的缴纳

缴纳出资是公司设立中履行发起人协议或者公司章程规定的出资义务的行为。依据《公司法》第49条的规定，股东应当按期足额缴纳公司章程规定的各自所认缴的出资额。有限责任公司股东认缴出资应当遵循诚实信用原则，全体股东认缴的出资额由股东按照公司章程的规定自公司成立之日起五年内缴足。2024年6月30日前登记设立的有限责任公司，剩余认缴出资期限自2027年7月1日起超过五年的，应当在2027年6月30日前将其剩余认缴出资期限调整至五年内，并记载于公司章程，股东应当在调整后的认缴出资期限内足额缴纳认缴的出资额；剩余认缴出资期限自2027年7月1日起不足五年或者已缴足注册资本的，无须调整认缴出资期限。2024年6月30日前登记设立的公司生产经营涉及国家利益或者重大公共利益的，由国务院有关主管部门或者省级人民政府提出意见，经国家市场监督管理总局同意，可以按2024年6月30日前确定的出资期限出资。[2]

---

[1] 《企业名称登记管理规定》第16条。
[2] 《公司登记管理实施办法》第5条、第8条、第9条。

6. 公司设立登记申请

申请设立公司，应当提交设立公司申请书、公司章程等文件，申请人应当对提交材料的真实性、合法性和有效性负责。申请人可以委托中介机构或者其他自然人代其办理公司登记、备案。中介机构及其工作人员、其他自然人代为办理公司登记、备案事宜，应当诚实守信、依法履责，标明其代理身份并提交授权委托书，不得提交虚假材料或者采取其他欺诈手段隐瞒重要事实，不得利用从事公司登记、备案代理业务损害国家利益、社会公共利益或者他人合法权益。

7. 登记发照

公司提出设立申请后，登记机关应依法进行审查。符合公司法规定的设立条件的，由公司登记机关登记为有限公司；不符合公司法规定的设立条件的，不得登记为有限公司。依法设立的公司，由公司登记机关颁发纸质营业执照或者电子营业执照。电子营业执照与纸质营业执照具有同等的法律效力。公司营业执照的签发日期为公司成立日期。从公司成立之日起，公司取得法人资格和营业资格，可以公司名义对外从事经营活动，开立银行账户、刻制印章，申请纳税登记等。

（二）股份公司的设立程序

股份公司发起设立和募集设立的程序基本相同，但是募集设立包括公开募集方式和相应的特别程序。

（1）签订发起人协议。

（2）制定公司章程、发起人认购股份。发起人设立股份公司，应当共同制定公司章程，交由公司成立大会，并经出席会议的认股人所持表决权过半数通过。以发起方式设立股份公司的，发起人应当认足公司章程规定的公司设立时应发行的股份；以募集方式设立的，发起人认购的股份不得少于公司章程规定的公司设立时应发行股份总数的35%；除非法律、行政法规另有规定。

（3）自主申报、选取符合要求的公司名称（与有限公司相同）。

（4）公司设立的前置审批（与有限公司相同）。

（5）股份认购。设立股份公司有发起设立和募集设立两种方式，我国公司法对这两种方式中股份的认购规定不同。发起设立的，发起人认购应发行的全部股份并在公司成立前全部缴纳股款；募集设立的，发起人认购法定数量并公开募集股份。因公开募集股份涉及社会公众的利益，法律规定了严格的程序，并要求发起人认购的股份缴足后才可以向他人募集股份。具体包括以下程序：

1）公开发行股份的注册。发起人向社会公开募集股份，必须经国务院证券监督管理机构注册，公告招股说明书。未经依法注册，任何单位和个人不得公开募集股份。注册申请时，发起人应报送公司章程、发起人协议、发起人姓名或者名称，发起人认购的股份数、出资种类及验资证明，招股说明书，代收股款银行的名称及地址，承销机构名称及有关协议，发行保荐书；法律、行政法规规定设立公司必须报经批准的，还应当提交相应的批准文件。

2）公告招股说明书、制作认股书。发起人向社会公开募集股份，应当公告招股说明书，并制作认股书。招股说明书应当附有公司章程，并载明下列事项：发行的股份总数，面额股的票面金额和发行价格或者无面额股的发行价格，募集资金的用途，认股人的权利和义务，股份种类及其权利和义务，本次募股的起止日期及逾期未募足时认股人可以撤回所认股份的说明。公司设立时发行股份的，还应当载明发起人认购的股份数。认股书由认股人填写认购的股份数、金额、住所，并签名或者盖章。

3）签订承销和代收股款协议。公司向社会公开募集股份，应当由证券公司承销，签订承销协议；同银行签订代收股款协议，由代收股款银行按照协议代收和保存股款，向缴纳股款的认股人出具收款单据，并附有向有关部门出具收款证明的义务。

4）公司募足股款后，应当予以公告。

（6）出资及验资。发起设立的，发起人在公司成立前全部缴纳股款；募集设立的，发起人按照所认购股份足额缴纳股款，向社会公开募集股份的股款缴足后，经依法设立的验资机构验资并出具证明。

（7）召开公司成立大会。募集设立股份公司的发起人应当自股款缴足之日起30日内召开公司成立大会。公司设立时应发行的股份未募足，或者发行股份的股款缴足后，发起人在30日内未召开成立大会的，认股人可以按照所缴股款并加算银行同期存款利息，要求发起人返还。在这种情况下公司设立失败，公司不得成立。

发起人应当在成立大会召开15日前将会议日期通知各认股人或者予以公告。成立大会应当有持有表决权过半数的认股人出席，方可举行。以发起设立方式设立股份公司，成立大会的召开和表决程序由公司章程或者发起人协议规定。成立大会作出决议，应当经出席会议的认股人所持表决权过半数通过。成立大会的职权为：审议发起人关于公司筹办情况的报告，通过公司章程，选举董事、监事，对公司的设立费用进行审核，对发起人非货币财产出资的作价进行审核，发生不可抗力或者经营条件发生重大变化直接影响公司设立的，可以作出不设立公司的决议。

（8）组建公司组织机构。股份公司召开成立大会时选举董事、监事，组成公司的董事会和监事会。设置审计委员会行使监事会职权的，应当在进行董事备案时标明相关董事担任审计委员会成员的信息。

（9）申请设立登记。股份公司的董事会应当授权代表，在公司成立大会结束后30日内向公司登记机关申请设立登记。

（10）登记发照。

第四节　发起人与设立中公司

一、发起人

（一）定义

公司发起人是一个阶段性概念，主要职责在于设立公司，并对公司设立失败的后果承担法律责任。在公司设立过程中，因发起人的过错造成设立中公司损失的，发起人应当承担相应的责任。公司成立后，发起人成为股东。[①] 因此，确定发起人身份具有重要的意义。

在各国公司法中，发起人的含义并不完全相同。我国《公司法》虽使用发起人一词，但并没有在条款中作明确的定义。《最高人民法院关于适用〈中华人民共和国公司法〉若干问题的规定（三）》（以下简称《公司法规定三》）第1条规定，发起人是指为设立公司而签署公司章程，向公司认购出资或者股份并履行公司设立职责的人。据此，发起人具有以下特征：

（1）必须认购公司的出资或者股份。有限公司或者发起设立的股份公司

[①] 我国《公司法》仅在股份公司设立中使用了"发起人"一词，对于有限公司并未使用该词，而是使用了"设立时的股东"的称呼。虽然有学者对此进行批判，指出股东概念只应存在于公司成立之后，在公司设立阶段以"股东身份"界定设立人，存在立法用语与概念指称的混乱。参见李建伟：《公司法学》（第二版），北京：中国人民大学出版社，2011年版，第69页。但遗憾的是，2023年《公司法》仍未对此进行修改。

由发起人认购全部出资或者股份，募集设立股份公司由发起人认购不得低于法定比例的股份。

（2）参与公司设立行为、履行公司设立职责。发起人参与公司设立行为、履行公司设立职责，并不需要事事亲力亲为。对是否为发起人，可以从形式和实质两个方面进行：在公司章程上签名的人可推定其为发起人；对于未在章程上签名，但有证据证明以发起人身份实际参与公司设立的，也可以认定其为发起人。

（3）承担公司设立的法律责任。发起人是承担公司设立法律责任的主体。

对于发起人的界定，大陆法系和英美法系并不相同。在大陆法系，发起人是指向公司出资或者认购股份并从事公司设立事务的人。发起人在章程上签字，该签字成为判断公司发起人的唯一外观证据，只要在章程上签字即被认为是公司发起人，而不论其是否从事公司的筹办事务；而未在章程上签字的人则不能被认为是公司的发起人，如果其参与了公司设立事务，则只能被认为属于公司设立的辅助人。但是英美法系的发起人（incorporator 或 promoter）只是公司筹办人，在公司章程上签字并向州务卿递交设立申请的人，并不承担认购股份的义务，因此不一定是公司的投资人。英美法系的发起人与投资人是不同的主体。

（二）发起人的资格

公司的发起人可以是自然人、法人或者非法人组织。自然人作为发起人应当具有完全行为能力，限制民事行为能力人或者无民事行为能力人不能作为发起人。此外，在设立股份公司时，各国通常对发起人的国籍和住所有所限制，但一般不禁止外国人为发起人。有的国家对外国人发起人的股份占比有限制，比如意大利；有的国家对发起人的住所有限制，我国《公司法》第92条规定过半数的发起人必须在我国境内有住所；也有的国家对居住年限有限制，比如挪威规定必须有过半数的发起人在挪威居住两年以上。

我国为了杜绝党政机关经商办企业，规定党政机关和国家公务员、检察官、法官、人民警察不得违规成为公司的发起人。在资格上，我国《公司法》未对有限公司发起人的国籍或者住所等方面进行限制，股份公司的发起人要求半数以上在我国境内有住所。我国《证券法》第40条规定："证券交易场所、证券公司和证券登记结算机构的从业人员，证券监督管理机构的工作人员以及法律、行政法规规定禁止参与股票交易的其他人员，在任期或者法定限期内，不得直接或者以化名、借他人名义持有、买卖股票或者其他具有股权性质的证券，也不得收受他人赠送的股票或者其他具有股权性质的证券。任何人在成为前款所列人员时，其原已持有的股票或者其他具有股权性质的证券，必须依法转让。实施股权激励计划或者员工持股计划的证券公司的从业人员，可以按照国务院证券监督管理机构的规定持有、卖出本公司股票或者其他具有股权性质的证券。"据此，具有上述特定身份的人应当不能作为上市公司的股东，更不可能作为发起人。

（三）发起人的法律地位

公司设立活动会发生一系列法律关系，发起人在其中处于不同的法律地位，主要的法律关系有两个：一是发起人与设立中公司的关系，二是发起人之间的关系。

1. 发起人与设立中公司的关系

发起人作为一个整体，是设立中公司的意思机关与执行机关。公司设立时的发起人为设立公司从事的民事活动，其法律后果由公司承受。如果公司设立失败，则该种行为的后果由发起人承担个人或者连带责任。

2. 发起人之间的关系

英美公司法中，发起人之间存在信义关系（fiduciary relationship），大陆法系公司法中，发起人之间视为一种合伙关系，根据发起人之间签订的发起人协议，处理各自在公司设立过程中的权利和义务。根据《公司法》第44条第2款规定，公司未成立的，其法律后果由公司设立时的股东承受；设立时的股东为2人以上的，享有连带债权，承担连带债务。

（四）发起人的职责与权利

1. 发起人的职责

发起人的主要职责是承担公司筹办事务时享有业务执行权。根据《公司法》第94条、第103条等的规定，具体包括：制订公司章程，办理申请成立公司的有关前期手续，比如公司名称；办理募集股份事务，包括公告招股说明书，制作认股书、签订承销协议和代收股款协议等；发出会议通知并主持公司的成立大会。

2. 发起人的权利

各国公司法除了规定发起人可以就为公司设立支付的合理费用由公司返

还，大多不在法律中直接规定发起人的权利。但为了鼓励发起人设立公司的积极性，公司法一般均认可公司法章程中规定发起人享有的权利。一般而言，公司章程中规定的发起人的权利通常包括：取得报酬、取得特别利益和非货币出资等权利。具体为：①报酬请求权。发起人的报酬是指发起人为设立公司付出劳务所获得的对价，发生在公司成立之前，应由设立中的公司承担。发起人是否享有报酬请求权，取决于发起人协议是否有规定，或者全体发起人同意。②特别利益请求权。发起人取得特别利益是指发起人因承担公司设立失败的风险以及承办设立事务而获得的利益，如取得盈余分配方面的优先股款、优先认股权、公司终止时优先分配剩余财产权等。需要注意的是，这种特别利益的授予不能违反资本充实原则和同股同权原则，如果在章程中约定免除股款的缴纳、无偿获得股份、在股东会决议享有特权以及优先分派利益等，均是无效的。发起人的特别利益一经赋予，则构成公司成立后的债务。③非货币出资的权利。各国公司法一般都允许发起人以货币以外的方式进行出资。但是否采用该方式则取决于发起人的选择。④选举和被选举为第一届公司机关成员的权利。⑤发起人协议规定的其他权利。

为了保护募集股东和公司的利益，各国公司法通常对发起人权利进行限制，主要包括必须在章程中进行记载、必须经过成立大会的批准；而公司成立大会可以减少发起人的权利。例如《韩国公司法》第 290 条、第 299 条及第 299 条之二规定，发起人接受的特别利益和接收人的姓名，实物出资人的姓名和出资财产的种类、数量、价格以及对此赋予股份的种类和数量，都必须经过检查人调查并向法院报告或者以公证人的调查报告或者鉴定人的鉴定报告。我国《公司法》只规定发起人的出资方式必须记载于章程中，对于发起人的其他权利是否必须记载于章程则没有明确规定。

（五）发起人的信义义务与设立责任

1. 发起人的信义义务

（1）发起人相互之间的信义义务。发起人之间是一种合伙关系，应当相互承担信义义务。如果某一发起人违反了信义义务，则应对其他发起人承担违信责任。

（2）发起人对将来公司（future corporation）的信义义务。发起人对将来公司负有信义义务，具体表现为：发起人不得利用职权谋取私利，不得有欺骗或玩忽职守的行为，不得篡夺将来公司的商业机会，不得与设立中的公司进行不公平交易。在公司设立后，公司有权取得发起人以公司名义取得的权利或者利益，发起人有义务将该权利或者利益转移给公司。如果发起人在交易中谋取了个人私利，则其所取得的权利或者利益应当归属于公司。若发起人违反信义义务，则应当承担违信责任。

（3）发起人对后来投资者的信义义务。发起人对后来股东或者投资者承担一定的义务和责任。这种信义义务主要表现在发起人在设立公司的过程中，尤其是在股份发行中不得有欺诈行为，后来投资者如因发起人的欺诈行为而受有损失的，发起人应当承担赔偿责任。此外，发起人还负有就其发起人交易向后来投资者披露的义务。

2. 发起人的责任

发起人的责任与发起人的义务仅仅是视角的不同，并无本质的区别。我国法律明确规定，发起人负有出资义务。发起人没有履行出资义务或者履行出资义务存在瑕疵，必然导致发起人承担相应的责任。公司设立过程中，不同的情形下发起人承担的法律责任不同，可以分为公司设立成功和公司设立失败两种情形予以说明。

（1）公司成立后发起人的责任。

1）连带认缴责任。公司发起人对公司出资承担连带认缴责任，发起人的连带认缴责任主要包括认购担保责任和缴纳担保责任。认购担保责任是指发起人应当按照章程的规定认购公司设立时应发行的股份数量。缴纳担保责任是指公司成立后，仍有未交付股款或者未完成给付非货币财产的，发起人承担连带缴纳责任。

2）价值补充责任。价值补充责任是指公司设立时，股东对公司出资的非货币财产的实际价额显著低于所认缴的出资额的，发起人承担连带补充差额责任。在承担责任后，发起人可向非货币出资人进行求偿。

3）损害赔偿责任。在公司设立过程中，因公司发起人的行为导致公司或者其他发起人利益受到损害的，发起人应当承担损害赔偿责任。

4）出资违约责任。股东未按期足额缴纳出资的，除应当向公司足额缴纳外，还应当向其他已经足额缴纳的股东承担违约责任，并对给公司造成的损失承担赔偿责任。

（2）公司设立失败时发起人的责任。

1）对设立行为所产生的债务和费用承担连带责任。公司未成立的，其法律后果由公司设立时的股东承受；设立时的股东为2人以上的，享有连带债权,承担连带债务。部分发起人依法承担责任后,可以请求其他发起人按照约定的责任承担比例分担责任;没有约定责任承担比例的,按照约定的出资比例分担责任;没有约定出资比例的,按照均等份额分担责任。因部分发起人的过错导致公司未成立的,其他发起人可以根据设立人的过错情况主张其承担设立行为所产生的费用和债务。

2) 已收股款的返还责任。对认股人已缴纳的股款,发起人负返还股款并加算银行同期存款利息的连带责任。根据公司法的规定,主要有以下四种情形:

第一,募集申请被撤销注册。以募集方式成立股份公司,公司发起人应当向国务院证券监督管理机构递交申请。募股申请予以注册后,发现不符合法定条件或者法定程序,尚未发行证券的,应当予以撤销,停止发行。已经发行尚未上市的,撤销发行注册决定,发行人应当按照发行价并加算银行同期存款利息返还证券持有人。

第二,募集股份超过期限。招股说明书应当载明本次募股的起止日期及逾期未募足时认股人可以撤回所认股份的说明。在超过募股说明书中规定的截止日期尚未募足的,认股人可以要求发起人按照所缴股款并加算银行同期存款利息进行返还。

第三,发起人未按期召开成立大会。股款募足后,公司应当经依法设立的验资机构验资并出具证明,发起人应当在30日内召开公司的成立大会。如果发起人不能按期召开成立大会,则认股人有权要求发起人返还所缴股款并加算银行同期存款利息。

第四,成立大会决议不设立公司。因发生不可抗力或者经营条件发生重大变化直接影响公司设立的,成立大会可以决定不设立公司。此种情况下,发起人应返还认股人缴纳的股款,但可不加付同期银行利息。这是因为此种情形下公司不成立是由出席会议的认股人作出的决议,并非发起人违反法定义务。

3. 发起人的职务侵权行为

发起人在履行公司设立职责的过程中,因过错造成他人损害时,应当承担职务侵权责任。在公司成立后,受害人可以请求公司承担侵权赔偿责任;公司未成立的,受害人可以请求发起人承担连带赔偿责任。公司或者无过错的发起人承担赔偿责任后,可以向有过错的发起人追偿。

二、发起人协议

发起人协议（pre-incorporating agreement, agreements to form corporations），又称为设立协议、发起协议，是由发起人订立的有关公司设立过程中相互之间权利义务关系的协议。

我国公司法并未将发起人协议作为公司的设立条件，但鉴于该协议在公司设立阶段的重要作用，公司法在公司设立章节均明确规定了发起人协议条款。发起人协议作为合同只能拘束签订协议的发起人，对于后加入公司的其他股东或者公司并无拘束力。发起人协议是发起人为设立公司而订立的，通常规范在公司设立过程中的权利义务关系，因此其效力通常仅限于公司设立阶段，在公司成立后因为协议的目的达到而终止。发起人协议的相关内容在公司成立后一般为公司章程吸收，这部分内容对公司及股东具有效力。

三、设立中公司

（一）概念

从发起人订立发起人协议开始，到核准登记成立公司，总是需要经过一段时间。在此期间，公司虽然没有成立，但随着发起人设立行为的进展，出现一个有一定的财产基础，有一定的成员，有一定的意思能力的实体，该实体被称为"设立中公司"（corporation to be formed）。

设立中公司的存在期间原则上从发起人签订发起人协议时起算，有限公司发起人未订立发起人协议的，自发起人从事类似订立发起人协议的行为时起算。公司成立的，设立中公司的存续期间止于公司成立；公司设立失败的，止于发起人承担责任完毕之日。

（二）基本特征

（1）有自己的名称。发起人自主申报名称，确定名称后即可在设立阶段以设立中公司的名义从事民事活动。

（2）有一定程度的独立财产。

（3）有自己的成员。设立中公司的发起人、认股人可视为设立中公司的成员，发起人、认股人将成为将来公司的股东。

（4）有自己的机关。设立中公司的意思机关由发起人组成，或者发起人和认股人共同组成，全体发起人或者成立大会可以形成团体意思，执行机关是发起人或者首届董事会。

（三）法律地位

设立中公司并非法人，不具有法人的主体资格，但也不是自然人，因此目前的通说认为设立中的法人属于非法人组织。

四、先公司合同

在我国，公司成立后以公司名义进行的交易属于公司交易，由公司享有合同权利，承担合同义务。但是在公司设立过中，发起人为了设立公司可能需要进行一些交易，这些交易发生在公司成立之前，被称为先公司交易（pre-incorporation transactions）。这些交易，有的以设立中公司的名义签订，有的以将来公司的名义签订，有的以发起人名义签订。

设立中公司为了公司的成立虽然可以自己的名义从事民事活动，具有相应的民事权利能力和民事行为能力，但是并不具有民事责任能力。设立中公司从事民事活动所产生的民事法律后果，公司成立的，由成立后的公司承受；公司未成立的，由设立公司的发起人承担，发起人为2人以上的，享有连带债权，承担连带债务。①

为了设立公司，发起人也可以自己的名义从事民事活动。发起人以自己名义从事民事活动的，其行为后果当然应由自己承担，但是发起人从事民事活动的目的是设立公司，因此在公司成立后发起人应将为设立公司从事的民事活动的后果转移给公司。因为第三人是与发起人签订的合同，而合同的后果又是由公司承受，所以第三人既可以向发起人主张权利，又可以向公司主张权利。因此，公司法将发起人为设立公司以自己名义从事民事活动产生的民事责任赋予第三人选择权，第三人可以请求公司或者发起人承担。

第五节 公司设立瑕疵及救济

一、公司设立的三种效果

公司设立的法律效果，从逻辑上存在三种可能：一是公司依法成立；二

---

① 参见《民法典》第75条、《公司法》第44条。

是设立失败,即发起人未能完成公司的设立程序;三是公司设立瑕疵,即发起人完成了公司的设立程序且公司已经成立,但是因为设立行为中存在影响公司人格效力的瑕疵,后被责令采取补救措施,或者被宣告设立无效,或者设立被撤销。

公司设立瑕疵不同于公司设立失败。公司设立失败有广义和狭义之分,广义的公司设立失败除了狭义的情形,还包括公司设立无效或被撤销。公司设立失败的原因可以归纳为两种:

(1) 设立行为未完成。发起人因某种原因主动或者被动停止公司设立。此种情形有多种,主要包括:发起人之间发生争议而决定停止设立,募集方式设立股份公司时,未按期募足股份、发起人未按期召开成立大会,或者因发生不可抗力或者经营条件发生重大变化直接影响公司设立时,成立大会决议不设立公司等。

(2) 设立申请不予登记。公司登记申请存在下列情形:公司名称不符合企业名称登记管理相关规定的;公司注册资本、股东出资期限及出资额明显异常且拒不调整的;经营范围中属于在登记前依法须经批准的许可经营项目,未获得批准的;涉及虚假登记的直接责任人自登记被撤销之日起三年内再次申请登记的;可能危害国家安全、社会公共利益的;其他不符合法律、行政法规规定的情形;登记机关不予登记,并出具不予登记通知书。

设立瑕疵与设立失败最明显的区别是,设立瑕疵以公司成立为前提,而设立失败只能发生在公司设立过程中。

二、公司设立瑕疵及其救济

(一) 概念

公司设立瑕疵(defective incorporation),是指已经成立的公司,但实际上存在未能满足公司设立的法定条件或者程序或者违反法律强制性规定的情形,导致公司人格存在效力瑕疵。

导致公司设立瑕疵的原因有多种,根据不同的标准可以进行不同的分类。

(1) 根据公司瑕疵设立的原因,可以将其分为主观瑕疵和客观瑕疵。主观瑕疵是指发起人在设立公司过程中在民事行为能力和意思表示方面存在缺陷,比如发起人存在无民事行为能力人或者限制行为能力人,发起人发起设立公司的意思表示不真实等;客观瑕疵是指发起人设立公司的过程中存在违反法律规定的条件、程序或者其他强制性规定等,比如公司不符合法定的设立条件，公司章程欠缺绝对记载事项等。这一分类的意义是主观瑕疵导致设立被撤销，而客观瑕疵导致设立被宣告无效。

（2）依据瑕疵内容可分为程序瑕疵和实体瑕疵。程序瑕疵是指公司设立违反了法定程序，如未经主管机关的审批、成立大会召集程序不合法等；实体瑕疵是指公司设立违反法定的实质要件。

（3）依据设立瑕疵的严重程度分为可补救的瑕疵和不可补救的瑕疵。一般而言，只有构成了无法补救的瑕疵的，才适用公司设立无效、可撤销制度。

（二）公司设立瑕疵的救济模式

公司设立行为属于民事法律行为，其效力瑕疵应根据法律行为效力瑕疵的规则进行判断，分为无效、可撤销等，公司设立被宣告无效或者被撤销后，将导致公司设立自始无效。但是消灭已经存在一段时间的公司将造成资源浪费，并威胁交易安全，破坏社会经济秩序，与公司法所追求的效率和公平原则相悖，因此各国和地区公司法大多规定了适当的补救措施。大体而言，公司设立瑕疵的救济模式可以分为四种：

（1）瑕疵设立有效模式。英美法采取瑕疵设立原则承认主义，即公司一旦获得注册机关所颁发的设立证书，原则上认为公司依法成立，其在设立过程中存在的瑕疵不影响公司成立。

（2）瑕疵设立无效模式。公司成立后发现公司设立条件、程序存在严重瑕疵的，设立行为无效，股东、其他利害关系人可以提起无效之诉来否定公司人格。大陆法系公司法多有瑕疵无效的规定，比如日本、韩国等。

（3）瑕疵设立无效与可撤销模式。日本、韩国根据公司类型和瑕疵类型的不同分别规定了无效和可撤销制度，我国澳门地区根据瑕疵类型的不同规定设立无效和可撤销制度，公司设立被撤销的原因为主观瑕疵，只适用人合公司；资合公司的成员对公司人格的影响较小，一般不适用可撤销制度。

（4）瑕疵设立行政撤销模式。存在设立瑕疵的公司可以由行政机关撤销，不适用民法上法律行为无效和可撤销制度，也不适用民事诉讼程序。这一模式以我国台湾地区为典型。我国台湾地区所谓"公司法"第9条第4款规定，"公司之设立或其他登记事项有伪造、变造文书，经裁判确定后，由检察机关通知'中央'主管机关撤销或废止其登记"。这一规定表明，在公司设立瑕疵后，由法院对设立瑕疵进行判定，后由登记机关根据法院判决撤销或者废止公司登记。如果行政行为违法，则撤销该行政处分行为；如果行政处分合法，则废止该行政处分行为。

(三) 我国公司瑕疵设立制度

关于瑕疵设立公司，我国目前主要规定在《市场主体登记管理条例》第40~42条，《市场主体登记管理条例实施细则》第八章以及《公司法》第39条、第250条，这些规定主要规范了公司设立的行政撤销登记制度和吊销公司营业执照制度。

1. 撤销公司登记的事由

我国行政撤销公司登记的事由主要包括三种情形，分别是虚报注册资本、提交虚假材料或者采取其他欺诈手段隐瞒重要事实，骗取公司登记。

2. 撤销公司登记的程序

(1) 启动。对涉嫌提交虚假材料或者采取其他欺诈手段隐瞒重要事实取得公司登记的行为，受虚假登记影响的自然人、法人或者非法人组织可以向公司登记机关提出撤销公司登记的申请，公司登记机关也可以依职权主动进行。

(2) 受理。一般而言，申请人应当向涉嫌虚假登记公司的登记机关提出；但是如果公司变更登记机关的，由现登记机关负责处理撤销登记，原登记机关进行协助调查。登记机关收到申请后，应当在3个工作日内作出是否受理的决定，并书面通知申请人。但涉嫌冒用自然人身份的虚假登记，被冒用人未能通过身份信息核验，或者涉嫌虚假登记的公司已注销（申请撤销注销登记的除外）或者其他依法不予受理的情形外，登记机关应当受理申请。

(3) 中止调查。登记机关受理申请后，应当在3个月内完成调查。但是出现下列情形，并经当事人或者其他利害关系人申请，登记机关可以中止调查：第一，有证据证明与涉嫌虚假登记相关的民事权利存在争议；第二，涉嫌虚假登记的公司正在诉讼或者仲裁；第三，登记机关收到有关部门出具的书面意见，证明涉嫌虚假登记的公司或者其法定代表人存在违法案件尚未结案或者尚未履行相关法定义务。

(4) 宣布处理结果并公示。登记机关一般应在3个月内完成调查程序，并及时作出撤销或者不予撤销公司登记的决定。情况复杂的，经登记机关负责人批准，可以延长3个月。公司登记机关根据调查情况，作出撤销或者不予撤销登记的决定。撤销登记后，登记机关应当通过国家企业信用信息公示系统向社会公示。

3. 瑕疵设立的后果

（1）撤销公司登记。登记机关在受理申请后，根据情况作出是否撤销公司的登记。但是出现下列情形，登记机关可以不予撤销公司登记：第一，撤销公司登记可能对社会公共利益造成重大损害；第二，撤销公司登记后无法恢复到登记前的状态；第三，法律、行政法规规定的其他情形。如果在登记机关调查期间，相关公司和人员无法联系或者拒不配合的，登记机关可以将涉嫌虚假登记公司的登记时间、登记事项，以及登记机关联系方式等信息通过国家企业信用信息公示系统向社会公示，公示期45天。相关公司及其利害关系人在公示期内没有提出异议的，登记机关可以撤销公司登记。

（2）吊销公司营业执照。违反公司法的规定，虚报注册资本、提交虚假材料或者采取其他欺诈手段隐瞒重要事实取得公司登记，情节严重的，吊销公司营业执照。

4. 错误撤销的救济

登记机关或其上级机关认为撤销公司登记决定错误的，可以撤销该决定，恢复原登记状态，并通过国家企业信用信息系统公示。

第五章

公司登记

第一节 公司登记概述

一、公司登记的概念

公司登记是指公司在设立、变更、终止时,由申请人依法向登记机关提出登记申请,并提交法定申请材料,经登记机关审查,作出核准登记决定,将公司登记事项记载于登记簿并予以公示的行为。公司登记制度始于公司设立准则主义。公司登记并公示的目的在于使公司设立、变更、终止的事实及其他重要事项公示于众,保护交易的安全,而登记本身也便于国家对公司进行必要的管理,维护社会经济秩序。

公司登记为要式法律行为,必须按照法定的条件和程序进行。从性质上看,公司登记涉及的是申请人与登记机关之间的权利义务关系,因登记机关为国家机关,所以登记申请人与登记机关的关系应属于行政法律关系,违反公司登记的法律责任应为行政责任。

公司登记有设立登记、变更登记和注销登记三种。

二、公司登记立法

(一) 立法体例

公司登记的立法体例主要有三种。

(1) 在商法典规定统一的商事登记制度,该制度适用于包括公司在内的所有商事主体,在公司法中就公司登记作特别的规定,如德国、韩国。

(2) 制定专门的商事主体登记法规定统一的商事登记制度,另在公司法中对公司登记作特别的规定,如日本、法国和我国台湾地区。

(3) 公司法中规定公司登记规范,如英美法系。

我国没有商法典,而是采取制定专门的商事登记管理条例,在公司法中规定公司登记的特殊规则并制定单独的公司登记管理实施办法。

(二) 立法主义

以公司登记行为的强制性程度不同,公司登记可以分为强制登记主义和任意登记主义。任意登记主义是指先设立后登记,即在履行公证和其他一些手续后,公司被视为自动成立,之后将公司设立文件提交登记机关注册登记;强制登记主义是指依法履行公司登记程序才能取得公司人格,未经登记不得从事经营活动。

随着强化公司登记,20世纪中后期各国(地区)公司登记立法都基本上采取了强制登记主义。欧共体《第1号公司法指令》第1条要求各成员国的公司应当登记。瑞士虽然对无限公司和两合公司采取任意登记主义,但现已采取强制登记主义。

我国也采取强制登记主义。《市场主体登记管理条例》第3条规定:市场主体应当办理登记;未经登记,不得以市场主体的名义从事经营活动。《公司法》第29条第1款也规定:"设立公司,应当依法向公司登记机关申请设立登记。"在司法实务中,认为公司设立的条件是经过公司登记机关依法进行的公司设立登记,当事人未经公司登记,即使以公司名义进行经营,当事人之间的行为不能视为公司的行为,也不能认为公司成立。[1]

三、公司登记的一般程序

登记程序是公司登记法律制度的中心内容,各国(地区)关于公司登记程序的规定大同小异。在我国,将公司公示事项分为登记和备案,其中登记分为申请、审查与受理、决定和公示四个阶段,公司设立登记、变更登记、注销登记以及分公司登记均须遵守这一程序。

(一) 申请

申请的主要内容包括申请人、申请方式及申请材料等。根据我国法律规定,公司登记的申请人分别为有限公司设立时的股东或者其指定的代表人、委托代理人;股份公司是董事会;进行变更登记的,是公司代表机关;进行注销登记的,是清算组;进行分公司登记的,是本公司。

---

[1] 赵某梅与辉县市电业局、辉县市电力设备厂、河南佰恩电力企业有限公司股权确认纠纷申请再审案,最高人民法院(2013)民申字第2178号民事裁定书。

申请人提出申请时可以到登记机关现场提交申请，也可以通过市场主体登记注册系统提出。申请人提交的文件包括申请书、申请人资格文件、自然人身份证明、住所文件，公司章程和法律、行政法规，以及国务院市场监督管理部门规定提交的其他材料。申请人应当对提交材料的真实性、合法性和有效性负责。

国务院市场监督管理部门针对公司制定登记材料清单和文书格式样本，通过政府网站、登记机关服务窗口等向社会公开。登记机关能够通过政务信息共享平台获取的市场主体登记相关信息，不得要求申请人重复提供。

（二）审查与受理

登记机关受理登记申请后，在法定期限内依法进行审查，审查的模式有三种：

（1）形式审查。登记机关对申请材料从数量、制作形式、提交方式等方面审查是否符合法律要求，而不对登记事项的真伪进行调查核实。瑞士、比利时采取这种模式。

（2）实质审查。登记机关不仅对申请材料从形式上审查是否合乎要求，而且对申请事项予以调查核实，以保证登记事项的真实、有效。法国采取这一模式。

（3）折中审查。登记机关对登记事项有实质审查的权力但无实质审查的义务，一般仅对重要登记事项尤其是通过形式审查发现有疑问的事项予以调查核实，如果发现不合法，则不予登记；但已登记的事项无证明效力，登记事项的真伪可以被质疑。大多数国家采取这一模式。

我国最早采取实质审查，后采取折中主义，现采取形式审查和特定事项的实质审查相结合的制度。《市场主体登记管理条例》第19条规定：登记机关应当对申请材料进行形式审查。公司登记机关依法不对材料的真实性进行审核，不得增设许可条件，增加申请人的负担。比如公司登记机关不得审查公司提交的住所是否符合从事特定经营活动。[①] 对于特定事项，比如公司注册资本事项采取实质审查制度。《公司登记管理实施办法》第10条规定："2024年6月30日前登记设立的公司存在下列情形之一的，公司登记机关应当对公司注册资本的真实性、合理性进行研判：（一）认缴出资期限三十年以上；（二）注册资本十

[①] 安徽某汽车销售服务有限公司诉蒙城县市场监督管理局工商登记案，蒙城县人民法院（2021）皖1622行初32号。

亿元人民币以上；（三）其他明显不符合客观常识的情形。公司登记机关可以结合公司的经营范围、经营状况以及股东的出资能力、主营项目、资产规模等进行综合研判，必要时组织行业专业机构进行评估或者与相关部门协商。公司及其股东应当配合提供情况说明以及相关材料。公司登记机关认定公司出资期限、注册资本明显异常，违背真实性、合理性原则的，依法要求公司及时调整，并按程序向省级市场监督管理部门报告，接受省级市场监督管理部门的指导和监督。"在司法实务中，法院认为："市场管理机关在作出登记行为时不仅要对申请材料进行形式审查，更要对材料是否符合登记条件尽到依法全面审查义务，确保登记行为不违反相关法律规定。如果登记机关未尽到依法全面审查义务，违法将不符合担任法定代表人的自然人申请核准的，该登记行为应当予以撤销或者变更。"[1]

（三）决定

在我国，申请材料齐全、符合法定形式的，登记机关予以确认，并当场登记，出具登记通知书，及时制发营业执照。不能当场登记的，登记机关应当向申请人出具接收申请材料凭证，并在3个工作日内对申请材料进行审查；情形复杂的，经登记机关负责人批准，可以延长3个工作日，并书面告知申请人。申请材料不齐全或者不符合法定形式的，登记机关应当将申请材料退还申请人，并一次性告知申请人需要补正的材料。登记申请不符合法律、行政法规规定，或者可能危害国家安全、社会公共利益的，登记机关不予登记并说明理由。如果登记机关违法对登记事项进行了登记，则人民法院依法对该登记予以撤销。[2]

（四）公示

公司核准登记后应当及时公示。多数国家规定公示的主要方法是登记公告。我国主要通过国家企业信用信息公示系统进行公示。

---

[1] 盛某新诉上海市金山区市场监督管理局行政登记案，上海市第一中级人民法院（2022）沪01行终95号。
[2] 深圳市某科技发展有限公司诉南昌市行政审批局企业行政登记案，南昌铁路运输中级法院（2019）赣71行终756号。

第二节 公司登记的监管

一、公司登记机关

公司登记由法定的公司登记机关负责。公司登记机关的设置有三种模式：第一，由法院作为公司登记的主管机关，比如德国、韩国，公司登记由地方法院办理；第二，法院和行政机关均为商事登记机关，比如法国，分别由法院和行政机关办理公司登记；第三，行政机关或者专门设立的附属行政机关为公司登记机关，包括英美法系国家、日本及我国的台湾地区和澳门地区，比如美国，公司登记机关是州务卿办公室（secretary of state's office）。

二、公司登记监管

公司登记作为一种公法性质的行为，体现的是国家对市场主体的管理与规制。我国公司登记监管措施主要有：

（一）年度报告

企业信息是指在市场监督管理部门登记的公司从事生产经营活动过程中形成的信息，以及政府部门在履行职责过程中产生的能够反映公司状况的信息。企业年度报告公示制度是指企业应当于每年1月1日至6月30日，通过国家企业信用信息公示系统向市场监督管理部门报送上一年度的年度报告，并向社会公示。当年设立登记的公司，自下一年起报送并公示年度报告。歇业的公司应当按时公示年度报告。

根据《企业信息公示暂行条例》第9条和《公司法》第40条的规定，企业年度报告内容分为必须向社会公示的企业信息和企业选择是否向社会公示的企业信息，其中公司年度报告必须公示的内容包括：企业通信地址、邮政编码、联系电话、电子邮箱等信息；公司开业、歇业、清算等存续状态信息；公司投资设立企业、购买股权信息；有限公司股东认缴和实缴的出资额、出资方式和出资日期，股份公司发起人认购的股份数；有限公司股东、股份公司发起人的股权、股份变更信息；行政许可取得、变更、注销等信息；企业网站以及从事网络经营的网店的名称、网址等信息。对于企业从业人数、资产总额、负债总额、对外提供保证担保、所有者权益合计、营业总收入、主营业务收入、利润总额、净利润、纳税总额等信息由企业选择是否向社会公示。除此之外，有限公司股东认缴和实缴的出资额、出资方式和出资日期，股份公司发起人认购的股份数等信息，有限公司股东股权转让等股权变更信息，行政许可取得、变更、延续信息，知识产权出质登记信息，受到行政处罚的信息以及其他依法应当公示的信息形成之日起20日，企业应当通过国家企业信用信息公示系统向社会公示。

公司未按照规定的期限公示年度报告或者未按照市场监督管理部门责令的期限公示有关企业信息的，由县级以上市场监督管理部门列入经营异常名录，并依法给予行政处罚。公司因连续2年未按规定报送年度报告被列入经营异常名录未改正，且通过登记的住所或者经营场所无法取得联系的，由县级以上市场监督管理部门吊销营业执照。

公司应当确保公示信息的真实、准确、完整，公司公示信息隐瞒真实情况、弄虚作假的，法律、行政法规有规定的，依照其规定；没有规定的，由市场监督管理部门责令改正，处1万元以上5万元以下罚款；情节严重的，处5万元以上20万元以下罚款，列入市场监督管理严重违法失信名单，并可以吊销营业执照。

（二）证照管理

公司证照主要是企业法人营业执照与营业执照的正、副本。正本和副本的法律效力相同。公司登记机关可以发给电子营业执照。

公司营业执照应当载明公司的名称、住所、注册资本、经营范围、法定代表人姓名、成立日期、登记机关、统一社会信用代码等事项。公司应当将营业执照（含电子营业执照）置于住所或者主要经营场所的醒目位置，从事电子商务经营的公司应当在其首页显著位置持续公示营业执照信息或者其链接标识。公司未将营业执照置于住所或者主要经营场所醒目位置的，由登记机关责令改正；拒不改正的，处3万元以下的罚款。从事电子商务经营的公司未在首页显著位置持续公示营业执照信息或者相关链接标识的，由登记机关依照我国《电子商务法》处罚。

营业执照记载的信息发生变更时，公司应当在15日内完成对应信息的更新公示。市场主体被吊销营业执照的，登记机关应当将吊销情况标注于电子营业执照中。

任何单位和个人不得伪造、涂改、出租、出借、转让营业执照。营业执照遗失或者毁坏的，公司应当通过国家企业信用信息公示系统声明作废，申请补领。登记机关依法作出变更登记、注销登记和撤销登记决定的，公司应当缴回营业执照。拒不缴回或者无法缴回营业执照的，由登记机关通过国家企业信用信息系统公示营业执照作废。

（三）档案管理

公司登记档案是指登记机关对公司登记注册、备案过程中形成的有关记录性文字、图表和音像等，既可以为登记机关提供可靠的数据和资料，也可以为不特定的第三人提供有关公司信息和信用的查询服务。

根据我国法律规定，公安机关、国家安全机关、检察机关、审判机关、纪检监察机关、审计机关等国家机关进行查询，应当出具本部门公函及查询人员的有效证件；公司查询自身登记管理档案，应当出具授权委托书及查询人员的有效证件；律师查询与承办法律事务有关公司登记管理档案，应当出具执业证书、律师事务所证明以及相关承诺书。另外，省级以上市场监督管理部门可以结合工作实际，依法对档案查询范围以及提交材料作出规定。登记管理档案查询内容涉及国家秘密、商业秘密、个人信息的，应当按照有关法律法规规定办理。

（四）行政处罚

公司登记机关可以对违反公司登记规定的当事人处以包括罚款、吊销营业执照、撤销登记在内的行政处罚措施。撤销公司登记和吊销营业执照属于公司解散的法定事由，将导致公司消灭。因为登记行为本身违法而适用吊销营业执照的情形包括：①虚报注册资本、提交虚假材料或者采取其他欺诈手段隐瞒重要事实取得公司设立登记的；②企业公示信息隐瞒真实情况、弄虚作假，情节严重的；③公司未依法办理变更登记，情节严重的。

（五）公司联络员备案制度

公司设立登记时应当依法对登记联络员进行备案，提供登记联络员的电话号码、电子邮箱等常用联系方式，委托登记联络员负责公司与公司登记机关之间的联络工作，确保有效沟通。登记联络员可以由公司法定代表人、董事、监事、高级管理人员、股东、员工等人员担任。登记联络员变更的，公司应当自变更之日起 30 日内向公司登记机关办理备案。[①]

第三节　公司登记的效力

一、概述

公司登记的效力，涉及对公司本身的效力以及第三人的效力。对公司的效力是指登记事项是否以登记为其生效要件；对第三人的效力又包括已登记事项对第三人的效力和未登记事项对第三人的效力两种情形；此外，登记的效力因为立法例的不同而有所差别。据此，公司登记的效力可以概括如下：

(1) 消极效力。依据登记要件主义，法定登记事项未经登记并公示的，不能发生公司设立、变更、终止的法律效果。依据登记对抗主义，法定登记事项未经登记，虽能发生公司设立、变更、终止的法律效果，但不能对抗善意第三人。

(2) 积极效力。法定登记事项一经核准登记并公告后，对公司、第三人的效力。根据登记要件主义，法定登记事项核准登记并公示后，发生公司设立、变更、终止的法律效果并产生对抗第三人的效力。根据登记对抗主义，第三人除基于正当理由而对此尚不知悉外，对其产生对抗效力。

二、设立登记的效力

设立登记的效力有两种立法例，分别为登记要件主义和登记对抗主义。登记要件主义是指依法必须登记的公司，非经登记不得成立。德国采用此立法例。登记对抗主义是指公司一经成立，即使未经登记，也具有法人资格，登记后股东对公司的债务承担有限责任，并借此对抗善意相对人。法国、日本采取这一立法例。登记对抗主义容易引起法律关系的不稳定并导致法律关系的复杂化，因此多数国家采用登记要件主义。

根据《民法典》第 77 条、《公司法》第 29 条、《市场主体登记管理条例》第 3 条第 1 款等规定，我国采取登记要件主义。设立公司，应当依法向公司登记机关申请设立登记，公司经依法登记方成立。未经登记，不得以公司的名义从事经营活动。我国的公司设立登记与营业登记合并进行，由公司

[①] 《公司登记管理实施办法》第 14 条。

登记机关发给登记证书，即企业法人营业执照。① 在我国，公司设立发生以下效力：

第一，取得公司法人资格。设立公司以取得法人资格为目的，公司经核准登记即可取得法人资格。

第二，取得公司营业资格。② 公司经核准登记后取得企业法人营业执照，可以从事任何合法的生产经营活动。未依法登记为有限公司或者股份公司，而冒用有限公司或者股份公司名义的，或者未依法登记为有限公司或者股份公司的分公司，而冒用有限公司或者股份公司的分公司名义的，由公司登记机关责令改正或者予以取缔，可以并处10万元以下的罚款。

第三，取得名称专用权。公司核准登记意味着公司名称获得了登记注册，公司可以使用名称并享有名称专用权。

设立登记为公司成立的生效要件，凡公司已经登记的事项具有对抗善意相对人的效力；相反，公司登记事项未经登记，不得对抗善意相对人。为明确设立登记的公信力，有必要明确以下原则：

第一，法定登记事项未登记，或者已经登记但未公告的，或者已登记事项公告错误的，均不得对抗善意相对人。这一原则意味着：未经登记的事项在法律上所导致的直接后果不能有利于登记义务人；未经登记的事项在法律适用上必须有利于善意相对人。

第二，登记错误的事项在得到更正并公告之前的期限内，对善意相对人不发生效力。因为在登记更正之前的期间内，相对人不知情，也没有责任知道该更正事项，所以更正事项不对其法律行为发生效力。

三、变更登记的效力

根据我国《公司法》的规定，公司名称、住所、注册资本、经营范围、法定代表人的姓名、有限公司的股东、股份公司发起人的姓名或者名称属于法定登记事项，这些法定登记事项变更登记的效力，我国采取了登记对抗主

---

① 目前我国已经实施了"三证合一"制度，该制度将公司登记时依次申请，分别由市场监督管理部门核发工商营业执照、质量技术监督部门核发组织机构代码证、税务部门核发税务登记证，改为一次申请、由市场监督管理部门核发一个加载法人和其他组织统一社会信用代码的营业执照的登记制度。

② 公司登记与营业登记是否合一，存在不同的立法例。有些国家的公司法将公司登记和营业登记合一，比如我国。也有些国家将公司登记与营业登记分开。比如英国的公众公司，由注册署进行法人登记，发给公司注册证书（certificate of incorporation）；由工业和贸易部发给公司营业执照（certificate of trading），公司取得营业执照后才可以从事经营活动。

义，即法定登记事项发生变更的，非经变更登记，不得对抗善意相对人。但是变更登记与否，不影响该事项的生效。具体而言，公司变更提交材料和程序如下。

（1）公司的法定代表人在任职期间发生不得担任公司法定代表人的资格的情形，公司发生更换法定代表人的，应当由变更后法定代表人签署变更登记申请。

（2）公司变更事项涉及章程修改的，应当提交修改后的章程或者章程修正案；需要对修改章程作出决议决定的，还应当提交相关决议决定。

（3）公司变更名称，可以自主申报名称并在保留期届满前申请变更登记，也可以直接申请变更登记。

（4）公司变更经营范围，属于依法经批准的项目的，应当自批准之日起30日内申请变更登记。许可证或者批准文件被吊销、撤销或者有效期届满的，应当自许可证或者批准文件被吊销、撤销或者有效期届满之日起30日内向登记机关申请变更登记或者办理注销登记。

（5）公司变更住所，应当在迁入新住所前向迁入地登记机关申请变更登记，并提交新的住所使用文件。

（6）公司变更注册资本，公司变更类型，应当在规定期限内申请变更登记，并提交有关材料。

（7）公司营业执照记载的事项发生变更的，公司办理变更登记后，由公司登记机关换发营业执照。

（8）因自然灾害、事故灾难、公共卫生事件、社会安全事件等原因造成经营困难的，公司可以自主决定在一定时期内歇业。法律、行政法规另有规定的除外。公司应当在歇业前向登记机关办理备案并与职工依法协商劳动关系处理等有关事项。登记机关应当将相关信息及时共享至税务、人力资源和社会保障部等部门，并通过国家企业信用信息公示系统向社会公示歇业期限、法律文书送达地址等信息。公司歇业的期限最长不得超过3年。公司在歇业期间开展经营活动的，视为恢复营业，公司应当通过国家企业信用信息公示系统向社会公示。公司歇业期间，可以法律文书送达地址代替住所或者主要经营场所。

（9）公司登记事项变更，公司应当自作出变更决议、决定或者法定变更事项发生之日起30日内申请办理变更登记。公司登记事项涉及分支机构登记事项变更的，应当自公司登记事项变更登记之日起30日内申请办理分支机构变更登记。当然，公司登记机关因非股东本人签名所作出的撤销该股东登记的行政许可决定仅对变更登记具有撤销的效力，不具有否定当事人股东资格的效力，应由司法机关就当事人是否具有股东资格进行实质审查与判断。[①] 公司登记事项发生变更时，未依法办理有关变更登记的，由公司登记机关责令限期登记；逾期不登记的，处以1万元以上10万元以下的罚款。情节严重的，吊销营业执照。

四、注销登记的效力

公司注销分为依当事人申请和依职权注销两种模式，前者是指根据当事人的申请进行的注销，后者是指登记机关发现法定事由而进行的注销。我国《公司法》第37条为当事人依申请注销的规定，据此，公司因解散、被宣告破产或者其他法定事由需要终止的，完成清算程序后必须进行注销登记，公司消灭。但是公司因合并、分立导致公司解散的，不需要清算就直接注销登记。《公司法》第241条规定了公司登记机关依职权注销制度。

公司申请注销后，不得从事与注销无关的生产经营活动。自登记机关予以注销登记之日起，公司终止。公司不经注销，公司人格不消灭，注销是公司终止的生效条件，但是公司一旦发生解散、被宣告破产而进入清算程序之前，营业资格即告消灭，因此注销登记与公司营业资格的消灭没有联系。

五、分公司登记的效力

分公司设立有两种情况：一是发起人在公司设立的同时设立分公司，二是公司成立以后设立分公司。对于前者，由申请人一并提出设立登记申请，经核准后向分公司签发营业执照；对于后者，由公司法定代表人提起设立登记申请，经核准后签发营业执照。设立登记是分公司成立的生效要件。

分公司变更登记事项的，应当向登记机关申请变更登记。登记机关核准变更登记的，换发营业执照。

分公司被公司撤销或者依法解散的，应当向登记机关申请注销登记。注销登记是分公司主体资格消灭的生效要件。

[①] 上海某针织制衣有限公司诉詹某、周某、詹某甲股东损害公司债权人利益责任纠纷案，上海市第二中级人民法院（2021）沪02民终7070号。

第六章

公司章程

第一节 公司章程概述

一、概念与特征

（一）概念

公司章程（Charter），又称为公司宪章（Constitution），是指公司必须具备的由发起设立公司的投资者制定的，并对公司、股东、董事、监事、高级管理人员具有约束力的调整公司内部组织关系和经营行为的自治规则。

英美公司法在形式上将公司章程分为两部分。在英国，将公司章程分为组织大纲（memorandum of association）和组织章程（articles of association）。在美国，公司大纲分为设立章程（articles of incorporation/association）和章程细则（bylaws，bylaw，by-laws，by-law），前者是在公司设立时需要向州务卿报送注册的公司文件，后者是公司根据设立章程而制定的有关公司治理的内部规则。组织大纲（英）和设立章程（美）又称为公司的外部宪章（external constitution），规定公司的外部事务（external affairs），诸如公司的名称、住所、目的、营业性质、成员的责任形式、注册资本等。狭义的公司章程是指公司的外部宪章。组织章程（英）和章程细则（美）又称为公司的内部宪章（internal constitution），负责调整公司和股东、股东间的权利义务关系，规定公司的内部事务（internal affairs），诸如股份的发行、转让、公司会议、表决权、董事及其职责、秘书、股利、账户、审计、解散及其他内部事务。

大陆法系公司法的公司章程在形式上一般没有内外之分，只有一份被称为"公司章程"的文件，在内容上一般记载公司的名称、宗旨、资本总额、组织机构以及其他重要事项，涵盖英美法系的上述两个文件的内容。

英美公司法将公司章程一分为二，并由法律赋予不同的订立与修改的主体，以及不同的内容、程序和效力，将公司最重要的涉外事项记载在设立章程中，而将数量众多的内部事项规定于组织章程中，内外有别。设立章程是公司的基本章程，目的是便于公司投资和与公司进行交易的善意第三人了解公司的基本情况，涉及外部人的利益，其内容法定，须由全体股东共同制定、修改且须注册登记，供公众查阅，因此成为公司设立证书（certificate of incorporation）。英国公司法还附有公司组织大纲的标准格式。而组织章程的内容较为复杂，是对公司组织大纲原则性规定的细化，不得与后者相冲突，只能作为公司的内部治理文件，通常被视为公司与股东以及股东之间的契约；另外，组织章程不需要报送登记或者注册。但是英国、我国香港地区的保证有限公司的组织章程须与组织大纲一起注册。

我国《公司法》采取了单一形式的公司章程，没有章程和细则的区分，也不承认公司细则的地位。但是我国公司法区分了公司登记事项和备案事项，将公司的登记事项限于公司名称、住所、注册资本、经营范围、法定代表人的姓名等重要事项；而将公司章程作为备案事项，给公司登记公示和内部治理留下了充足的空间。

（二）特征

公司章程作为规范公司组织和经营行为的基本规则，与一般的公司规范文件相比，具有以下法律特征：

1. 法定性

公司章程的法律地位、制定与修改、内容和形式以及效力均由公司法明确规定。

（1）不可或缺。公司章程是公司成立的法定条件之一。我国《公司法》第5条规定设立公司应当依法制定公司章程。

（2）内容法定。公司章程的内容多由公司法直接规定，其中必要记载事项不得遗漏；公司章程的内容不得与法律的强制性规定相抵触。

（3）形式法定。公司章程必须采用书面形式并履行法定备案手续。

（4）制定与修改法定。公司章程的制定和修改必须遵照法定的权限和程序。

（5）效力法定。公司法直接规定公司章程的效力。

公司章程的法定性直接影响公司章程的效力。如果公司章程的内容、制定、修改等违反法律的强制性规定，则将导致公司章程无效。

2. 真实性

公司章程内容的记载必须与事实相符。在现代公司两权分离的背景下，公司章程作为维持公司、股东和管理层之间利益平衡的工具，其真实性关乎股东权利的实现和义务的履行。公司章程的真实性通过公司章程的法定性和公开性来展现，法定性是真实性的前提和基础，而公开性是真实性的保障和监督。从组织法的角度来看，公司章程虚假可能发生的法律后果有：

（1）承担民事责任。公司章程对外公示后，相对人可以合理信赖，公司章程的记载与实际不一致时，不能对抗善意相对人。我国《公司法》第 11 条第 2 款、第 67 条规定，公司章程对法定代表人、董事会职权的限制，不得对抗善意相对人。

（2）行政处罚。我国《市场主体登记管理条例》第 47 条规定，公司未依法办理备案的，由登记机关责令改正；拒不改正的，处 5 万元以下的罚款。

3. 公开性

公司章程虽然主要调整公司内部的组织关系，但是作为公司基本法律文件，还涉及不特定的第三人利益，因此法律要求以一定的方式公示其内容。公开公司章程的意义不仅有利于股东知情权的行使，而且便于潜在投资者了解公司情况，维护交易相对人的利益，保护交易安全。

我国公司法对公司章程公开的规定如下：

（1）公司章程必须备案。公司章程的备案本身是一种公开，可以使相对人通过国家企业信用信息公示系统查询公司章程的内容。

（2）有限公司和股份公司的股东，可以查阅、复制公司章程。

（3）上市公司的公司章程是信息披露的重要内容。

（4）外国公司的分支机构应当在本机构中置备该外国公司章程。

（5）公司发行股票或者债券，必须向国务院证券监督管理机构或者国务院授权部门报送公司章程，公司章程是证券注册并向社会公众披露的文件。

4. 自治性

公司章程由发起人（股东）共同制定，是股东意思自治的产物。公司章程的订立主体为公司，效力仅及于法定主体，不具有普遍的效力；作为一种行为规范，主要由公司执行。但是公司的章程自治不能违反法律的强制性规定。

二、公司章程与公司自治

（一）公司章程的性质

公司章程的性质，主要有三种学说：

（1）自治法说。该说认为公司章程是公司根据国家赋予的"公司自治立法权"而制定的关于公司组织和行为的自治法规，对制定者、公司以及后加入股东均有拘束力。公司章程具有自治法规的性质，公司内部的主体也应当遵守。自治法学流行于德国、日本等大陆法系国家。

（2）契约说。这种学说认为，章程是发起人共同的意思表示，而且章程制定后对于发起人产生拘束力。从本质上来看，公司章程是发起人之间的契约。契约说流行于英美法系国家。

（3）宪章说。这种学说认为，公司章程是带有宪章性质的法律文件，是股东和公司从事商事活动的纲领，规定了公司行为的基本规则，公司其他文件不得与其发生矛盾。

这三种学说分别揭示了公司章程在某一方面的特征，但是均存在一定的缺陷。比如宪章说没有明确公司章程的法律性质，自治法规在各国均不是正式的法律渊源，无法在立法上得以确认；契约说忽略了契约和章程的差异，无法准确地揭示公司章程的性质。但三种学说的共同点是承认了公司章程的自治性，承认公司章程在公司自治中的重要地位。

（二）公司章程与公司自治的关系

公司自治，在广义上属于私法自治在公司法领域的展开，其含义是指公司事务由作为独立主体的公司根据其意思自主决定，国家一般不予干预。在公司法中，股东控制着公司，股东意思体现为公司意思，公司自治本质上表现为股东自治。公司章程与公司自治的关系，可以从以下几个方面理解：

（1）公司章程的内容、制定与修改体现了股东意思自治。公司章程的制定和修改体现了全体发起人的团体意思。公司章程的内容，除了绝对必要记载事项，其他记载事项均体现了股东自治。

（2）公司章程的契约性和自治性实为一体两面。公司章程的制定者之间地位平等，除章程的绝对必要记载事项外，章程的其他内容是制定者之间自由协商确定的，因此公司章程可以视为制定者之间的一种特殊契约。而契约的天性为自由，承认公司章程具有契约性，也就承认其具有自治性。从具体内容来看,公司章程中调整股东之间以及股东与公司之间法律关系的内容凸显了契约说,而公司的管理规则更多凸显了自治法说的特征。

（3）法律规制下的公司自治。公司自治与法律规制是一对对立的范畴,呈现出一种此消彼长的关系。不同类型的公司,其自治空间不同,主要是由于不同的法律规制政策造成的。比如我国《公司法》中对于有限公司的规制较少,此类公司的自治程度较高；而股份公司,特别是上市公司,其规制较多,自治程度偏低。体现在章程中,有限公司章程的公开事项较少,法律以任意性规范为主；而股份公司特别是上市公司,章程公开的事项较多,法律规范也以强制性规范为主。通过章程实现公司自治,大致体现在三个方面：第一,授权章程记载的任意事项,优先于公司法的任意性规范而适用。在公司法中的表述通常为："公司章程另有规定的除外。"第二,授权章程在法律授权性规范的框架下记载相对必要事项,来填补授权性空白。在公司法中的表述为："除本法另有规定外,由公司章程规定。"第三,明确规定章程是判断当事人行为效力和责任的依据。在公司法中的表述为："违反公司章程的规定,应当……"

（4）公司章程在某些事项上具有法律约束力。公司章程不是法律,不构成公司法的渊源,但是有时可以直接作为法律行为的效力和责任依据,比如《公司法》第 26 条规定,公司股东会、董事会的会议召集程序、表决方式违反公司章程,或者决议内容违反公司章程的,可以导致决议撤销。从立法技术来看,公司法可以采用"推定适用条款"和"推定不适用条款"。推定适用条款自动适用,除非公司在公司章程中以特别条款的形式排除或者修改这些规则。而推定不适用条款,则允许公司章程可以特别条款的形式选择适用有关规则,如果不明确选择,则推定公司不适用这些规则。

三、法律地位

公司章程在现代公司法上具有重要的地位,具体而言,其具有如下法律地位。

（1）公司章程是法定的公司设立条件之一。各国公司立法普遍规定,章程是公司设立的必备条件,没有章程,公司无法设立。

（2）公司章程是公司组织和行为的基本自治规则。公司的基本准则分为公司法和公司章程,作为公司自治规则的公司章程是公司制定其他规章制度的重要依据。

（3）公司章程具有法律约束力。公司应当按照公司章程的规定实施公司内部的管理活动和对外的经营活动，公司章程对公司、股东、董事、监事和公司高级管理人员具有约束力。

（4）公司章程为公示性文件。公司成立后，公司章程应当公开，公开的方式通常有向登记机关登记或者备案、置备于公司住所以及向社会公告三种。我国《公司法》、《市场主体登记管理条例》及《证券法》规定，有限公司的章程应当向公司登记机关备案，股份公司的章程应当置备于公司住所，以便公司股东和与公司进行交往的第三人查阅。如果公司发行公司债券和股票，则应当公告其公司章程。作为公示性文件，公司章程经公开后，具有公信力，其规定的事项对善意相对人具有对抗效力。

（5）公司章程是政府管理公司的依据。发起人以公司章程作为公司设立的文件之一向登记机关申请登记，意味着公司向政府提交一份书面保证，保证按照章程规定从事组织和经营活动，并接受政府的监督。

四、章程的制定和修改

公司章程对公司具有无比重要的作用，现实中的每个公司应该在法律的限度内，根据公司的实际情况制定自己的章程。

（一）章程的制定程序

公司章程的制定主体和程序因为公司种类和设立方式的不同而有所差异。人合公司、有限公司需要全体股东一致同意并签字；发起设立的股份公司须经全体发起人共同制定，募集设立的股份公司可由部分或者全部发起人制定章程，但最终交由成立大会通过。在有些国家如德国、日本，为设立公司制定章程还需要经过公证，我国没有这一要求。

（二）章程修改

公司章程的修改，是指公司章程生效后，增加、减少或者变更公司章程的内容。公司可根据发展需要修改公司章程。基于公司章程的法律地位，各国公司法对公司章程的修改程序和内容加以严格限制。

1. 修改事由

我国公司法并未明确规定公司章程的修改事由，但是《上市公司章程指引》（2023年修订）对此予以明确，可以作为公司修改公司章程的参考，该

指引第189条规定,公司章程的修改事由包括:①《公司法》或有关法律、行政法规修改后,章程规定的事项与修改后的法律、行政法规的规定相抵触;②公司的情况发生变化,与章程记载的事项不一致;③股东会决定修改章程。

2. 程序限制

(1) 提案。提案权人可在股东会定期会议、临时会议上提出修改章程的提案。享有提案权的主体包括:有限公司中代表1/10以上表决权的股东、1/3以上的董事或者监事;股份公司董事会、持有股份10%以上的股东、监事会。

(2) 决议。在大陆法系,股东会有权修改公司章程。在英美公司法中,设立章程(组织大纲)由股东会修改,除非有相反的规定;章程细则由董事会修改。根据我国《公司法》第59条、第112条的规定,股东会享有修改公司章程的专属职权,不得转让给其他机关或者个人行使。

各国公司法均将修改公司章程视为特别决议事项,适用绝对多数决规则,表决权利益一般为2/3或者3/4。我国《公司法》第66条第3款规定,有限公司修改公司章程,必须经代表2/3以上表决权的股东通过;第87条规定,有限责任公司股东依法转让股权后,对公司章程的该项修改不需再表决。第116条第3款规定,股份公司修改公司章程需经出席会议的股东所持表决权的2/3以上通过。

基于公司章程的"基本自治规则"属性,各国公司法规定,表决权限制股份的股东也有修改公司章程的表决权;公司发行类别股的,公司章程的修改还需经该类别股东的表决通过。

(3) 变更登记。公司章程修改涉及登记事项的,应当变更登记。章程修改在修改决议通过后生效,除非修改内容涉及法定的批准事项,因此章程修改后的变更登记不是生效要件,而是对抗要件。公司章程修改未涉及登记事项的,不必变更登记,但应当将修改后的章程或者修正案送交公司登记机关备案。

3. 内容限制

在公司章程修改过程中,为了防范多数股东借章程修改损害少数股东的利益,法律对公司章程修改的内容进行了限制:

(1) 章程修改不得删除绝对必要记载事项。绝对必要记载事项属于公司法的强制性规定,不得删除。

(2) 非经股东同意,章程修改不得损害股东的既得权益。如股份公司初始章程规定发起人在优先认购新股、剩余资产分配等方面享有确定的特别利益，则非经发起人书面同意，不得以修改章程的方式侵害其权益。

（3）非经股东书面同意，章程修改不得给股东设定新义务。

（4）非经股东一致同意，章程修改不得给部分股东设定新权利。除非股东一致同意，否则公司不得以修改公司章程的方式给部分股东设定新权利，因为这与"同股同权"原则相悖。

第二节　公司章程的内容

公司章程记载的事项即公司章程的内容。从各国公司法来看，章程事项的基本内容均有法律规定。根据事项在章程中的地位和效力，大致可以将公司章程的内容分为绝对必要记载事项、相对必要记载事项和任意记载事项。这一分类也适合我国公司法。

一、绝对必要记载事项

公司章程必须记载的事项，一般都是与公司设立、组织有重大关系的基础性事项，如公司的名称、住所、经营范围、资本额、公司机关、法定代表人等。公司法关于绝对必要记载事项的规定属于强制性规范，体现了公司法中的国家干预理念。从法理角度看，公司章程缺少绝对必要记载事项，将导致公司章程不能成立，进而导致公司设立失败。

我国《公司法》第46条、第95条分别列举规定了两类公司章程的绝对必要记载事项，同时概括规定了任意记载事项。其中，第46条前7项、第95条前12项，都是绝对必要记载事项。

两类公司章程中相同的绝对必要记载事项包括：①公司的名称和住所；②公司经营范围；③公司的注册资本；④股东或发起人的姓名或者名称；⑤股东或发起人的出资额、出资方式和出资日期；⑥公司法定代表人的产生、变更办法。

基于两类公司性质上的差异，绝对必要记载事项差异表现为：①有限公司因具有更高程度的自治性，概略规定了"公司的机构及其产生办法、职权、议事规则"属于绝对必要记载事项，这与要求股份公司章程必须明确规定"董事会、监事会的组成、职权和议事规则"形成了对比。②根据股份公司公

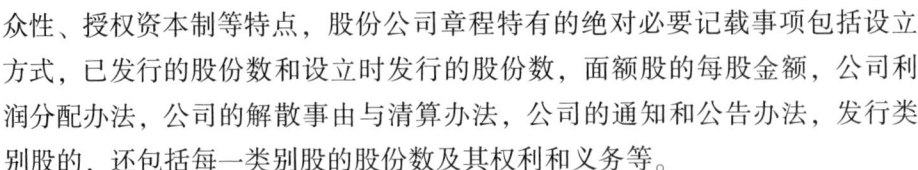

众性、授权资本制等特点，股份公司章程特有的绝对必要记载事项包括设立方式，已发行的股份数和设立时发行的股份数，面额股的每股金额，公司利润分配办法，公司的解散事由与清算办法，公司的通知和公告办法，发行类别股的，还包括每一类别股的股份数及其权利和义务等。

二、相对必要记载事项

相对必要记载事项是指公司法规定的可以记载，也可以不记载于公司章程的事项。公司法有关相对必要记载事项的规定属于授权性规范。这些事项一旦载入章程，就具有约束力；没有记载，则不发生效力。

我国《公司法》对相对必要记载事项的规定分散在多个条款中，按照其适用对象可以分为三类：

（1）适用两类公司的，包括第15条第1款规定，公司对外投资与担保事项的决议，由股东会、董事会按照公司章程规定的权限和数额进行；第59条第1款第（九）项和第112条规定，公司章程可以规定股东会享有其他职权；第70条第1款和第120条规定，董事任期由公司章程规定；第67条第2款第（十）项和第120条规定，公司章程可以规定董事会享有其他职权；第76条第1款和第130条第2款规定，监事会中职工代表监事的比例由公司章程规定；第78条第1款第（七）项和第131条规定，公司章程可以规定监事会享有其他职权；第81条第2款和第132条第2款规定，公司章程可以在公司法之外规定监事会的议事方式和表决程序；第215条第1款规定，公司聘用、解聘承办公司审计业务的会计师事务所，按照公司章程的规定，由股东会、董事会或者监事会决定。

（2）只适用有限公司的，包括第62条第2款规定，股东会的定期会议按照公司章程的规定按时召开；第66条规定，公司章程可以在公司之外规定股东会的议事方式和表决程序；第68条第2款规定，董事长、副董事长的产生办法由公司章程规定；第73条第1款规定，公司章程可以在公司法之外规定董事会的议事方式和表决程序；第209条第1款规定，公司将财务会计报告送交各股东的期限由公司章程规定。

（3）只适用股份公司的，包括第113条第1款第（六）项规定，公司章程可以在公司法之外规定召开临时股东会的情形；第117条第1款规定，公司章程可以规定采用累积投票制；第160条第2款规定，公司章程可以对董事、监事、高级管理人员转让股份作出限制性规定。

三、任意记载事项

章程任意记载事项是指公司法规定的必要记载事项之外，自愿记载于公司章程的事项。任意记载事项，可以记载，也可以不记载。是否记载，取决于当事人的意愿；一经记载，与必要记载事项具有同样的效力。任意记载事项体现了公司法中的意思自治理念。现代公司法呈现出扩大任意记载事项的倾向。

我国公司法中任意记载事项主要有两类：

（1）概括授权条款。如《公司法》第 59 条第 1 款第（九）项规定的"公司章程规定的其他职权"，属于任意记载事项的概括授权规定，即章程可以自由记载《公司法》没有列举的内容。

（2）分散授权条例。下列条款中都有"公司章程另有规定或者全体股东另有约定的除外"的字样，分别规定了任意记载事项。对此，如公司章程有特别规定，则排除该条款内容的适用；如果没有特别规定，则自然适用该条款的内容。

其中，仅适用有限公司的有：第 64 条第 1 款规定，公司章程可以规定召开股东会会议的通知日期；第 65 条规定，公司章程可以规定股东会会议的表决权比例；第 84 条第 3 款规定，公司章程可以规定股权转让的规则；第 90 条规定，公司章程可以规定股权的继承规则。

适用两类公司的有：第 227 条规定，公司增加注册资本时，公司章程规定股东的优先认购权；第 210 条第 3 款规定，公司章程可以规定公司的利润分配比例。

为规范上市公司的运作，中国证监会在 1997 年 12 月发布《上市公司章程指引》（2023 年修订），对上市公司章程的内容作出了全面、详尽的规定。

第三节　公司章程的效力

一、时间效力

（一）生效时间

公司章程的生效时间，因各国公司设立模式的不同，并不存在统一的规

则。我国公司法规定的公司章程生效时间,理论界也存有争议,主要有三种观点:

(1) 签字说。签字说认为,公司章程从股东签字时生效。签字说认为,公司章程是股东或者发起人的契约,根据合同法规定,公司章程应从股东或者发起人全体同意并签字时生效。

(2) 公司成立说。该说认为,公司章程应当从公司成立时生效。公司章程是约束包括公司在内当事人之间的协议,公司没有成立,则不能约束公司和后来加入的股东和公司管理人员。

(3) 区别说。该说认为,公司章程生效时间应当区别对待。区别说又有两种不同的观点:一是以设立方式区别章程生效时间。对于有限公司和发起设立的股份公司,公司章程自全体股东或者发起人签名或者盖章起生效;对于募集设立的股份公司,公司章程自成立大会通过时生效。二是以公司章程内容确定章程生效时间。公司章程内容属于调整投资人关系的,自签字盖章时生效;公司章程内容是调整其他内容的,如公司的管理人员等,则应自公司成立后生效。

公司章程时间效力的通说为公司成立说,即公司章程制定后并不立即发生效力,而是在公司成立后发生效力。发起人制定公司的初始章程,在公司设立登记取得营业执照时生效。但是公司章程作为全体发起人共同制定的规范,体现了全体发起人共同一致的意思表示,属于共同法律行为,在全体发起人意思表示一致时生效。当事人对章程效力作了特别约定,比如以公司成立作为章程的生效条件,则应当尊重当事人的约定。但是在公司办理注册登记之前,公司章程不发生对外的效力。

(二) 失效时间

公司章程的失效是指已经生效的章程丧失法律效力。

公司章程的失效可分为两种情形:第一,因公司设立失败而失效。公司章程是为公司而制定,公司未成立,章程自然失去效力。第二,因公司终止而失效。公司成立后,因为某种原因终止,其章程也自然失去效力。但是公司的解散和清算并不是公司章程失效的原因。《公司法》第95条规定"公司的解散事由与清算办法"属于公司章程的绝对必要记载事项。公司章程不因解散事由发生而失去效力,在公司清算阶段应按照章程规定的清算办法,对公司进行清算。

二、对人效力

公司章程对人效力是指公司章程产生约束力的对象。根据《公司法》第5条规定，公司章程只对公司内部人发生效力。具体而言，公司章程对公司、股东、董事、监事、高级管理人员具有约束力。

（一）对公司的效力

公司章程是公司基本组织和行为的规范，对公司本身具有约束力。公司章程对公司的效力，在内容上包括对内效力和对外效力。公司对内效力集中表现为对公司内部组织和行为的约束力，即公司成立、解散和组织机构的设立与运行，均应受到公司章程的约束。公司章程的对外效力是指对公司外部行为的约束力，集中体现在公司经营范围，如《公司法》第9条规定，公司的经营范围由公司章程规定。

公司章程可以成为判断公司行为效力和责任的依据。根据我国《公司法》第26条规定，公司会议召集程序、表决方式违反公司章程，或者决议内容违反公司章程的，股东可以请求人民法院撤销。

（二）对股东的效力

公司章程是公司全体股东共同意志的体现，对全体股东均有约束力。公司章程对股东的约束力集中体现在股东权利的行使和义务的履行以及防止股东滥用权利。但是股东履行出资义务后，不再对公司负有其他积极义务。因此，理论上，公司章程对股东的效力，更多地表现为规定股东的权利、行使与救济，公司章程应当遵循公司法的规定记载股东享有的权利，并细化权利的行使规则。但是在现实中，公司章程限制股东权利的情形也经常发生，比如在章程中"强制离职股东转让股权"、[1] 对违反章程股东予以制裁，比如赋予股东会按照章程规定的标准和幅度对股东进行罚款等[2]，此类约定在不违反法律或者社会公共利益的前提下，应为有效。但是章程不得剥夺股东固有的权利。

---

[1] 国家法官学院、最高人民法院司法案例研究院：《公司纠纷裁判规则理解与适用》，北京：中国法制出版社，2023年版，第534-541页。

[2] 南京安盛财务顾问有限公司诉祝鹏股东会决议罚款纠纷案，最高人民法院办公厅主办：《中华人民共和国最高人民法院公报·案例》2012年第10期，第43-48页。

(三) 对董事、监事和高级管理人员的效力

董事、监事和高级管理人员应在章程赋予的职权范围内恪尽职守，履行勤勉义务和忠实义务。公司章程是董事、监事和高级管理人员行使职权和履行义务的依据。公司章程可以在公司法之外规定董事、高级管理人员的职权和权利及义务，比如董事的报酬、离职补偿、竞业禁止义务等。

公司章程是董事、监事和高级管理人员履行义务的依据，也是追究管理层民事责任的依据之一。董事会决议违反公司章程，致使公司遭受严重损失的，参与决议时曾表明异议并记载于会议记录的董事免除对公司的赔偿责任。

三、公司章程违法的救济

公司章程的内容违反了法律、行政法规的强制性规定，已经或者可能造成有关当事人利益的损害，受害人依法获得救济。根据我国法律的规定，当事人可以获得的救济途径如下。

（1）提出修改公司章程的议案。有限公司的股东，提出修改章程的提案获得股东会通过后，章程的违法状况得到纠正。单独或者合计持有股份公司1%以上股份的股东可以提出公司章程修改的临时提案，如提案依法获得股东会的通过，章程的违法状况得到纠正。

（2）提出决议无效之诉。《公司法》第 25 条规定，股东会决议内容违反法律、行政法规规定的无效。股东会通过或者修改的公司章程内容违法时，可以股东会决议违法无效为由，向法院提起诉讼，要求确认章程相应部分的内容无效。

第七章

公司人格和能力

第一节 公司人格

一、公司人格的概念

公司人格是指公司作为民事权利主体的资格，即公司具有民事权利能力、民事义务能力和民事责任能力，可以自己的名义享有权利、履行义务、承担责任的法律资格。《公司法》第3条确立了公司人格制度。公司人格的取得以公司具有独立财产为基础，而独立财产的取得来源于股东对公司的出资。

二、公司人格独立要素

公司人格要素是公司得以取得人格的基本构成要素。公司人格由三个要素组成。

（一）独立意思

公司意思独立是指公司意思与股东意思相分离。公司意思独立表现为公司有自己的意思机关，通过意思机关形成自己的意思，即公司以独立、健全的组织机构为意思机关独立地进行意思表示。股东通过股东会决议所体现的意思为全体股东的共同意志，是公司法人的意志，这种意思本质上为团体意思，而不仅仅为股东的个人意思。公司通过意思机关在职权范围内的活动形成作为法人的独立意志，公司意思的执行由公司机关完成；而股东仅通过公司的意思机关表达自己的意思，由公司机关按照一定的程序作出决议，从而形成区别于股东意思的公司意思。

当然，公司意思与股东、经营者的意思在法律上可以区分清楚，但在现实生活中的区分较为困难。因公司意思的形成和执行较为特殊，其意思容易受到控股股东及其委派的经营者的干预。控股股东可能在不同程度上控制公

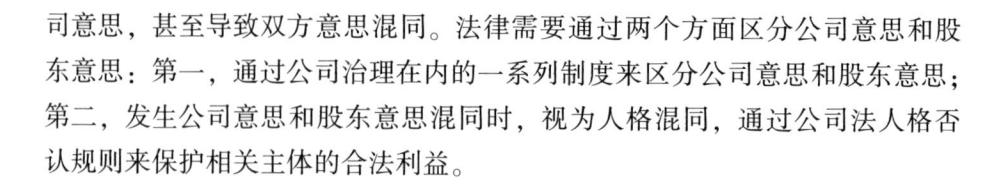

司意思，甚至导致双方意思混同。法律需要通过两个方面区分公司意思和股东意思：第一，通过公司治理在内的一系列制度来区分公司意思和股东意思；第二，发生公司意思和股东意思混同时，视为人格混同，通过公司法人格否认规则来保护相关主体的合法利益。

（二）独立财产

公司法人财产权是公司法人独立享有的综合性财产权利，包括物权、债权、股权、知识产权以及其他财产权利和利益。公司法人财产具有独立性，是指公司的财产独立于其他任何人的财产，特别是指独立于股东的财产。与自然人相比，公司人格作为团体人格，必须具有独立财产才能成为独立法人。

公司财产包括公司资本和公司存续期间积累的财产两个部分。公司成立时的财产独立关系到公司人格的取得，存续期间的财产独立关系到公司人格的维系。公司法主要通过两个制度来保障公司的财产独立：若公司资本不独立于出资人或者低于法定最低注册资本额，则公司不能成立或者公司设立无效，公司不能取得人格或者事后被否定人格；在公司存续期间，公司财产不独立于股东，如发生财产混同，则会适用公司法人格否认规则，在个案中否定公司人格。

公司财产独立是公司独立承担责任的前提条件，独立的财产是公司作为市场主体参与经营活动的物质基础，也是公司履行债务的一般担保财产，决定了公司履行债务的能力和交易相对人的交易风险。

公司财产独立与股东有限责任具有内在的统一性。公司财产独立，法律才赋予股东有限责任的利益；如果公司财产不能独立于股东财产，则股东将无法享受有限责任利益的实益。公司财产与股东财产分离，股东仅以自己出资对公司债务承担有限责任，公司债权人仅可在公司财产范围内求偿，公司和股东各以自己的财产对各自的债务承担责任。

（三）独立责任

公司独立责任是指公司以其全部法人财产独立承担责任。公司独立责任主要有两层含义：一是公司以其全部财产对公司债务承担无限责任，二是股东以其出资为限对公司债务承担有限责任。

公司人格制度开始于19世纪的欧洲公司法。公司法制度通过确立公司人格独立和股东有限责任两大规则，在公司股东和债权人之间设立法律保障措施，构建了各种利益群体的利益均衡。现代商事组织有独资企业、合伙企业（无限责任公司）、两合公司（有限合伙企业）和公司四种形式。各种商事组织形式有其不同的适用对象和范围，相互不可替代。有限公司和股份公司构成现代商事组织形式的核心和基础。[①] 独立财产与独立责任是资合公司的人格要素，但不是所有公司的人格要素，人合公司不具有这两个要素。

三、公司人格的具体表现形式

（1）公司机关。公司人格为一种团体人格，公司意思的形成和执行依赖于公司机关，因此，公司法要求公司在设立时具备相应的公司机关，公司机关是公司人格不可缺少的组成部分。

（2）公司名称。公司名称用于公司在营业活动中表彰自己，是公司人格的外在表现，也是公司人格独立和特定化的具体体现。我国公司法规定，公司名称是公司设立的法定条件之一，是公司章程的绝对必要记载事项之一。

（3）公司住所。住所是公司设立的法定条件之一，是公司章程的绝对必要记载事项之一，公司住所对公司的设立和存续具有重要的法律意义。

（4）公司国籍。公司作为法律上的主体，自然应该有其国籍。在涉外民商法律关系中，公司国籍是确定管辖法院和准据法的重要依据。

第二节　公司人格否认

一、公司人格否认的概念

公司人格否认（disregard of corporate entity/personality），又称为公司法人人格否认，美国称"揭开公司面纱"（lifting the corporate veil），英国称"刺破公司面纱"（piercing the corporate veil），德国称"直索责任"，日本称"透视理论"，是指在公司股东滥用公司法人独立地位和股东有限责任来逃避债务，严重损害债权人利益时，由滥用公司人格的股东对公司债务承担连带责任。

公司人格独立和股东有限责任本为公司法的基本原则。否认公司独立人格，由滥用公司法人独立地位和股东有限责任的股东对公司债务承担连带责

[①] 郑云瑞：《公司法学》，北京：北京大学出版社，2019年版，第88页。

任,是股东有限责任的例外情形,这一例外是为了矫正有限责任制度在特定法律事实发生时对债权人保护的失衡。公司人格否认规则肇始于英美公司法判例,后被大陆法系公司法吸收,成为各国公司法的一项普遍规则。虽然其他各国主要以法理或者判例的方式予以确认或者适用,但是我国以成文法的形式直接规定这一制度,具体体现为《民法典》第83条第2款和《公司法》第23条。

(一)公司人格否认的特征

(1)公司人格否认是以公司人格独立为前提。从逻辑上看,否认"公司人格"的前提是公司具有独立人格。公司人格取得是否合法,不是本规则考虑的因素,这使得该规则与公司设立无效、撤销不同。如果公司未合法取得独立人格,也就不存在法人格滥用的问题。因此,公司人格否认是以承认公司具有独立人格为前提。公司人格是公司所具有的独立法律主体资格,公司法人制度是通过股东财产权和公司财产权,股权和公司经营权分离,来确立公司法人人格,从而使得公司成为具有独立财产、独立意志的市场交易主体。公司人格取得以公司具有独立财产权为基础,而这种独立财产权是通过一定的法律程序确立的。纵览英美公司法史,公司法人人格否认规则的出现,来源于公司独立人格与股东有限责任制度的个案衡平,这在萨洛蒙(Solomon)一案中得以体现。

(2)公司人格否认是对公司人格暂时的和部分的否认。公司人格否认不是全面、彻底、永久地否定公司的法人资格,而是在具体案件中依据特定的法律事实、法律关系,突破股东对公司债务不承担责任的一般规则,例外地判令其承担连带责任。公司人格的部分否认表现在两个方面:一方面,对公司多个债权人来说,只有特定法律关系中的债权人可以追索滥用公司人格的股东,即公司人格否认效力仅及于部分债权人,法院在个案中否认公司人格的判决的既判力仅仅约束该诉讼的各方当事人,不当然适用于涉及该公司的其他诉讼,不影响公司独立法人资格的存续。但是其他债权人提起公司人格否认诉讼,已生效判决认定的事实可以作为证据使用;另一方面,公司人格否认并不一定否认所有股东的有限责任,效力仅及于部分股东,只有实施了滥用法人独立地位和股东有限责任行为的股东才对公司债务承担连带清偿责任,而其他股东不应承担此责任。

(3)公司人格否认适用于特定案件。公司人格否认并不是对公司法人制度的否定，而是对公司法人制度缺陷的弥补，目的在于消除滥用公司法人人格后再恢复法人资格。公司独立人格仍然为法律所承认。公司人格否认仅适用于特定的法律关系、特定案件和特定当事人，解决个案中存在的不公正现象，是一种救济措施而不是普遍原则。

（4）公司人格否认规则为利益衡平机制。公司人格否认规则作为一种事后救济措施，通过追究滥用公司法人人格者的连带责任，对在公司独立人格和股东有限责任的制度框架内受到损害的债权人给予救济，以实现利益衡平。

（二）公司人格否认的三种类型

从公司人格否认方向上进行分类，有公司人格的顺向否认、公司人格的反向否认和公司人格的横向否认三种类型。

（1）公司人格的顺向否认。公司人格的顺向否认是传统公司人格否认，是指由公司股东对公司债务承担连带责任。从公司人格否认方向看，是因公司债务引起的顺向否认，是一种典型的公司人格否认。我国《公司法》第23条第1款为顺向否认。

（2）公司人格的反向否认。公司人格的反向否认是指由公司为股东债务承担连带责任。在一些特殊情况下，公司特定股东主动要求否认公司独立人格，将公司与该股东视为一体，承担债务清偿责任，或者公司特定股东的债权人要求将特定股东与公司视为一体，从而使公司对该股东个人债务承担责任。这种试图以公司财产清偿股东债务的模式，在方向上恰好与传统公司人格否认相反，因此被称为公司人格的"反向否认"。公司人格反向否认起源于美国，在美国被称为反向刺破（reverse pierce）。反向刺破又可以分为两类：一是内部逆向（inside reverse），是指公司中具有控制力的内部人（大多数情况下是控股股东）寻求否认公司人格使自己有资格对第三人提起诉讼或者使公司的财产免于对第三方承担责任；二是外部逆向（outside reverse），是指由公司内部人以外的第三人，比如特定股东的债权人提起，要求法院否认公司人格，使公司的财产为股东债务承担责任。

（3）公司人格的横向否认。公司人格的横向否认是指公司债权人要求该公司的关联公司对公司债务承担连带责任。我国《公司法》第23条第2款规定了公司人格的横向否认规则。这种类型考虑的因素是某一单一实体是否被人为地分割为不同的公司（artificial division of a single business entity）以降低其资产上的责任。适用这一规则是将各个分割的公司视为一个整体共同承担责任。

(三) 公司人格否认的情形

公司人格否认从立法和司法审判实务上分类,主要有公司股东滥用公司独立地位和股东有限责任、一人公司人格否认、关联公司人格否认和深石原则四种情形。

(1) 公司独立地位和股东有限责任的滥用。公司股东滥用公司法人独立地位和股东有限责任,逃避债务,严重损害债权人利益的,应当对公司债务承担连带责任。这是对公司法人人格否认的原则性、一般性的规定,也是公司人格否认的主要情形。

(2) 一人公司人格否认。《公司法》第23条第3款规定:"只有一个股东的公司,股东不能证明公司财产独立于股东自己的财产的,应当对公司债务承担连带责任。"与其他类型的公司股东相比,一人公司股东实际对公司债权人承担更严格的责任。债权人以一人公司股东与公司存在财产混同为由起诉要求股东对公司债务承担连带责任,实行举证责任倒置,由股东证明其个人财产与公司财产之间不存在混同。

(3) 关联公司人格否认。公司股东利用其控制的两个以上公司实施滥用公司法人独立地位和股东有限责任,逃避债务,严重损害债权人利益的,各公司应当对任一公司的债务承担连带责任。关联公司人格否认制度在我国司法实践中已经由最高人民法院指导性案例确认,[1] 我国2023年《公司法》第23条第2款以成文法的形式确认了这一制度。

(4) 深石原则(the deep rock doctrine),又称为居次理论(subordination theory),是指在公司破产时,如果股东的请求权在某种意义上是不公平的,法院可使股东的债权后于其他主体的债权受偿。

二、公司人格否认的理论基础

公司人格否认制度有确立和存在的法理基础。英美法系公司法将公司人格否认制度作为一种事后的司法规制措施。大陆法系公司法则将公平正义、禁止权利滥用原则、法人制度和债的理论等作为公司人格否认的法理基础。公司人格否认的理论依据主要有四种学说。

---

[1] 参见最高人民法院指导性案例15:徐工集团工程机械股份公司诉成都川交工贸有限公司等买卖合同纠纷案。

(一) 欺诈学说（fraud theory）

欺诈学说认为，如果股东滥用公司形式或者有限责任特权诈欺债权人，可导致否认公司独立地位，使股东对公司债务直接承担责任。该学说中的"欺诈"一般泛指违反法律法规、违反公共秩序或者违反善良风俗的行为。

(二) 代理学说（agency theory）

当公司的设立、存续和经营完全按照股东的指示和命令进行，从而使公司成为股东的代理人时，说明公司已经不再具有独立的法律地位。在这种情况下，股东被认为是未经披露的本人（undisclosed principal），因而应根据代理原则要求股东对公司债务承担责任。

(三) 工具学说（instrumentality theory）

该学说是指当公司本身已经沦落为股东的工具时，公司实际上已经丧失了其独立存在。在这种情况下，股东应当对公司的债务负责。这一学说认为，公司与股东之间的所有权或者其他权益达到影响二者独立地位或者股东对公司实施了过度控制（excessive exercise of control），并因此导致了错误或者不公平的行为发生，从而使债权人遭受损失的，公司成为该股东的工具。这种情形下，承认公司的独立性将导致认同欺诈或者认同不公平的后果。

(四) 企业主体学说（enterprise entity theory）

该学说认为，一公司是否能够成为独立的法律主体应当看公司是否符合企业特征。如果该公司是一种独立经营实体，公司与企业特征相符，该公司即独立的法律主体。如果股东成立若干公司经营同一业务，那么公司实际上为同一企业的不同部分，虽然在法律上是数个主体，但从企业角度来看，公司应视为同一法律主体，整个实体对公司债务承担责任。

三、我国公司人格否认制度

我国公司人格否认制度的确立路径大致与大陆法系相同。司法实践较早适用了公司人格否认制度，即最高人民法院通过一系列司法解释渐次形成公司人格否认制度的雏形，又通过《公司法》的修改以立法的方式使之得以最后确立。

在司法实践中，最高人民法院通过批复和司法解释逐渐形成公司人格否认制度的雏形，如 1987 年《最高人民法院关于行政单位或企业单位开办的企业倒闭后债务由谁承担的批复》、1994 年《最高人民法院关于企业开办的其他企业被撤销或者歇业后民事责任承担问题的批复》、1998 年《最高人民法院关于人民法院执行工作若干问题的规定（试行）》、2002 年《最高人民法院关于审理与企业改制相关的民事纠纷案件若干问题的规定》。2005 年修订《公司法》将司法审判实践形成制度以立法的形式加以确定，该法第 20 条第 3 款规定了公司人格否认制度，第 63 条规定了一人公司的人格否认制度。2019 年召开的《全国法院民商事审判工作会议纪要》（以下简称《九民纪要》）中对公司人格否认制度进行了较为详细的规定。2023 年《公司法》第 23 条规定了公司人格的顺向否认、一人公司人格否认和公司人格的横向否认。

（一）公司人格否认的适用条件

公司人格否认的适用应当满足以下三个方面的条件：

（1）公司人格独立。公司具有独立人格是公司人格否认适用的前提条件。公司应合法设立并取得独立的法人资格。如果公司没有取得法人资格，则不能适用公司人格否认制度。当事人以不具有独立人格的公司实施法律行为，该法律行为所产生的法律后果应当由行为人承担。

（2）公司人格行为的滥用。公司人格独立和公司人格否认制度的目的，均为在公司股东与股东债权人之间合理地分配商业风险，是股东利益与交易安全平衡的结果。只有在公司股东滥用对公司的控制权，且因滥用行为造成公司的对外负债时，才适用公司人格否认制度。

（3）债权人或者社会公共利益受损。公司控股股东滥用公司人格的行为造成公司债权人或者社会公共利益受损，而且滥用公司人格行为与债权人利益或者社会公共利益受损之间具有因果关系。公司人格滥用行为应当是严重损害债权人或者社会公共利益，且因股东滥用公司人格行为导致公司丧失清偿能力时，才有适用公司人格否认的必要；在公司具有清偿能力的情形下，没有公司人格否认制度适用的空间。

（二）公司人格否认适用的情形

公司人格否认制度的适用，因为各国公司法律制度的差异和社会经济发展状况的不同而呈现出较大的差异性。在我国司法实践中，司法审判机关适用公司人格否认制度主要有以下情形：

（1）股东与公司混同。公司与控股股东之间存在人格混同、财产混同、业务混同、人员混同等情形。公司人格与股东人格是否存在混同，最根本的判断标准是公司是否具有独立意思和独立财产，最主要的表现是公司的财产与股东的财产是否混同且无法区分。在认定是否构成人格混同时，应当综合考虑以下因素：①股东无偿使用公司资金或者财产，不作财务记载的；②股东用公司的资金偿还股东的债务，或者将公司的资金供关联公司无偿使用，不作财务记载的；③公司账簿与股东账簿不分，致使公司财产与股东财产无法区分的；④股东自身收益与公司盈利不加区分，致使双方利益不清的；⑤公司的财产记载于股东名下，由股东占有、使用的；⑥人格混同的其他情形。需要注意的是，人格混同往往与公司业务和股东业务混同；公司员工与股东员工混同，特别是财务人员混同；公司住所与股东住所混同等纠缠在一起。在适用人格混同规则时，不要求同时具备其他方面的混同，其他方面的混同往往只是人格混同的补强。在我国司法实践中，混同是最为常见的刺破理由，其中财产混同又适用最多，导致的刺破率也最高。①

（2）股东对公司的过度支配与控制。在控制股东对公司过度支配与控制，操纵公司的决策过程，使公司完全丧失独立性，沦为控制股东的工具，严重损害公司债权人利益时，应当否认公司人格，由滥用控制权的股东对公司债务承担连带责任。在实践中，股东对公司的过度支配和控制主要表现为：①母子公司之间或者子公司之间进行利益输送的；②母子公司或者子公司之间进行交易，收益归一方，损失却由另一方承担的；③先从原公司抽走资金，再成立经营目的相同或者类似的公司，逃避原公司债务的；④先解散公司，再以原公司场所、设备、人员及相同或者相似的经营目的另设公司，逃避原公司债务以及股东对公司过度支配与控制的其他情形。

控制股东或实际控制人控制多个子公司或者关联公司，滥用控制权使多个子公司或者关联公司财产边界不清、财务混同，利益相互输送，丧失人格独立性，沦为控制股东逃避债务、非法经营，甚至违法犯罪工具时，人民法院应当结合案件事实，否认子公司或者关联公司法人人格，判令承担连带责任。

（3）公司资本显著不足。公司缺乏充足资本（inadequate capital）或者只具有名义资本（nominal capital）或者干脆没有资本（zero capital）可能导致

---

① 黄辉：《中国公司法人格否认制度实证研究》，《法学研究》，2012（1）：3-16。

公司人格否认。在公司设立、经营过程中，股东实际投入公司的资本数额与公司经营所隐含的风险相比明显不匹配，股东利用较少资本从事力所不及的经营，表明其没有从事公司经营的诚意，实质是恶意利用公司独立人格和股东有限责任把投资风险转嫁给债权人。但是自愿交易和非自愿交易存有不同。在自愿交易中，单纯的资本不充足通常不构成否认公司人格，只有特殊情况包括公司存在欺诈或者错误行为，没有遵守公司程式等方可否认公司人格。在非自愿交易中，比如在侵权案件中，缺乏充足的资本是公司人格否认的首要因素，甚至可以单独适用。比如公司只有名义资本或者没有投入资本，且其目的是从事高度危险事业的经营活动，在公司成立后，发生了对他人人身和财产的侵害，在这种情况下，可以根据公司人格否认规则使股东承担个人责任。虽然资本显著不足通常是公司人格否认的因素，但是由于资本显著不足的判断标准有很大的模糊性，特别是要与公司采取"以小博大"的正常经营方式相区分，所以在适用时要十分谨慎，应当与其他因素结合起来综合判断。

（三）公司人格否认的诉讼地位

债权人对债务人公司享有的债权提起诉讼的同时，一并提起公司人格否认诉讼，请求股东对公司债务承担连带责任的，列公司和股东为共同被告。债权人对债务人公司享有的债权已经由生效裁判确认，其另行提起公司人格否认诉讼，请求股东对公司债务承担连带责任的，列股东为被告，公司为第三人。债权人对债务人公司享有的债权尚未经生效裁判确认，直接提起公司人格否认诉讼，请求公司股东对公司债务承担连带责任的，人民法院应当向债权人释明，告知其追加公司为共同被告。债权人拒绝追加的，人民法院应当裁定驳回起诉。

第三节 公司的能力

一、公司权利能力

（一）公司权利能力范围

公司权利能力是指公司享有权利、承担义务的法律资格。公司权利能力始于公司成立，公司注销登记并公告之日终止，伴随公司存续的整个过程。公司在其清算阶段仍然享有权利能力，但仅限于清算范围内的活动。

公司可以享有或承受的权利义务范围相当广泛，可以享有一切财产上的权利，包括物权、债权、知识产权等。公司权利能力及其范围在法律层面上具有重要的意义，可以成为判断公司是否享有某种特定权利或者承担某种义务的标准，是判断公司法律行为效力的标准。

（二）公司权利能力限制

公司权利能力范围的限制，从各国公司法来看，主要存在三个方面：

1. 性质限制

公司是依法登记而取得法人资格，与自然人因为出生而取得的人格有所不同。自然人基于自然性质而享有的权利，比如生命权、身体权、健康权、肖像权、婚姻自由权等权利，公司不得享有。专属于自然人的义务，如私法上的抚养义务、公法上的服兵役义务，公司也不负担。

2. 目的限制

（1）目的限制的含义。公司目的（corporate purposes），是指设立公司意欲从事的事业，因其需要记载于公司章程之内，所以又称为目的条款（purpose provisions、purpose clauses, object clauses）。大陆法系公司法普遍将目的条款作为公司章程的绝对必要记载事项之一，英美法系很少这样，在我国称为公司的经营范围，[1] 公司经营范围是公司机关行为的准绳。[2]

（2）目的限制的性质。公司目的范围是公司权利能力的具体表现，但是公司的权利能力是否受公司目的范围的限制，涉及公司目的条款的性质判断，是各国公司法所面临的普遍问题。

第一，大陆法系目的限制的基本理论。大陆法系部分国家一度采用目的范围限制权利能力的原则，但是目前均放弃这一原则，各国公司法普遍承认公司目的以外的行为有效。1968年欧共体《第1号公司法指令》第二节"公司缔结债务的能力"第9条第1款规定，公司机关实施的行为对公司具有拘束力，即使这些行为超越了目的范围；除非这些行为超越了法律赋予或者法律许可赋予这些机关的权力范围。这一指令已经被欧盟各国所采纳。

---

[1] 梁慧星：《民法总论》，北京：法律出版社，1996年版，第127页。
[2] 沈四宝：《西方公司法》，北京：法律出版社，2006年版，第118页。

第二，英美法系目的限制的基本理论。英美法系早期通过越权理论（Ultra Vires）解决这一问题。早期英国法认为，公司的活动不能超越其目的范围，否则无效。此即普通法上著名的越权理论。越权理论最初适用于19世纪上半叶的法定公司，法定公司依据政府法令而设立，主要从事铁路和其他公用事业。但是1875年Ashbury Rly Carriage and Iron Co Ltd v. Rcihe一案判决则将越权理论推广适用于其他类型的公司。但是越权理论严重损害交易安全，遭到现代英美公司法的遗弃。英国1985年《公司法》规定，善意第三人可以主张公司能力外的行为有效，1989年《公司法》第108条明确规定，公司的能力不受公司章程的限制，但董事会仍有义务遵守公司章程规定的对其权力的任何限制。2006年《公司法》废除了公司目的条款，由此正式废除了越权理论。[①] 美国也曾长期采用越权理论，但是1984年《示范公司法》第3.02条规定："公司可以像自然人那样去做对经营公司业务和处理公司事务有必要的或者有利的事情。"第3.04条规定："不得因为公司欠缺权利能力而对其行为提出无效之诉。"至此，美国也废除了越权理论。目前，越权行为理论仅在某些特定情形下适用，如法律可能要求特定行业（如金融业）的公司应当在章程中规定经营范围。

（3）目的限制条款在我国的发展。我国曾长期将核准登记的企业经营范围作为其权利能力的范围，要求企业在经营范围内从事经营，凡超越经营范围签订的合同一概无效。1986年《中华人民共和国民法通则》（现已废止）第42条、1993年《公司法》第11条均强调，公司应当在登记的经营范围内从事经营活动。这表明立法认为公司经营范围限制权利能力。1987年《最高人民法院关于在审理经济合同纠纷案件中具体适用〈经济合同法〉若干问题的解答》第4条明确规定，超越经营范围或者违反经营方式签订的合同应认定为无效合同。

但是这些计划经济体制下的规定，与市场经济体制格格不入。1993年最高人民法院在《全国经济审判工作座谈会会议纪要》中提出，不应将法人超越经营范围签订的合同一律认定为无效，应当区别对待。1999年《合同法》第50条规定，法人的法定代表人超越权限订立的合同，除相对人知道或者应当知道其超越权限的以外，该代表行为有效。至此立法采取了代表说。

2005年《公司法》第12条规定："公司的经营范围由公司章程规定，并依法登记。公司可以修改公司章程，改变经营范围，但是应当办理变更登记。

---

① 葛伟军：《英国公司法要义》，北京：法律出版社，2013年版，第59页。

公司的经营范围中属于法律、行政法规规定须经批准的项目，应当依法经过批准。"在2021年通过的《市场主体登记管理条例》中，将章程变更修改为备案事项。根据2023年《公司法》第9、32、34条的规定，公司变更经营范围，不仅需要进行变更登记，还需要修改公司章程。在公法的规范上，尚未放弃对公司经营范围的行政管制。但在私法效力方面，《民法典》第505条规定，当事人超越经营范围订立的合同的效力，应当依法确定，不得仅以超越经营范围确认合同无效。这一规定重申了代表权限制说。

3. 公司法的特别限制

在大陆法系公司法上，公司法人的权利能力还受到公司法的特别限制，体现为对公司若干非典型经营行为的限制。这些限制在英美法上被称为对公司权力（powers）的限制。公司权力是英美公司法的一个重要的概念，可视为公司权利能力的具体体现。早期英美公司法对公司权力予以列举，对某些权力予以特别限制，包括公司转投资、担保、贷款、捐赠等，而现代公司法概括性地赋予公司广泛的权力，承认"公司享有与自然人相同的从事一切必需或者必要的活动以执行其营业或者事务的权力，除非公司章程另有规定"。在我国，对公司非典型经营行为的限制主要表现为以下几个方面。

（1）转投资的限制。转投资（reinvestment），是指公司按照法律的规定投资于他公司的法律行为，通常是一公司取得他公司的股权。转投资的形式包括单向转投资和双向转投资。单向转投资是指一公司向他公司投资的单向行为；双向转投资（又称为相互投资、交叉持股，reciprocal investment or cross-holding），是指两个公司相互向对方公司投资或者相互取得和持有对方公司股权的双向行为。

转投资对于活跃资本市场和企业规模经营有着重大的积极意义，已成为企业间相互联合的一项特别重要的手段和工具。但是转投资也有一定的危险：减少公司直接支配的有形财产，增加变现偿债的难度，降低公司的实际偿债能力，增加债权人的风险；因母子公司资本重复计算导致资本增加造成社会投资虚假繁荣；相互投资带给公司治理诸多障碍。目前，各国（地区）公司法对转投资的限制措施，主要包括三个方面：

1）限制转投资额。如我国台湾地区所谓"公司法"第13条规定，公司作为有限股东对其他公司的所有投资总额，不得超过本公司实收股本的40%。但这一规定的适用有诸多例外，专业投资公司、公司章程另有规定或者经股东同意、股东会决议等，均属于例外情形。

2）限制转投资对象。个别国家或者地区的公司法禁止公司成为无限责任股东或合伙企业合伙人，但大多数国家的公司法无此限制。

3）对公司相互投资进行限制。因为无节制的相互投资会导致风险，所以大多数国家或者地区的公司法会采取措施予以规制，其中以德国、我国台湾地区的规定较为典型，其措施有二：

第一，投资状态的公开化。这一措施的目的在于使利害关系人了解公司资本结构的实际状况。德国《股份法》第19~21条规定：一企业对他企业取得超过25%的股权时，必须以书面形式通知该企业。持有股权达到50%时，必须再为通知。此后，所持有他企业的股权有所变动或持有数额低于25%时，必须再为通知。受通知的企业须将上述受通知的持股情形，依章程所定的方法予以公告。我国台湾地区所谓"公司法"第369条之8有类似的规定。

第二，限制股权的行使。这一措施的目的是防止董事利用相互投资来控制本公司的股东会。我国台湾地区所谓"公司法"第369条之9、10规定：公司与他公司相互投资各达对方有表决权之股份总数或资本总额1/3以上者，为相互投资公司；相互投资公司各持有对方已发行有表决权之股份总数或资本总额超过半数者，或互可直接或间接控制对方之人事、财务或业务经营者，互为控制公司与从属公司；相互投资公司知有相互投资之事实者，其得行使之表决权，不得超过被投资公司已发行有表决权股份总数或资本总额之1/3。

我国1993年《公司法》曾采取对公司转投资对象和数额予以限制的措施。该法第12条规定，公司可以向其他有限责任公司、股份有限公司投资；除国务院规定的投资公司和控股公司外，累计投资额不得超过本公司净资产的50%。但是这一限制措施因不符合社会经济的发展而被废除。2005年《公司法》第15条规定："公司可以向其他企业投资；但是，除法律另有规定外，不得成为对所投资企业的债务承担连带责任的出资人。"第16条第1款规定："公司向其他企业投资或者为他人提供担保，依照公司章程的规定，由董事会或者股东会、股东大会决议；公司章程对投资或者担保的总额及单项投资或者担保的数额有限额规定的，不得超过规定的限额。"2006年《合伙企业法》第2条第1款规定："本法所称合伙企业，是指自然人、法人和其他组织依照本法在中国境内设立的普通合伙企业和有限合伙企业。"第3条规定，国有独资公司、国有企业、上市公司不得成为普通合伙人。2023年《公司法》沿袭了2005年《公司法》的做法。至此，我国公司法彻底放弃了对公司转投资数额的法定限制，将公司对外投资的问题交由公司自治，但是投资决定权在董事会、股东会,而不是董事、高级管理人员的个人。对于转投资的对象,除了国有独资公司、国有企业、上市公司这三类特殊公司不得投资普通合伙企业和作为普通合伙人投资有限合伙企业外,其他公司没有转投资对象上的限制。

(2)公司对外担保。公司对自身债务和他人债务提供担保,是市场经济关系中的常见行为。公司具有担保能力是各国公司法的通例,但是否应对公司的对外担保行为设定一些必要的限制,各国(地区)立法有所不同,大多数公司法不作任何限制,但也有个别公司法规定了限制措施,如我国台湾地区所谓"公司法"第16条规定:"公司除依其他法律或公司章程规定得为保证者外,不得为任何保证人。公司负责人违反前项规定时,应自负保证责任,如公司受有损害时,亦应负赔偿责任。"法国《商事公司法》第106条规定:"除公司经营金融事业外,禁止公司为董事、总经理、法人董事的常任代理人以及他们的亲属向第三人承担的义务提供物的担保和保证。"当然,我国台湾地区和法国的立法本意并非限制公司对外担保的能力,而是防止董事、经理利用职务之便以公司的名义为自己和关联人担保。

根据我国《公司法》第15条的规定,公司对外担保,依照公司章程的规定,由董事会或者股东会决议;公司章程对担保的总额及单项担保的数额有限额规定的,不得超过规定的限额;公司为股东或者实际控制人提供担保的,应当经股东会决议;关联股东回避表决,该决议由出席会议的其他股东所持表决权的过半数通过。第135条规定,上市公司在一年内向他人提供担保的金额超过公司资产总额30%的,应当由股东会作出决议,并经出席会议的股东所持表决权的2/3以上通过。

从这两个条款来看,我国立法并不限制公司对外担保的权利能力和行为能力,只是对公司对外担保的决议程序进行规范,明确董事、高级管理人员没有权力决定公司对外担保行为。因此债权人在接受公司提供的对外担保时,负有对公司对外担保的决议文件进行审查的注意义务。另外,公司股东会、董事会决议允许公司对外担保,但需要借助法定代表人的代表行为或者代理人的代理行为对外作出意思表示,来签署担保合同。问题是法定代表人(代理人)行为与公司决议文件不一致时,担保合同是否有效?《最高人民法院关于适用〈中华人民共和国民法典〉有关担保制度的解释》(以下简称《担保制度司法解释》)对此予以明确。公司的法定代表人违反公司法关于公司对外担保决议程序的规定,超越权限代表公司与相对人订立担保合同,担保合同的效力根据相对人是否善意而有所不同：相对人善意的，担保合同对公司发生效力，公司承担担保责任；相对人非善意的，担保合同对公司不发生效力。相对人善意是指相对人在订立担保合同时不知道且不应当知道法定代表人超越权限。相对人有证据证明已对公司决议进行了合理的审查，人民法院应当认定其构成善意，但是公司有证据证明相对人知道或者应当知道决议系伪造、变造的除外。

虽然在一般情形下，担保权人需要审查担保人公司的对外担保决议，但是在金融机构开立保函或者担保公司提供担保以及公司为其全资子公司开展经营活动提供担保时，可以不考虑担保人公司是否作出决议；另外，在担保合同是由单独或者共同持有公司 2/3 以上对担保事项有表决权的股东签字同意，一人公司为其股东提供担保等情形下，公司不能以违反公司法关于公司对外担保决议程序的规定为由主张不承担担保责任。

在上市公司对外提供担保时，相对人根据上市公司公开披露的关于担保事项已经董事会或者股东会决议通过的信息，与上市公司订立担保合同，担保合同对上市公司发生效力，上市公司承担担保责任。相对人未根据上市公司公开披露的关于担保事项已经董事会或者股东大会决议通过的信息，与上市公司订立担保合同，担保合同对上市公司不发生效力，上市公司不承担担保责任或者赔偿责任。

公司的分支机构未经公司股东会或者董事会决议不能以自己的名义对外提供担保，但是相对人不知道且不应当知道分支机构对外提供担保未经公司决议程序的除外。金融机构的分支机构在其营业执照记载的经营范围内开立保函，或者经有权从事担保业务的上级机构授权开立保函，金融机构或者其分支机构应当承担担保责任。金融机构的分支机构未经金融机构授权提供保函之外的担保，金融机构或者其分支机构不承担担保责任，但是相对人不知道且不应当知道分支机构对外提供担保未经金融机构授权的除外。担保公司的分支机构未经担保公司授权对外提供担保，担保公司或者其分支机构不承担担保责任，但是相对人不知道且不应当知道分支机构对外提供担保未经担保公司授权的除外。

（3）捐赠的限制。早期公司法理论认为，公司作为营利性法人以增进股东利益为唯一的目的，向他人捐赠超越了权利能力的范围。但随着公司社会责任理论的兴起，公司在经营过程中须兼顾其他利害关系人利益，因此各国公司法大都承认公司在合理范围内开展慈善捐赠活动，但是一般只能对公益事业进行捐赠，且捐赠不能超过合理的数额（no more than a reasonable amount）。公司法并未对合理的数额予以规范，税法的标准是不能超过税法上的捐赠减免税的最高限额。我国公司法仅在禁止财务资助条款中提及不得为他人购买公司股份进行赠与。但是结合《公司法》第20条关于公司须承担公司社会责任的规定，应理解为未禁止公司捐赠行为。

二、公司行为能力

（一）公司行为能力的概念

公司是否具有行为能力，因法人理论的不同而不同。法人拟制说否定公司具有行为能力。法人实在说认为公司作为一种法人组织，其行为能力通过自然人担任的法人机关实现，即公司具有行为能力。

公司行为能力是指通过自己的意思表示取得权利、履行义务的能力。公司的行为能力与法人代表机关的行为效力是一个问题的两个方面。需要指出的是，并不是任何公司机关都享有代表公司对外实施法律行为的权力。股东会是权力机关，负责公司重大事项的决策；监事会是公司监督机关，在一般情形下二者都不直接对外代表公司。董事会作为公司的业务执行机关，也并不当然具有对外代表公司的资格。各国公司法一般均有关于公司代表人的特别规定。

我国采取法人实在说，承认公司具有民事行为能力。公司的行为能力终止于法人终止时，但在清算阶段公司仅能从事与公司清算有关的经营活动。

（二）公司的法定代表人

公司法定代表人，是指代表公司对外实施法律行为的公司代表机关。公司法定代表人以公司名义与第三人进行的民事法律行为，在法律上视为公司本身的行为，法律效果归属于公司，即适用"代表"而不是"代理"规则。

各国公司法上的公司代表人模式有：①共同代表制。德国《股份法》第78条规定，除非公司章程有相反的规定，董事会成员应该共同对第三人进行意思表示。②法定代表制。法国《商事公司法》第113条规定，董事长可以对外代表公司。③单独代表制。日本《公司法》第349条规定，董事为2人以上时，董事各自代表公司；也可以基于公司章程，由董事互选或者股东大会决议，从董事中决定代表董事，代表董事不限于1人。④任意代表制。美国、意大利等国家对公司代表人的资格以及人数未作规定，完全由公司自己决定。

我国采取独任的法定代表人制度。《公司法》第 10 条规定，公司的法定代表人按照公司章程的规定，由代表公司执行公司事务的董事或者经理担任。这一规定允许公司在董事和经理之间决定法定代表人的人选。代表人通常由董事会选任，但章程亦可规定由股东会选任。公司代表人解任的情形包括：①代表人任期届满；②代表人辞任；③选任代表人的董事会或股东会解任；④因丧失董事、经理地位而解任，《公司法》第 10 条第 2 款规定，担任法定代表人的董事或者经理辞任的，视为同时辞去法定代表人。

法定代表人是对外代表公司从事民事活动的公司负责人，登记的法定代表人依法具有公示效力。就公司内部而言，公司与法定代表人之间为委托法律关系，法定代表人代表权的基础是公司的授权，自公司任命时取得至免除任命时终止。我国司法实务中也采取了这一观点。被列入严重违法企业名单的公司，其法定代表人 3 年内不得担任其他企业的法定代表人或者负责人。

法定代表人辞任的，公司应当在法定代表人辞任之日起 30 日内确定新的法定代表人。在未选出新的法定代表人之前，公司执行机关应当执行公司决议，公司执行机关对外代表公司，因此公司负有办理法定代表人工商变更登记的义务。公司办理工商变更登记中依法提交股东会决议、选任新的法定代表人等均是公司对登记机关的义务。[①] 公司变更法定代表人的，变更登记申请书由变更后的法定代表人签署。

此外，《公司法》还规定了特定情况下的公司代表人。第 199 条规定，董事、高级管理人员执行职务违反法律、行政法规或者公司章程的规定，给公司造成损失的，监事或者监事会可以代表公司提起诉讼。第 234 条规定，清算组在清算期间代表公司参与民事诉讼活动。可见，在特定情况下，监事（会）、清算组对外代表公司，履行了公司代表人的职责。另外，发起人作为设立公司的机关，代表设立中的公司从事公司的设立行为。

（三）代表行为

法定代表人是自然人，但是自然人在生活中具有多重身份，其只有以法人名义从事的民事活动，才是法人的活动；若其不是以法定代表人身份，不是以法人名义而是以自然人的其他身份从事民事活动的，该民事活动的后果

[①] 韦某某诉新疆某房地产公司、新疆某投资公司、新疆某甲投资公司请求变更公司登记纠纷案，最高人民法院（2022）最高法民再 94 号。

不由法人承受，而由其个人承受。因此，需要判断其行为是否属于代表行为。一般而言，代表行为的构成要件包括：

（1）具有代表人的身份。公司章程规定执行公司事务的董事或者经理担任公司代表人，该自然人经过合法程序取得相应的职位，即取得代表人身份，是否经过登记，在所不论，因为登记属于代表人身份的公示行为，并非生效要件。以公司的名义包括明示的以公司的名义和公司意思表示的外在推定形式。一般而言，以公司代表人名义签章或者加盖公司印章被推定属于公司的意思表示的外在推定形式。在公司法定代表人与公司存在实质性关联的情况下，如果没有证据证明存在冒名登记的情况，法定代表人的变更为公司内部自治的范围，在公司未就法定代表人变更作出决议前，公司法定代表人不得请求法院变更法定代表人的工商登记。[①] 但是公司登记的法定代表人与公司之间失去实质利益关联，且没有参与任何实际经营，属于"挂名法定代表人"，应当允许"挂名法定代表人"提出涤除登记诉讼。[②]

公司法定代表人以公司名义提起民事诉讼，案件审理过程中公司通过内部治理程序选举任命新法定代表人。新法定代表人又以公司名义向法院申请撤回起诉，人民法院经审查公司章程未对法定代表人撤回起诉作出限制，亦无其他不准撤诉情形的，应当裁定予以准许，必要时可以召开听证会听取各方意见。若公司监事要求直接以公司名义并由监事作为诉讼代表人继续该案诉讼，人民法院应不予准许，并可告知监事另行提起监事代表诉讼。[③]

（2）在代表权范围内。法定代表人超越代表权的行为无效，除非构成表见代表。《民法典》第504条规定："法人的法定代表人或者非法人组织的负责人超越权限订立的合同，除相对人知道或者应当知道其超越权限外，该代表行为有效，订立的合同对法人或者非法人组织发生效力。""相对人知道或者应当知道"，涉及代表权限的范围。公司代表人的代表权限制情形主要有：

1）法律、行政法规的直接限制。《公司法》没有专门的条款直接限制公司代表人的代表权限，在解释上，立法对股东会、董事会的权力授予，以及对董事、经理的权力限制，可以视为对代表权的限制。如根据《公司法》第

[①] 盛某诉成都某大教育投资有限公司、四川某园林绿化工程有限公司、周某请求变更公司登记纠纷案，四川省成都市中级人民法院（2020）川01民终2506号。
[②] 张某诉阆中某房地产开发有限公司请求变更公司登记纠纷案，阆中市人民法院（2021）川1381民初5475号。
[③] 南京某科技公司与安徽某智能公司、南京某供应链公司、皇家某公司关联交易损害责任纠纷案，南京江北新区人民法院（2022）苏0192民初8001号。

15 条规定，法定代表人未经股东会、董事会授权，无权签订对外担保合同。

2) 公司章程的限制。公司章程限制代表权条款虽因章程的备案而公示，但是与法律、行政法规的直接限制不同，为了保护交易安全，这并不足以构成"相对人知道或者应当知道"的证据。我国《公司法》第 11 条第 2 款规定："公司章程或者股东会对法定代表人职权的限制，不得对抗善意相对人。"域外立法例也有类似的规则，如欧共体《第 1 号公司法指令》第 9 条第 2 款规定："公司章程或者有决定权的公司机关对于公司机关权力的限制，不得被公司利用对抗第三人；即使这些限制已经公告也是如此。"德国《股份法》第 82 条、《有限公司法》第 31 条规定，对于董事代表权所加章程限制，不得对抗第三人。

3) 董事会、股东会决议的限制。股东会、董事会决议限制法定代表人权力的决议一般不对外公示，因此，通常情形下相对人不知道或者不应当知道该决议的限制内容，除非公司举证某特定相对人经过某特定渠道知道或者应当知道该决议的限制。

三、公司责任能力

公司的责任能力是指公司因违法或者违约行为而承担法律责任的能力。在我国，根据法律规定，法律责任包括民事责任、行政责任和刑事责任。相应地，公司的责任能力可以分为民事责任能力、行政责任能力和刑事责任能力。

（一）公司的民事责任能力

《民法典》第 60 条规定，法人以其全部财产独立承担民事责任。《公司法》第 3 条规定，公司以其全部财产对公司的债务承担责任。公司民事责任是指公司以自己的财产独立为自己的债务承担责任。公司的债务不能由股东承担，公司也不为他人债务承担责任。公司民事责任的独立是公司具有独立人格的根本特征。

公司的民事责任能力与公司的意思能力相一致，其必须通过一定的组织程序、一定的机构行使。法定代表人因执行职务造成他人损害的，由公司承担民事责任。公司承担民事责任后，依照法律或者公司章程的规定，可以向有过错的法定代表人追偿。公司承担民事责任，应注意四点：①公司是以自己的全部财产为自己的全部债务承担责任。②公司的责任是与公司的独立财产相联系的。公司的独立财产是以承担责任时的实有财产为准,而不是以公司的注册财产为准。③公司的责任是对公司行为的责任,其仅对自己的行为承担责任,对于非属于公司的个人行为,公司不承担责任。④公司独立责任以公司的独立人格为前提。

(二) 公司在公法上的责任能力

1. 公司具有行政责任能力

公司具有行政责任能力,在其行为违反法律法规时,将被有关机关处以罚款、吊销营业执照等行政处罚。比如《公司法》第 250 条规定,违反本法规定,虚报注册资本、提交虚假材料或者采取其他欺诈手段隐瞒重要事实取得公司登记的,由公司登记机关责令改正,对虚报注册资本的公司,处以虚报注册资本金额 5% 以上 15% 以下的罚款;对提交虚假材料或者采取其他欺诈手段隐瞒重要事实的公司,处以 5 万元以上 200 万元以下的罚款;情节严重的,吊销营业执照。

2. 公司具有刑事责任能力

我国刑法确认公司具有刑事责任能力。《刑法》第 30 条规定,公司实施的危害社会的行为,法律规定为单位犯罪的,应当负刑事责任。该法第 31 条规定,公司犯罪的,对公司判处罚金,并对其直接负责的主管人员和其他直接责任人员判处刑罚。本法分则和其他法律另有规定的,依照规定。据此,公司犯罪,应当对其犯罪行为承担相应的刑事责任,依法被判处相应的刑罚。

第八章

公司名称与住所

第一节 公司名称

一、公司名称的概念和法律规范

（一）公司名称的概念

公司名称是指公司在从事经营行为时表彰自身身份并区别于其他主体而使用的名称。公司名称是公司人格要素中不可缺少的要素之一，其对于公司而言具有重要的法律意义。现代各国法律均规定，公司名称为公司章程的必要记载事项，而且必须向公司登记机关进行登记。依法登记的公司名称，受法律保护。

（二）公司名称的法律规范

1991年国家工商行政管理局发布《企业名称登记管理规定》，该条例在2020年12月14日经国务院第118次常务会议修订通过，自2021年3月1日起施行。此外，在《民法典》、《反不正当竞争法》、《市场主体登记管理条例》以及《商标法》中也存在少量关于公司名称的规定。

二、公司名称的构成与选定

（一）公司名称的构成

在我国，公司可以自由选定自己的名称，但是法律也规定了一定的限制。首先，公司名称应当使用规范汉字。民族自治地方的公司名称可以同时使用本民族自治地方通用的民族文字。其次，公司只能登记一个公司名称。在我国，公司名称通常由下列要素依次组成。

(1) 行政区划名称。公司名称中的行政区划名称应当是企业所在地的县级以上地方行政区划名称。市辖区名称在企业名称中使用时应当同时冠以其所属的设区的市的行政区划名称。开发区、垦区等区域名称在公司名称中使用时应当与行政区划名称连用，不得单独使用。跨省、自治区、直辖市经营的公司，其名称可以不含行政区划名称。

（2）字号。企业名称中的字号应当由两个以上汉字组成，不得使用外文、字母和阿拉伯数字。县级以上地方行政区划名称、行业或者经营特点不得作为字号，另有含义的除外。

（3）行业或经营特点。企业名称中的行业或者经营特点应当根据企业的主营业务和国民经济行业分类标准标明。国民经济行业分类标准中没有规定的，可以参照行业习惯或者专业文献等表述。跨行业综合经营的公司，其名称可以不含行业或者经营特点。

（4）组织形式。公司应当在公司名称中标明有限公司或者股份公司。

公司名称冠以"中国""中华""中央""全国""国家"等字词，应当按照有关规定从严审核，并报国务院批准。国务院市场监督管理部门负责制定具体管理办法。公司名称中间含有"中国""中华""全国""国家"等字词的，该字词应当是行业限定语。使用外国投资者字号的外商独资或者控股的外商投资公司，公司名称中可以含有"（中国）"字样。公司分支机构名称应当冠以其所从属公司的名称，并缀以"分公司""分厂""分店"等字词。境外公司分支机构还应当在名称中标明该公司的国籍及责任形式。公司集团名称应当与控股公司名称的行政区划名称、字号、行业或者经营特点一致。控股公司可以在其名称的组织形式之前使用"集团"或者"（集团）"字样。有投资关系或者经过授权的企业，其名称中可以含有另一个企业的名称或者其他法人、非法人组织的名称。

根据《企业名称登记管理规定》的要求，公司名称不得有下列情形：①损害国家尊严或者利益；②损害社会公共利益或者妨碍社会公共秩序；③使用或者变相使用政党、党政军机关、群团组织名称及其简称、特定称谓和部队番号；④使用外国国家（地区）、国际组织名称及其通用简称、特定称谓；⑤含有淫秽、色情、赌博、迷信、恐怖、暴力的内容；⑥含有民族、种族、宗教、性别歧视的内容；⑦违背公序良俗或者可能有其他不良影响；⑧可能使公众受骗或者产生误解；⑨法律、行政法规以及国家规定禁止的其他情形。

（二）公司名称的选定

关于公司名称的选定，目前各国法律中主要存在两种立法主义：

（1）严格主义。这种立法例是指公司选定的商业名称必须与其名称或者营业内容相一致，不符合的，均不予承认，且无法转让或者继承。法国、瑞士等国家采取此种立法主义。

（2）自由主义。该立法例是指公司名称由当事人自由选择，法律原则上不加限制。公司名称与营业人的姓名及营业种类没有必然的联系。日本、韩国、我国台湾地区及英美法系国家采用此种立法主义。

我国采取严格主义的立法例，公司名称由行政区划名称、字号、行业或者经营特点、组织形式组成。

三、自主申报名称权制度

我国原国家工商行政管理局在1991年公布的《企业名称登记管理规定》中，确立了以"预先核准"为核心的企业名称登记管理制度。但是在公司登记程序的前端设置专门的公司名称"预先核准"程序，不仅造成登记环节多、耗时长、公司起名难，而且由登记机关判断公司名称是否"近似"和能否使用的行政管控方式，造成公司名称资源日趋紧张，难以适应公司数量快速增长的需要。为此，我国取消企业名称预先核准、赋予企业自主申报名称权，将公司名称登记管理方式由"事前审查"变为"事前明确规则和事中事后监管"。申请人自主选择公司名称，公司登记机关不再对公司名称是否与他人企业名称近似作审查判断。

申请人通过企业名称申报系统或者在公司登记机关服务窗口提交有关信息和材料，对拟定的公司名称进行查询、比对和筛选，选取符合规定的名称，公司登记机关对提交完成的公司名称予以保留。申请人提交的信息和材料应当真实、准确、完整，并应当承诺因其公司名称与他人公司名称近似侵犯他人合法权益的，依法承担法律责任。

公司登记机关对通过企业名称申报系统提交完成的公司名称予以保留，保留期为2个月。设立公司依法应当报经批准或者公司经营范围中有在登记前须经批准的项目的，保留期为1年。申请人应当在保留期届满前办理公司登记。

四、公司名称权

《公司法》第 6 条规定，公司应当有自己的名称。公司名称应当符合国家有关规定。公司的名称权受法律保护。《民法典》第 1013 条规定，法人、非法人组织享有名称权，有权依法决定、使用、变更、转让或者许可他人使用自己的名称。据此，公司依法成立后，对其名称享有名称权。公司名称权作为一项重要的人格权，其具体包括以下权利：

（1）名称设定权。公司可依法为自己设定名称，他人不得干涉。对于公司设定自己的名称，法律采取限制主义，即公司必须依照法律的规定设定公司名称，非经登记，不得取得专用权。

（2）名称使用权。公司对其名称享有独占使用的权利，排除他人的非法干预和非法使用。公司名称一经登记，即取得该名称的独占使用效力，法律予以保护。

（3）名称变更权。公司可以依法变更自己登记使用的名称。名称的变更可以是部分变更，也可以是全部变更。变更名称必须进行变更登记，其程序与设定名称相同。名称变更后，原登记公司名称视为撤销，应当使用新登记的名称进行经营活动。

（4）名称转让权。公司可以转让其名称。名称权转让是指全部转让，不包括部分转让，部分转让为许可他人使用。名称权全部转让的，应当依法通过国家企业信用信息公示系统向社会公示，转让后原名称权人丧失名称权，不得继续使用；名称权的受让人成为该名称的权利人，享有专有使用权及名称权的一切权利。

（5）许可他人使用权。公司将自己的名称许可他人使用，是将自己的名称使用权部分转让于他人使用。在公司将名称许可他人使用的，公司和被许可人均可以使用该公司名称，一般双方签订名称许可使用合同，被许可人在约定的期限和范围内使用该名称，而且公司应当依法通过国家企业信用信息公示系统向社会公示。

人民法院或者企业登记机关依法认定企业名称应当停止使用的，企业应当在规定的时限内办理变更登记；逾期未办理的，将其列入经营异常名录。

五、公司名称的法律效力

（1）排他效力。公司取得名称权，就取得了在一定的地域范围内排除他人登记和使用与该公司名称相同或者相类似的公司名称的权利。法律对于公司名称权的保护主要体现在两个方面：第一，相同公司名称登记的排除。根据《企业名称登记管理规定》第 17 条规定："在同一企业登记机关，申请人拟定的企业名称中的字号不得与下列同行业或者不使用行业、经营特点表述的企业名称中的字号相同：（一）已经登记或者在保留期内的企业名称，有投资关系的除外；（二）已经注销或者变更登记未满 1 年的原企业名称，有投资关系或者受让企业名称的除外；（三）被撤销设立登记或者被撤销变更登记未满 1 年的原企业名称，有投资关系的除外。"第二，相同公司名称或类似商业名称使用的排除。保护公司名称权的立法模式在各国并不统一，通常是同时适用多种法律规范予以保护，如民法、商法、反不正当竞争法及专门法等。

（2）救济效力。公司经登记而取得公司名称的专用权，如果其他主体侵犯其专用权，比如盗用或者冒用他人公司的名称权，权利人可以请求其停止侵害；如造成损失，可以要求赔偿损失。

第二节　公司住所

一、公司住所的意义

公司作为法人，必有其住所作为享有权利履行义务的地址。住所为公司登记时必须记载的事项，是公司能否成立的重要因素之一。公司住所具有重要的法律意义，主要表现为：

（1）确定诉讼关系和司法文书的送达。公司具有权利能力和行为能力，因此在经营过程中可能发生纠纷。在这些纠纷发生时，均涉及纠纷的管辖地问题。而公司的住所是确定普通诉讼管辖地的重要标准之一，也是司法文书送达的地址。

（2）确定公司登记、税收和其他管理关系。在市场监督管理、税收征管以及其他管理中，均以公司住所地作为标准确定。

（3）确定履行债务地点。在合同关系中，如果履行地不明确，则应以住所地确定。

（4）确定准据法。在涉外民事关系中，公司住所是确定准据法的重要依据之一。

二、公司住所的确定

对于公司住所的确定,各国的规定有所不同。主要有三种方式:一是以公司登记的管理机关所在地为其住所地;二是营业所在地或者公司总部所在地为公司住所地;三是以公司章程确定的地址为公司住所地。我国《公司法》第 8 条规定,公司以其主要办事机构所在地为住所。据此,我国采取的是营业所在地标准。

从公司法制度变迁来看,我国 2005 年《公司法》将 1993 年《公司法》中公司设立条件从"有固定的生产经营场所和必要的生产经营条件"修改为"有公司住所",将公司住所作为公司设立申请人申报的地址,不再将其物化为经营场所,之后的公司法一直采取这一规则。因此,住所与经营场所可以一致,也可以不一致,公司可以选择在住所地经营,也可以选择在住所地之外经营,跨区跨省甚至跨国经营已经成为众多公司的正常形态。

公司申请住所或者经营场所登记,应当提交住所或者经营场所合法使用证明。公司登记机关简化、免收住所或者经营场所使用证明材料的,应当通过部门间数据共享等方式,验证核实申请人申请登记的住所或者经营场所客观存在,且公司依法拥有所有权或者使用权。

第三编 公司金融

第九章 公司融资

第一节 公司资本结构及融资渠道

资本是任何企业的命脉,推动着企业增长、创新和成功,是市场经济的发动机。公司融资(corporate financing)是指公司资本结构的规划、发展和控制,旨在通过对投资、财务和股息的最佳决策来增加公司利润和价值。它侧重于资本投资,旨在满足公司的资金需求,以获得有利的资本结构。资本结构体现着融资方式或融资渠道。

一、资本结构(capital structure)

公司的资本结构是指公司资金来源中公司负债与所有者权益的比例(见图9-1)。公司资本主要来源于债务(debt)资本和权益资本(equity)。债务资本通常包括长期债务、短期借款和可赎回优先股等,通常出现在资产负债表的负债部分;而权益资本可能以普通股、优先股或留存收益的形式出现,通常出现在资产负债表的所有者权益部分。

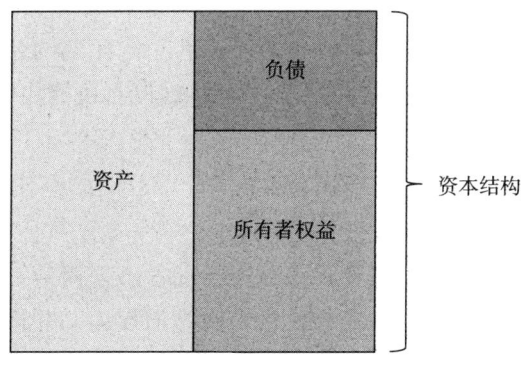

图9-1 资本结构

公司融资工具主要有股权融资(equity financing)和债权融资(debt

financing)。债权融资具有税收优惠，因为借款而支付的利息可以免税，而且允许公司保留既有的股权结构。此外，在低利率时期，债权充裕且容易获得。股权融资允许外部投资者获得公司的部分股权，在利率较低时，对原有股东利益可能产生不利影响；与债权融资不同，股款不需要偿还。在公司收益下降的情况下，对公司有利。

二、融资渠道

融资是公司资金筹集的行为与过程，是公司根据自身情况的需要，从一定的渠道向投资者和债权人筹集资金的过程。

（一）股权融资

1. 股权融资的概念

股权融资是公司通过出售股份来筹集资金的过程。通过出售股票，公司换取现金。股权融资既适用于上市公司，也适用于其他类型的公司。

2. 股权融资的运作

股权融资涉及出售普通股和其他股权或准股权工具，如优先股、可转换优先股以及认股权证在内。公司在发展过程中，通常会多次使用股权融资。公司在其发展的不同阶段通常会吸引不同类型的投资者，因此它可能会使用不同的股权工具来满足其融资需求。

3. 股权融资的利弊

（1）股权融资的好处包括：无偿还投资的义务；公司没有额外的负担；投资者可以提供丰富的专业知识、资源。

（2）股权融资的弊端包括：必须给投资者一定比例的公司股权；必须与投资者分享公司利润；必须部分放弃对公司的控制；可能比借款代价更大。

（二）债权（或债务）融资

1. 债权融资的概念

债权融资是指公司通过向个人或机构投资者出售债务工具来筹集营运资金或资本。作为贷款的回报，个人或机构成为债权人，并得到偿还债务本金和利息的承诺。这种类型的融资通常被称为财务杠杆。

债权融资通过公司出售固定收益产品（如债券）获得资金。与股权融资不同，债权融资必须偿还。对于小公司和新设公司而言，往往需要债权融资来解决发展资金。

2. 债权融资的运作

当一家公司需要资金时,有三种方式可以获得融资:出售股权、举债,或者两者兼而有之。股权不需要偿还,如果公司破产,股东获得清偿的顺位劣后于债权人。公司可以选择债权融资,来获得增长和扩大业务所需的资金。当公司发行债券时,购买债券的投资者是为公司提供债权融资的散户或机构投资者。投资贷款的金额——也称为本金——必须在未来某个约定的日期偿还。如果公司破产,那么贷款人对公司资产的求偿权顺位优先于股东。

3. 债权融资的利弊

(1) 债权融资的好处包括:允许公司利用少量资本来创造增长;债务支付通常是免税的;公司保留既有的股权结构;债权融资通常比股权融资成本低。

(2) 债权融资的弊端包括:必须给贷款人支付利息;无论公司收入如何,都必须支付债务;对于现金流不稳定的企业来说,债权融资可能存在风险。

第二节　公司资本

一、公司资本概述

(一) 公司资本的概念

法律意义上的"公司资本"(corporate capital) 有广义和狭义之分。广义的公司资本包括股权资本(equity capital)、债权资本(debt capital) 及自生资本(retained earnings)。股权资本是公司通过股权融资而形成的资本,债权资本是通过债权融资而形成的资本,自生资本是通过留存收益转增而形成的资本。狭义的公司资本仅指股权资本。股权资本包括初始资本和新增资本。

(二) 与公司资本相关的概念

1. 注册资本

狭义上的公司资本仅指股权资本,因其需要登记注册,又称为注册资本(registered capital)。有限公司的注册资本为在公司登记机关登记的全体股东认缴的出资额,股份公司的注册资本为在公司登记机关登记的已发行股份的股本总额。

2. 授权资本

根据公司资本制度的不同，授权股本有时也被称为授权股票、授权股份。授权资本（authorized capital），又称为资本总额、额定资本，是指公司根据章程或股东会的授权向股东发行的最大股本额。

3. 认缴资本（subscribed capital）

认缴资本是由股东根据协议购买或认购的部分授权资本。它代表了股东认购或购买股份的承诺，公司可从股东处筹集的最大资本额。

4. 实缴资本（paid-up capital）

实缴资本是指认缴资本中公司已收到认缴人缴付的部分。公司通过在一级市场上直接向投资者出售股票来获得实缴资本。这些投资者可以持有股票，也可以在二级市场上将其出售给其他投资者。股东将股份出售给其他投资者不会产生额外的实收资本。

5. 催缴资本（called-up share capital）

催缴资本是指公司股东已认缴但未实际缴纳的那部分出资中，公司已经发出催缴通知的资本。股东接到通知后，有义务缴纳该部分出资，否则公司可以留置股东预期的红利以冲抵未缴纳的出资额或者丧失其未缴纳出资的股权。

6. 发行资本（issued capital）

发行资本是指公司实际向股东发行的股份。这些股东可以包括普通公众、机构投资者和获得股票作为其薪酬方案一部分的内部人士。

二、公司资本制度

公司资本制度与公司法人制度、公司治理制度共同构成公司法的三大支柱，贯穿于整个公司法的始终。

（一）公司资本规制的演进

1. 两大法系的公司资本制度演变

对公司资本规制是一个历史的演进过程，也是一个不断趋于放松的过程。法定资本制度在商事公司发展中存在很长时间，中世纪的高利贷规制导致复合债权的出现，使得股票逐步发展起来。在19世纪破产法律制度改革之前，对债权人保护的理念优于融资的需要。借助于公司资本规制,实现对交易稳定和安全的保护,尤其是对债权人的保护,成为公司法历史发展中的主旋律。

在 19 世纪下半叶,法律体系发展了"法定资本"原则,以确保公司债权人优先获得公司资产,并防止逃避债务和股东之间的财富转移。"法定资本"概念的核心是公司章程中规定的资本数额,严格坚守资本三原则。这个数额只能通过正式的减少或增加资本来改变。大陆法系和英美法系关于法定资本学说发展的基本出发点非常相似。然而,在 20 世纪初,以美国为代表的英美法系和大陆法系在发展上分道扬镳。

从 20 世纪 50 年代的美国标准公司法（Model Business Corporation Act, MBCA）开始,美国公司法逐步废除法定资本制。1975 年加利福尼亚州第一个彻底放弃法定资本制,1979 年版本的 MBCA 彻底废除了关于面值和法定资本的条款。

法定资本制的放松是基于现实的需要：①公司再融资的需要,法定资本制成为公司再融资的障碍；②人力资本的增值,要求放松对出资的限制,如管理股、员工股等；③公司再资本化（资本重组）的需要,包括私有化、回购股票、增减资本等。

从法律视角看,公司法有了更好的事中和事后的法律工具替代事前的资本规制：①诚信义务的出现,使得对公司资本的维持义务配置给董事和高级管理人员；②信息披露制度的不断发展和完善,降低了债权人获得公司信用和信息的成本；③法人格否认制度（或者刺破面纱制度）的出现,无须强行限制股东的出资义务；④会计制度的发展和监管水平的提高,使债权人可以及时了解公司信息,监管机构可以及时获得公司资本结构信息。

资本规制规则的演进遵循了从事前界定产权规则到事后调整责任规则的转化。

2. 我国公司资本制度的历史沿革

（1）早期的严格法定资本制。1993 年,顺应改革开放的要求,全国人大常委会审议通过了我国第一部《公司法》。当时我国正处于计划经济向市场经济过渡的阶段,为了打击皮包公司,1993 年《公司法》采取了较为严格的法定资本制：①公司注册按行业划分实行不同的最低资本额；②注册资本全面实缴,设立公司必须一次性足额缴纳出资；③严格限制股东出资的形式,以无形资产出资的不得超过注册资本的一定比例,并且严格限制公司的增资、减资行为。

(2) 放松的法定资本制。随着我国市场经济的不断发展完善，2005 年《公司法》对资本制度进行了改革：①降低设立公司的资本门槛，有限公司法定最低注册资本额一律降至 3 万元，股份公司则降至 500 万元；②在出资期限上，公司股东首次出资需要按照法定比例实缴，其余注册资本可以分期支付；③放宽了出资的形式，加入"可以用货币估价并可以依法转让"的财产出资的规定。

(3) 完全认缴制。2013 年《公司法》对我国公司资本制度进一步改革，实行完全的认缴资本制度。对出资期限不设限制，取消公司设立的最低注册资本的规定，简化了登记事项，设立普通商事公司不再需要验资报告。2018 年《公司法》修改公司股权回购条款，赋予公司更多的自主权。

(4) 限期认缴制与授权资本制度。2023 年《公司法》对于公司资本制度进行了较大的改革。有限公司实行限期认缴制，股份公司实行实缴制和授权资本制。

(二) 法定资本制

法定资本制是指公司在设立时，必须在章程中对公司的资本总额作出明确规定，并由股东全部认足。法定资本制的目的是防止空壳公司的设立，使公司在成立时就有承担责任的最低财产。大陆法系国家盛行法定资本制，该制度具有以下特征：

(1) 严格的资本确定制度。资本确定是指公司依章程发行全部资本并足额缴纳，其为法定资本制的核心。

(2) 较高的最低注册资本额。法律规定设立公司所必须达到的最低资本额，保障公司设立的目的。

(3) 增资与减资条件苛刻、程序烦琐。公司法不允许授权发行资本，公司增资和减资程序烦琐。

(三) 授权资本制

授权资本制是指公司设立时，在公司章程中确定注册资本总额，但发起人只需认购部分股份，公司即可成立；其余的股份，授权董事会根据公司生产经营情况和证券市场行情随时发行的公司资本制度。据此，授权资本制有两个重要特征：其一，公司设立时公司资本（股份）不需要全部发行；其二，公司股东会可授权董事会，根据商业判断原则，择机发行股份融资。

我国《公司法》第 152 条规定，公司章程或者股东会可以授权董事会在 3 年内决定发行不超过已发行股份 50% 的股份。但以非货币财产作价出资的应当经股东会决议。董事会依照前款规定决定发行股份导致公司注册资本、已发行股份数发生变化的，对公司章程该项记载事项的修改不需再由股东会表决。该条款确立了我国股份公司实施有限度的授权资本制。

（1）授权资本制的适用范围。2023 年《公司法》采用的授权资本制仅适用于股份公司，不适用于有限公司。根据授权资本制，股份公司的股东只认缴部分而非全部股份。相应地，股份公司章程需要明确公司注册资本、已发行的股份数和设立时发行的股份数，股份公司的注册资本是指在公司登记机关登记的已发行股份的股本总额，股份公司的发起人只需认足公司章程规定的公司设立时应发行的股份。股份公司所适用的授权资本制受限于出资形式，仅有货币出资才可以采用授权资本制，非货币财产作价出资的应当经股东会决议，即对于股权、债权、知识产权、土地使用权、房屋、机器设备等非货币出资，仍需要提交股东会表决，而不可以授权董事会全权决定。

因此，上市公司发行股份购买资产交易仍须提交股东会表决，而上市公司现金定增则可以由章程直接授权董事会决定。

（2）授权资本制的具体要求。

1）需要有明确的授权。董事会的授权必须来自公司章程或者股东会，若尚无明确授权，则可以通过修订公司章程增加授权条款，或以股东会决议的形式通过有关授权事项。

2）授权资本制有期限要求。董事会的发行决策需要在 3 年内作出，该规定要求每次授权的期限不能超过 3 年，3 年期满后公司股东会可以再次作出新的授权。当然，公司章程或股东会决议也可以作出更短期限的授权，比如 2 年或 1 年授权有效期。

3）授权资本有规模限制。公司董事会所能决定的发行规模不超过已发行股份的 50%。

4）授权资本制有程序规则。公司章程或者股东会授权董事会决定发行新股的，董事会决议应当经全体董事 2/3 以上通过。

总之，2023 年《公司法》明确实施了授权资本制，但受限于相应的规模、期限、程序等规则，股份公司的董事会可以根据公司章程或股东会的授权，直接决定公司发行新股。相应地，对于公司董事会在授权范围内的股份发行，导致公司注册资本、已发行股份数发生变化的，公司章程对该项记载事项的修改不需再由股东会表决。

2023年《公司法》资本制度修改小结见表9-1。

表9-1　2023年《公司法》资本制度修改小结

阶段	相关制度	变化
资本形成	出资加速到期	全面加速到期
	股权转让后的出资责任	新增出资责任未届满的情形 变更为出让人的补充责任
	瑕疵出资	从违约责任改为赔偿公司损失
资本维持	违法减资	明确法律后果为无效，返还出资或分红并赔偿损失
	违法分红	
	抽逃出资	

三、增加资本与减少资本

（一）增加资本

增加资本，简称增资，是指在公司成立后依照法定条件和程序增加公司注册资本总额的行为。为了筹集经营资金、扩大公司经营规模、增强公司实力或者保持现有运营资金、调整股东结构等，公司采取增资方式。

有限公司增资时，股东在同等条件下有权优先按照实缴的出资比例认缴出资，但是全体股东约定不按照出资比例优先认缴出资的除外。股份公司为增资发行新股时，股东不享有优先认购权，公司章程另有规定或者股东会决议决定股东享有优先认购权的除外。在公司增资时，股东认缴新增资本的出资，应当按照公司法设立公司缴纳出资的有关规定执行。

（二）减少资本

减少资本，简称减资，是指公司在存续过程中依照法定条件、程序减少注册资本的行为。公司减资，根据原因与目的的不同，可以分为两种情形：实质减资和形式减资。实质减资是指公司资本过剩时，减少过剩资本，提高资本效用。形式减资是指公司经营严重亏损时，公司资本额与实有资产严重不符，为保持公司资本与资产相当，可以减资。根据我国《公司法》第225条规定，公司依法弥补亏损后，仍有亏损的，可以减少注册资本弥补亏损。公司形式减资后，在法定公积金和任意公积金累计额达到公司注册资本50%

前，不得分配利润，也不得免除股东缴纳出资或者股款的义务。

公司减少注册资本的条件和程序：①编制资产负债表和财产清单。②公司决议。减资方案由公司董事会制订，股东会特别决议通过。③发布公告并通知债权人。公司应当自股东会作出减少注册资本决议之日起 10 日内通知债权人，并于 30 日内在报纸上或者国家企业信用信息公示系统公告。④债权人异议。债权人自接到通知书之日起 30 日内，未接到通知的自公告之日起 45 日内，有权要求公司清偿债务或者提供相应的担保。但是公司形式减资的，只应当自股东会作出减少注册资本决议之日起 30 日内在报纸上或者国家企业信用信息公示系统公告，而不需要通知债权人，债权人也无异议权。⑤公司实施减资。公司严格依照股东会的决议办理减资事宜。⑥变更登记。公司须变更公司章程，并办理减资登记手续。

除法律另有规定、有限公司全体股东另有约定或者股份公司章程另有规定外，公司减少注册资本应当按照股东出资或者持有股份的比例相应减少出资额或者股份。

公司违法减资的，股东应当退还其收到的资金，减免股东出资的应当恢复原状；给公司造成损失的，股东及负有责任的董事、监事、高级管理人员应当承担赔偿责任。如果公司违法减资造成债权人损害的，如负有注意义务的股东在减资过程中对未能通知债权人存在过错，该股东应就公司减资后不能偿付的债务对债权人承担补充赔偿责任。[1]

---

[1] 上海某建筑装潢材料有限公司诉陆某、汤某损害公司债权人利益责任纠纷案，上海市高级人民法院（2021）沪民申 3189 号。

第十章

出资制度

第一节 股东出资的法律规制

一、注册资本

公司注册资本是指公司在登记机关登记注册的资本额，也称为法定资本。注册资本有两种含义：一是英美法系的注册资本（registered capital），即授权资本或核准资本，它是在章程中载明、公司有权发行的资本额。确定授权资本或注册资本的目的之一是公司注册，一般而言，注册资本数额少于发行资本，更少于实收资本；二是实行法定资本制国家的注册资本，其含义与英美法系的注册资本截然不同，是指在章程中载明、公司有权发行且公司必须全部、实际发行（或认缴）的资本。公司只有在全部缴清（或认缴）出资额并经过法定验资机构验资后，才可登记注册，注册资本与发行资本一致。

2013年《公司法》取消了普通公司注册资本最低限额的规定，法律、行政法规和国务院对特殊公司的注册资本实缴、注册资本最低限额另有规定的，从其规定。2023年《公司法》沿袭了这一规则。普通商事公司的注册资本数额由股东确定。但是法律、行政法规以及国务院决定对公司注册资本最低限额另有规定的，从其规定。例如，《证券法》第121条规定综合类证券公司最低注册资本为5亿元人民币，《商业银行法》第13条规定设立商业银行的最低注册资本为10亿元人民币，《保险法》第73条规定设立保险公司的注册资本的最低限额为2亿元人民币。

二、出资缴纳——从认缴制到期限实缴制

（一）普通有限公司股东出资缴纳的历史沿革（见表 10-1）

表 10-1　普通有限公司股东出资缴纳的历史沿革

	1993 年《公司法》	2005 年《公司法》	2013 年《公司法》	2023 年《公司法》
出资期限	一次性实缴	普通股东认缴期限为 2 年；投资公司作为股东期限为 5 年	无	股东认缴期限为 5 年
注册资本制度	实缴资本制	缓和的实缴资本制	完全认缴制	缓和的实缴资本制

（二）有限公司注册资本限期认缴制

1. 出资限期认缴制

出资认缴制是指公司登记时仅登记认缴的注册资本，不再登记实收资本。根据我国《公司法》第 47 条规定，有限公司全体股东认缴的出资额由股东按照公司章程的规定自公司成立之日起 5 年内缴足。

2. 增资限期认缴制

公司增加注册资本也同样适用期限认缴制。《公司法》第 228 条规定："有限责任公司增加注册资本时，股东认缴新增资本的出资，依照本法设立有限责任公司缴纳出资的有关规定执行。"据此，5 年的实缴期限同样适用于增资的场合。[1]

3. 过渡期安排

2024 年 6 月 30 日前登记设立的，有限责任公司，剩余认缴出资期限自 2027 年 7 月 1 日起超过 5 年的，应当在 2027 年 6 月 30 日前将其剩余认缴出资期限调整至 5 年内，并记载于公司章程，股东应当在调整后的认缴出资期限内足额缴纳认缴的出资额；剩余认缴出资期限自 2027 年 7 月 1 日起不足 5 年或者已缴足注册资本的，无需调整认缴出资期限。[2]

---

[1] 《公司登记管理实施办法》第 7 条第 1 款规定："有限责任公司增加注册资本的，股东认缴新增资本的出资按照公司章程的规定自注册资本变更登记之日起五年内缴足。"

[2] 《公司登记管理实施办法》第 8 条。

（三）股份公司注册资本为实缴制与授权资本制

1. 股份公司实行注册资本实缴制

股份公司发起设立的，发起人应当在公司成立前全额缴纳股款；募集设立的，发起人在认购的股份缴足前，不得向他人募集股份。发起人向社会公开募集股份的，认股人应当按照所认购的股份足额缴纳股款。股份公司为增加注册资本发行新股的，应当在公司股东全额缴纳新增股款后，办理注册资本变更登记。2024年6月30日前登记设立的股份有限公司发起人或者股东应当在2027年6月30日前按照其认购的股份全额缴纳股款。

2. 股份公司可以实行授权资本制

为了方便公司设立，提高筹资灵活性，减少注册资本虚化等，《公司法》允许股份公司在一定限度内实施授权资本制。

（四）特殊公司的规定

2024年6月30日前登记设立的公司生产经营涉及国家利益或者重大公共利益，国务院有关主管部门或者省级人民政府提出意见的，国务院市场监督管理部门可以同意其按原出资期限出资。[①]

第二节 股东出资形式

一、出资方式及类型

（一）出资方式

出资方式是指股东向公司履行出资义务所采取的方式，即股东以何种财产向公司出资。《公司法》第48条规定，股东可以用货币出资，也可以用实物、知识产权、土地使用权、股权、债权等可以用货币估价并可以依法转让的非货币财产作价出资；法律对数据、网络虚拟财产的权属等有规定的，股东可以按照规定用数据、网络虚拟财产作价出资。但是，法律、行政法规规定不得作为出资的财产除外。

[①] 《公司登记管理实施办法》第9条。

（二）具体的出资类型

出资类型包括货币出资和非货币出资。

（1）货币出资。设立公司需要一定数量的流动资金，以支付创建公司时的开支和启动公司运营。因此，股东可以用货币出资。

（2）非货币出资。非货币出资包括实物、知识产权、土地使用权、股权、债权、数据、网络虚拟财产等。其中实物一般包括机器设备、原料、零部件、货物、建筑物和厂房等动产或不动产。知识产权包括商标权、专利权、著作权和商业秘密等。出资人以其他公司的股权、其他主体的债权出资，应当符合下列条件：①出资的股权、债权由出资人合法持有并依法可以转让；②出资的股权、债权无权利瑕疵或者权利负担；③出资人已履行股权转让、债权转让的法定手续；④出资的股权、债权已依法进行了价值评估。股权、债权出资不符合前三项的规定，公司、其他股东或者公司债权人请求认定出资人未履行出资义务的，人民法院应当责令该出资人在指定的合理期间内采取补正措施，以符合上述条件；逾期未补正的，属于未依法全面履行出资义务。

二、非货币财产出资的评估

非货币出资的标准是"可以用货币估价并可以依法转让"。对作为出资的非货币财产应当评估作价，核实财产，不得高估或者低估作价。法律、行政法规对评估作价有规定的，从其规定。

非货币财产出资评估的权力主体，《公司法》第104条规定了募集设立的股份公司的公司成立大会对发起人非货币财产出资的作价进行审核，确立了募集设立股份公司的评估权力机构为公司成立大会。但对于有限公司和发起设立的股份公司，公司法没有明文规定评估机构。参照募集设立股份公司的规定，有限公司评估作价的权力应该属于全体股东，发起设立的股份公司的评估作价的权力应该属于全体发起人。

出资人以非货币财产出资，未依法评估作价，公司、其他股东或者公司债权人请求认定出资人未履行出资义务的，人民法院应当委托具有合法资格的评估机构对该财产评估作价。评估确定的价额显著低于公司章程所定价额的，人民法院应当认定出资人未依法全面履行出资义务。

三、法律对出资方式的限制

虽然公司法规定一切财产均可用于出资，但是也规定法律、行政法规规定不得作为出资财产的除外。在我国公司立法的修订过程中,有学者主张劳务等人力资本出资的问题。[①]在这一问题上,大陆法系与英美法系规范存在差异。在大陆法系国家,无限公司、两合公司和股份两合公司的股东可以劳务和信用出资,但有限公司和股份公司则不允许,如《德国股份法》第 27 条第 3 款规定:"只能以其经济价值可确定的财产进行实物出资或实物接收;不得以劳务进行实物出资或实物接收。"与大陆法系国家相比,某些英美法系国家对于股东的出资方式限制较少。如《美国示范公司法》第 6.21 节(b)规定:"董事会可以认可发行股票,为此而收受价金,该价金包括一切有形或无形财产,或是能使公司享有利益,这包含现金、付款证书、已提供的劳务、待履行劳务的合同或公司的其他证券。"我国《公司法》虽未明确禁止股东以劳务和信用出资,但《市场主体登记管理条例》第 13 条第 2 款规定,公司股东不得以劳务、信用、自然人姓名、商誉、特许经营权或者设定担保的财产等作价出资,对这一问题予以了明确。

第三节 股东出资义务与瑕疵出资责任

一、股东按期足额缴纳出资义务的责任

股东应当按期足额缴纳公司章程规定的各自所认缴的出资额。股东以货币出资的,应当将货币足额存入公司在银行开设的账户;以非货币财产出资的,应当依法办理其财产权的转移手续。具体根据财产类型的不同而不同。普通动产交付给公司即可,如果是船舶、航空器和机动车等动产,虽然交付给公司即发生所有权转移的效力,但是还需要办理相应的变更登记手续,否则公司取得此类动产的所有权不具备对抗效力。如果出资的财产为不动产,需要办理不动产转移登记手续。如果不动产为划拨的土地使用权或者设定权利负担的土地使用权,当事人应当在合理期间内办理土地变更手续或者解除权利负担,否则可能被认定为出资瑕疵。

出资人以房屋、土地使用权或者需要办理权属登记的知识产权等财产出资,虽然已经办理了权属变更手续,但是未交付给公司使用,公司或者其他股东可以主张该出资人向公司交付,在该出资人实际交付之前不享有相应的

[①] 黄勇:《"人力资本产权化"的社会期待与法理分析》,《法学评论》,2016(6):61-67。

股东权利。当然，公司债权人主张公司承担民事责任，并要求公司股东在未出资本息范围内承担补充赔偿责任的，公司股东享有公司对债权人的诉讼时效抗辩权。[1]

二、股东瑕疵出资责任

股东应当按照公司章程的规定履行出资义务，若股东未履行或者未全面履行出资义务，其出资为瑕疵出资。股东未按照章程的规定出资，需要承担下列责任。

（1）货币出资的股东应当承担足额缴纳责任。

（2）非货币出资的股东承担差额补足责任。非货币出资的股东，如果出资的非货币财产的实际价额显著低于公司章程所定价额的，应当由交付该出资的股东或发起人向公司补足其差额。

（3）违约赔偿责任。有限公司未缴纳出资的股东应当向已按期足额缴纳出资的股东承担违约责任，股份公司未缴纳出资的发起人应当按照发起人协议承担违约责任。

（4）公司限制其权利并对公司承担损害赔偿责任。股东未按期足额缴纳出资的，除应当向公司足额缴纳外，公司可以根据公司章程或者股东会决议对该股东的利润分配请求权、新股认购优先权、剩余财产分配请求权等股东权利作出合理的限制；一旦其行为对公司造成损失，还应当对公司承担赔偿责任。

三、股东未实际缴纳出资时，其他股东承担连带责任

股东未按期缴纳出资或者出资的财产显著低于认缴出资额的，设立时的其他股东需要在出资不足的范围内承担连带责任。

四、股东催缴失权制度

股东未按期实缴出资的，公司可以向股东催缴，并给予其宽限期。宽限期届满，股东仍未履行出资义务的，公司经董事会决议可以向该股东发出书面失权通知，自通知发出之日，该股东丧失其未缴纳出资的股权。该制度的具体规则是：

（1）催缴主体与董事赔偿责任。有限公司成立后，董事会应当对股东的

---

[1] 文某诉四川某投资顾问股份有限公司、黄某国等新增资本认购纠纷案，四川省成都市中级人民法院（2020）川01民终12126号。

出资情况进行核查，发现股东未按期足额缴纳公司章程规定的出资的，应当由公司向该股东发出书面催缴书，催缴出资。未及时履行前款规定的义务，给公司造成损失的，负有责任的董事应当承担赔偿责任。

（2）催缴程序与失权。股东未按照公司章程规定的出资日期缴纳出资，公司依法发出书面催缴书催缴出资的，可以载明缴纳出资的宽限期；宽限期自公司发出催缴书之日起，不得少于60日。宽限期届满，股东仍未履行出资义务的，公司经董事会决议可以向该股东发出失权通知，通知应当以书面形式发出。自通知发出之日起，该股东丧失其未缴纳出资的股权。

（3）失权股权的处置与救济。丧失的股权应当依法转让，或者相应地减少注册资本并注销该股权；6个月内未转让或者注销的，由公司其他股东按照其出资比例足额缴纳相应的出资。股东对失权有异议的，应当自接到失权通知之日起30日内，向人民法院提起诉讼。

（4）股东失权制度同样适用于股份公司。

（5）抽逃全部出资与失权。有限公司的股东抽逃全部出资，经公司催告返还，在合理期间内仍未返还出资，公司可以通过股东会决议解除该股东的股东资格。如果公司股东均为虚假出资或抽逃全部出资，部分股东通过股东会决议解除特定股东的股东资格，由于该部分股东本身也非诚信守约股东，其行使除名表决权丧失合法性基础，背离股东除名制度的立法目的，该除名决议应认定为无效。[①] 股东除名是强行剥夺公司成员股东身份的行为，我国公司法目前将股东除名的条件严格限定在"未出资"和"抽逃全部出资"这两种事由中，公司与股东不得自行约定其他的除名条件。[②]

五、股东抽逃出资与董监高的责任

公司成立后，股东在没有基础法律关系的情况下转出资金，构成抽逃出资。股东抽逃出资的，应承担返还相应出资的责任，负有责任的董监高就公司遭受损失部分承担连带赔偿责任。根据我国公司法司法解释，抽逃出资的情形有：①通过虚构债权债务关系将其出资转出；②制作虚假财务会计报表虚增利润进行分配；③利用关联交易将出资转出；④其他未经法定程序将出

[①] 刘某某诉常州某某化学科技有限公司等公司决议效力确认纠纷案，江苏省常州市中级人民法院（2018）苏04民终1874号，《中华人民共和国最高人民法院公报·案例》2023年第2期。

[②] 某智慧水务（深圳）有限公司诉上海某泵业制造有限公司决议效力确认纠纷案，上海市金山区人民法院（2021）沪0116民初14414号。

资抽回的行为。如果公司采取的形式符合规定，但是实质上属于未经法定程序将出资收回的行为，比如公司股东会作出"对投资款按月支付利息"决议等，这一行为不仅损害公司财产利益，也可能降低公司的对外偿债能力，因此，股东收到的利息应依法返还给公司。[①] 抽逃出资侵害的是目标公司财产权益，如果未能满足这一条件则不构成抽逃出资，比如若新股东知悉原始股东抽逃出资情况，加入公司并进行股权重置，重新约定各方股东的出资额，并变更了工商登记。公司的出资数额满足变更后登记数额的，原始股东就不承担补足抽逃出资的责任。[②]

公司多名股东抽逃出资时，相互之间是否存在协助抽逃出资，是要求各股东对抽逃出资互负连带责任的基础，不能仅以款项系一次性全部转移或者股东之间存在亲属关系及商业合作即认定各方存在协助抽逃。[③] 协助该股东抽逃出资的董事、监事和高级管理人就公司因抽逃出资而受有损失的部分承担连带赔偿责任，实践中，这部分损失一般是抽逃出资产生的资金占用利息。

就请求权的行使而言，公司其他股东依法请求抽逃股东返还出资的请求权属于共益权范畴，因此可主张返还出资的主体应包括所有股东。即便该行权股东自身出资存在瑕疵，或公司明确表示无须返还，抽逃出资的股东也不能以此主张免除自己的返还义务。在公司尚未经法定清算、清偿债权债务的情况下，为保障公司债权人的合法权益，股东仍需补足抽逃的公司资本。[④]

六、股东出资加速到期制度

2023年之前，在法律层面，仅有公司在进入破产程序后的出资期限加速到期的规定，但该规定并不能适用于非破产公司。此外，《最高人民法院关于适用〈中华人民共和国公司法〉若干问题的规定（二）》第22条规定，在公司清算的过程中，适用股东出资加速到期的规则，但是这一规则并不适用于正常经营的公司。

---

① 仪陇县某商贸有限公司诉刘某某、仪陇县供销合作社联合社等损害公司利益责任纠纷案，仪陇县人民法院（2021）川1324民初1272号。
② 某房地产公司诉厉某某、卢某某股东出资纠纷案，山东省高级人民法院（2021）鲁民终2360号。
③ 上海某针织制衣有限公司诉詹某、周某、詹某甲股东损害公司债权人利益责任纠纷案，上海市第二中级人民法院（2021）沪02民终7070号。
④ 天津某教育公司诉上海某泵业公司等股东出资纠纷案，上海市第一中级人民法院（2021）沪01民终14513号。

2019 年最高人民法院出台的《九民纪要》中，对股东出资加速到期制度进行了明确规定，首先承认在资本认缴制下，股东对出资享有期限利益；但在特殊情况下，债权人可以公司不能清偿到期债务，请求未届出资期限的股东在未出资范围内对公司不能清偿的债务承担补充赔偿责任。《九民纪要》规定的特殊情况限定在以下两种情形：①公司作为被执行人的案件，人民法院穷尽执行措施无财产可供执行，已具备破产原因，但不申请破产；②在公司债务产生后，公司股东会决议或以其他方式延长股东出资期限。

2023 年《公司法》第 54 条规定了股东出资加速到期制度，公司不能清偿到期债务的，公司或者已到期债权的债权人有权要求已认缴出资但未届出资期限的股东提前缴纳出资。这标志着股东出资加速到期制度的正式确立。

七、股权转让人的补充出资责任及连带责任

（一）出资期限届满前——股权转让人（前股东）的补充出资责任

股东转让已认缴出资但未届出资期限的股权的，由受让人承担缴纳该出资的义务；受让人未按期足额缴纳出资的，转让人对受让人未按期缴纳的出资承担补充责任。法律做此规定，是为了防止和杜绝出资人规避公司设立时的道德风险，督促转让人在出让股权前及时完成出资缴纳。

（二）出资期限届满后——未出资或者瑕疵出资股权转让后的出资责任

股东未按照公司章程规定的出资日期缴纳出资或者作为出资的非货币财产的实际价额显著低于所认缴的出资额的股东转让股权的，转让人与受让人在出资不足的范围内承担连带责任；受让人不知道且不应当知道存在上述情形的，由转让人承担责任。但为保护债权人的利益，受让人需证明其不知道且不应当知道转让人未履行出资，方可免除其连带责任。公司法将受让人是否知道或应当知道转让人未缴纳出资这一事实的举证责任从公司或债权人一方转到了股权受让人一方，因此股权受让人在受让股权前应做好尽职调查，并要求出让人出具承诺保证函确保其出资无瑕疵，否则可能会承担连带责任。

股东（一般股东、发起人股东与控股股东）责任小结见表 10-2。

表 10-2　股东（一般股东、发起人股东与控股股东）责任小结

四大责任类型	2023 年《公司法》	权利主体
所有股东的出资责任	加速到期【第 54 条】 瑕疵出资【第 49 条】 股权转让后的出资责任【第 88 条】 抽逃出资【第 53 条】 违法减资【第 226 条】 违法分红【第 211 条】	公司 债权人
发起人对其他发起人出资义务的连带责任	有限公司设立时的股东【第 50 条】 股份公司发起人【第 99 条】	
法人人格否认下股东、兄弟公司或子公司的连带责任	法人人格否认【第 23 条】	债权人
控股股东、实控人的连带赔偿责任	事实董事，负有忠实勤勉义务【第 180 条】 影子董事，指示董事、高级管理人员损害公司股东利益，连带责任【第 192 条】	公司 股东 债权人 第三人

第十一章

公司股份与公司债券

第一节 公司股份

一、股份概述

股份（share）是构成公司资本的最小的均等的基本计量单位，一般以股票的形式存在。对股东而言，股份表示其在公司资本中所占的投资份额，是股东的出资额及其股权的体现，也是计算股份公司资本的最小单位；股份不能再继续分割。

股票（stock）是股份的外在形式。股票是一种有价证券，是由公司发行的，表示股东按其持有的股份享有权益和承担义务的可转让的书面凭证。

世界第一张股票在17世纪由荷兰东印度公司发行。1606年，专事荷兰与亚洲贸易的"东印度公司"，以阿姆斯特丹为中心，发行650万荷兰盾股票，已具备现代股份公司的主要特征，其运作方式对后世产生了重大深远的影响。当时该公司经营航海事业。它在每次出海前向人集资，航程完成后即将各人的出资以及该航次的利润交还给出资者。1613年起，该公司改为四航次派一次利润。这就是"股东"和"配息"的前身。

二、股份的分类

（一）面额股与无面额股

根据股票是否记载面值，可将股份分为面额股和无面额股。

面额股是指按公司章程的规定在票面上注明金额的股票。记载在票面上的金额称为票面值或股票面值。票面上载明的每股金额（如10元、100元等）由股票的发行公司决定，并载入公司章程之中。若需变更面值，则须经股东会决定，并载入公司章程之中。相应的公司章程必须修改。同次发行的面额股票每股的票面价值必须相同。

无面额股也称为无面值股、比例股或份额股，此类股票在票面上不记载金额，只注明股份数量或占总股本比例的股票。票面上标明的是"1股"、"10股"或"万分之一股"等。其价值随发行公司的净资产增减而变化，当发行公司的净资产增加时，股价上升；反之，则降低。每股发行价格乘以发行股数，即发行总额。与发行总额对应的资金，原则上应完全纳入发行公司的资本金，只有在特殊情况下，才能把其中的一小部分作为资本公积金。

我国公司法规定可以发行无面额股或面额股，具体由公司章程规定，而且公司可根据章程的规定对面额股和无面额股进行转换。采用面额股的，每一股金额相等，面额股的发行价格不得低于票面金额，发行面额股的每股金额应在公司章程中载明；采用无面额股的，应将发行股份所得股款的1/2以上计入注册资本。

（二）普通股与特别股

依照股份所代表权利的不同，可将股份分为普通股与特别股。

普通股的股东在公司的经营管理、盈余及财产的分配上享有普通权利，满足所有债权偿付要求及优先股东的收益权与求偿权要求后，对公司盈利和剩余财产享有索取权。它构成公司资本的基础，是股票的一种基本形式，也是发行量最大、最为重要的股票。

特别股又分为优先股和劣后股（或后配股）。

优先股是比普通股具有优先内容或者优先权的股份。优先股的股东在公司资产、利润分配等方面享有优先权，但是其对公司事务无表决权。优先股股东没有选举权及被选举权，不能退股，只能通过优先股的赎回条款被公司赎回。

劣后股是指后于普通股进行分配或受偿的股份。

我国公司法允许公司按照章程的规定发行优先或者劣后分配利润或者剩余财产的股份。

（三）表决权股与无表决权股

根据股东有无表决权，可将股份分为表决权股和无表决权股。

表决权股是指享有表决权的股份，无表决权股是指不享有表决权的股份。

（四）种类股与系列股

普通股可以设计为不同的种类或系列，因此可以称为种类股或系列股。

种类普通股主要有以下三种形式：

（1）非表决权普通股，是指不能享有表决权的普通股。

（2）复数表决权股与部分表决权股，是指在普通股上设置不同种类表决权的股份。不同种类普通股的经济权利相同，但每股所享有的表决权不同，或者是部分表决权，或者是复数表决权。同股不同权模式又称为 AB 股模式，即将股票分为 A、B 两个系列，其中对外部投资者发行的 A 系列普通股每股有 1 票投票权，而管理层持有的 B 系列普通股每股则有 N 票投票权。

（3）不同或无经济利益普通股，是指不同种类的普通股享有不同的经济权利或根本不享有经济权利的股份。

三、股份的发行

1. 同股同权

股份的发行实行公开、公平、公正的原则，同股同权。同次发行的同类别股票，每股的发行条件和价格应当相同；任何单位或者个人认购的股份，每股应当支付相同价额。

（1）公开是指对投资者充分披露募集股份的信息，使投资者了解发行人真实、全面的情况，支持投资者在掌握投资信息的基础上选择投资机会和估量投资风险，作出投资决策。股份发行活动应当规范、透明，禁止发布虚假信息和欺诈蒙骗投资者。

（2）公平是股份发行的基本原则，要求参与股份发行的当事人在相同的条件下地位平等；相同的投资者权利相同，相同的发行人在法律上负有相同的责任，不应当在相同的投资者之间有不公平的待遇，或者某一发行人享有法律不允许的特殊权利。

（3）公正是指在股份发行中必须遵守统一制定的规则，当事人受到的法律保护相同，股份发行活动应当做到客观公正，依法办事，维护社会正义，保证有关公正原则的各项规范得以实施。

2. 公开发行股份的公司不能发行特别表决权股和转让受限股

我国《公司法》规定，公开发行股份的公司不能发行特别表决权股和转让受限股。股份公司在设立公司或者向特定投资者发行新股时，可以发行优先股、劣后股、特别表决权股和转让受限股；而通过公开方式向社会发行股票时，则只能发行优先股、劣后股。但公司公开发行前已经发行的特别表决权股和转让受限股可以继续保留，无须转成优先股、劣后股或普通股。

四、股票形式

股票作为有价证券的一种主要形式,是指股份公司签发的证明股东所持股份的凭证。股票作为一种所有权凭证,具有一定的格式。我国《公司法》规定,股票采用纸面形式或国务院证券监督管理部门规定的其他形式。我国公司发行的股票应为记名股票,不允许发行不记名股票。

在 IT 迅速发展的今天,股票的无纸化、电子化成为趋势。目前我国股票的发行已经用证券登记结算机构的电子记录替代了纸质凭证,通过证券账户记载并保存证券权利及其变动的电子信息记录,这已经成为当今各国证券的重要表现形式。

五、股票发行与交付

(一) 股票发行

1. 面额股的发行

股票有许多不同的价值表现形式,票面面额和发行价格是其中最主要的两种。票面面额是印刷在股票票面上的金额,表示每一单位股份所代表的资本额;发行价格则是公司发行股票时向投资者收取的价格。股票的发行价格与票面面额通常是不相等的。发行价格的确定需考虑多种因素,如公司业绩增长性、股票的股利分配、市场利率以及证券市场的供求关系等。根据发行价格和票面面额的关系,可以将证券发行分为平价发行、溢价发行和折价发行三种形式。

(1) 平价发行,也称为等额发行或面额发行,是指发行人以票面面额作为发行价格。如某公司票面面额为 1 元,若采用平价发行方式,那么该公司发行股票时的售价也是 1 元。

(2) 溢价发行是指发行人以高于面额的价格发行股票,因此可使公司用较少的股份筹集到较多的资金,同时还可降低筹资成本。超过股票票面面额发行股份所得的溢价款列为公司资本公积金。

(3) 折价发行是指以低于面额的价格出售新股,即按面额打一定折扣后发行股票,折扣的大小主要取决于发行公司的业绩和承销商的能力。如某股票的面额为 1 元,如果发行公司与承销商之间达成协议的折扣率为 5%,那么该股票的发行价格为每股 0.95 元。

我国公司法规定,面额股股票的发行价格可以按票面面额,也可以超过票面面额，但不得低于票面面额。

2. 无面额股的发行

我国公司法允许公司选择采用"无面额股"。公司发行无面额股的，有权决定无面额股发行价格，并免受禁止折扣发行规则的限制；公司所收股款中，1/2以上的部分计入公司注册资本并应办理注册资本登记，其余收入计入资本公积金并遵守与发行面额股公司相同的公积金规则。

股份公司发行无面额股的，股份发行价格应当记入招股说明书。如果无面额股发行由董事会决定，其发行价格应由董事会决议确定；若无面额股发行由股东会决议，其发行价格则由董事会提出议案并经股东会决议决定。公司以不合理价格向第三人发行无面额股，有可能减损公司现有股东利益，为此需要同时考虑董事义务和股东会的决议程序的合法性。

（二）股票交付

股份公司成立后，即向股东正式交付股票。公司成立前不得向股东交付股票。

六、社会公开募集资金

（一）股票发行注册制

股票发行注册制是指发行人申请发行股票时，必须依法将公开的各种资料完整准确地向证券监管机构申报。证券监管机构的职责是对申报文件的全面性、准确性、真实性和及时性作形式审查，不对发行人的资质进行实质性审核和价值判断，将发行公司股票的良莠留给市场来决定。注册制的核心是证券发行人提供的材料不存在虚假、误导或者遗漏。

公司公开发行股票需要公告招股说明书。招股说明书是指公司在申请首次公开发行股票并上市时，就募股融资事项进行信息披露的重要书面文件。其内容涵盖公司的历史沿革、股权结构、经营计划、业务和行业信息、财务信息、本次募投项目、本次发行的相关信息等，是公开发行股票时最为全面地反映发行人信息的文件。

发行人首次发行上市申请时，其刊登的招股说明书具有法律约束力，发行人和投资者认购股份的行为，除应遵守国家有关规定外，还应遵守招股说明书。披露招股说明书既明确了发行人的权责，也保护了投资者的知情权。

（二）承销协议

股票发行的最终目的是将股票推销给投资者。发行人推销股票的方法有两种：一是自行销售，被称为"自销"；二是委托他人代为销售，被称为"承销"。一般情况下，公开发行必须承销。承销是将股票销售业务委托给专门的证券经营机构销售。按照发行风险的承担、所筹资金的划拨以及手续费的高低等因素划分，承销方式分为包销和代销两种：包销是指证券承销商将发行人的证券按照协议全部购入，或者在承销期结束时将售后剩余证券全部自行购入的承销方式；代销是指承销商代发行人发售证券，在承销期结束时，将未售出的证券全部退还给发行人的承销方式。

（三）代收股款协议

公司向社会公开募集股份，应当同银行签订代收股款协议。代收股款的银行应当按照协议代收和保存股款，向缴纳股款的认股人出具收款单据，并负有向有关部门出具收款证明的义务。公司发行股份募足股款后，应予公告。

第二节　公司债券

一、公司债券概述

（一）公司债券的概念与特征

1. 公司债券的概念

公司债券是指公司依照法定程序发行的，约定在一定期限还本付息的有价证券。公司债券是公司债的表现形式，基于公司债券的发行，在债券的持有人和发行人之间形成了以还本付息为内容的债权债务法律关系。因此，公司债券是公司向债券持有人出具的债务凭证。

2. 公司债券的特征

公司债券作为一种重要的融资手段和金融工具具有如下特征：①偿还性。债券一般均规定偿还期限，发行人必须按约定条件偿还本金并支付利息。②流通性。债券可以在流通市场上自由转让。③安全性。与股票相比，债券通常规定了固定的利率。利率与公司绩效没有直接联系，收益比较稳定，风险较小。④收益性。债券的收益性主要表现在两个方面：第一是投资债券可以给投资者定期或不定期地带来利息收入；第二是投资者可以利用债券价格的变动，赚取买卖债券的差额。

(二) 公司债券的类型

1. 担保公司债券与非担保公司债券

担保公司债券是以公司全部或部分资产作为偿还本息的担保而发行的债券。

非担保公司债券，又称为信用公司债券，是指仅以公司的信用而无其他担保所发行的债券。

2. 可转换公司债券与非转换公司债券

可转换公司债券是指公司债权人可以将公司债券转换成公司股票的债券，反之，就是非转换公司债券。可转换债券附有一般债券所没有的选择权，因此，可转换债券利率一般低于普通公司债券利率，公司发行可转换债券有助于降低其筹资成本。但可转换债券在一定条件下可转换成公司股票，因而会影响到公司的股权结构。

3. 公募公司债券与私募公司债券

公募公司债券是指上市公开发售，并允许在二级市场流通转让的公司债券。私募公司债券是指不公开上市交易，不能流通转让的债券。

二、公司债券的发行和转让

(一) 公司债券的发行

1. 公开发行与非公开发行

公司债券可以公开发行，也可以非公开发行。公司债券的发行和交易应当符合我国《证券法》等法律、行政法规的规定。公开发行公司债券，由证券交易所负责受理、审核，并报中国证监会注册。

非公开发行的公司债券应当向专业投资者发行，不得采用广告、公开劝诱和变相公开方式，每次发行对象不得超过200人。

2. 公司债券募集办法

公开发行公司债券，应当经国务院证券监督管理机构注册，公告公司债券募集办法。公开发行公司债券筹集的资金，必须按照公司债券募集办法所列的资金用途使用；改变资金用途，必须经债券持有人会议作出决议。公开发行公司债券筹集的资金，不得用于弥补亏损和非生产性支出。非公开发行公司债券，募集资金应当用于约定的用途；改变资金用途，应当履行募集说明书约定的程序。发行人应当指定专项账户，用于公司债券募集资金的接收、存储、划转。

3. 公司债券持有人名册

法律以公司债券持有人名册取代了公司债券存根簿，为确保债券持有人会议的顺利召开和有效表决，保障决议的完整性，我国取消了无记名债券。

(二) 公司债券的转让

公开发行的公司债券，应当在证券交易场所交易，并应符合证券交易场所规定的上市、挂牌条件。非公开发行公司债券，可以申请在证券交易场所、证券公司柜台转让。

公司债券可以转让，转让价格由转让人与受让人约定。公司债券的转让应当符合法律、行政法规的规定。公司债券由债券持有人以背书方式或者法律、行政法规规定的其他方式转让，转让后由公司将受让人的姓名或者名称及住所记载于公司债券持有人名册。

(三) 发行可转换债券的公司为股份公司

可转换公司债券的发行主体为所有的股份公司，但是只有上市公司才能公开发行可转换债券。股份公司经股东会决议，或者经公司章程、股东会授权由董事会决议，可以发行可转换为股票的公司债券，并规定具体的转换办法。上市公司发行可转换为股票的公司债券，应当向国务院证券监督管理机构注册。发行可转换为股票的公司债券，应当在债券上标明可转换公司债券字样，并在公司债券持有人名册上载明可转换公司债券的数额。

发行可转换为股票的公司债券的，公司应当按照其转换办法向债券持有人换发股票，但债券持有人对转换股票或者不转换股票有选择权。法律、行政法规另有规定的除外。

三、公司债券持有人会议及效力

公开发行公司债券的，应当为同期债券持有人设立债券持有人会议，并在债券募集办法中对债券持有人会议的召集程序、会议规则和其他重要事项

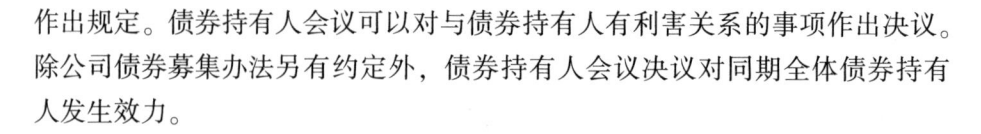

作出规定。债券持有人会议可以对与债券持有人有利害关系的事项作出决议。除公司债券募集办法另有约定外，债券持有人会议决议对同期全体债券持有人发生效力。

四、债券受托管理人

公开发行公司债券的，发行人应当为债券持有人聘请债券受托管理人，由其为债券持有人办理受领清偿、债权保全、与债券相关的诉讼以及参与债务人破产程序等事项。债券受托管理人应当勤勉尽责，公正履行受托管理职责，不得损害债券持有人的利益。受托管理人与债券持有人存在利益冲突可能损害债券持有人利益的，债券持有人会议可以决议变更债券受托管理人。债券受托管理人违反法律、行政法规或者债券持有人会议决议，损害债券持有人利益的，应当承担赔偿责任。

第十二章

公司的财务会计制度

第一节 公司财务会计制度概述

一、公司财务会计制度的概念

公司财务会计制度，是公司财务制度和会计制度的总称，是指法律、行政法规、公司章程中确立的公司财务、会计的处理规则。其中，公司的财务制度是指公司在其生产经营等业务活动中，就有关资金的筹集、使用和分配方面所应遵守的规则；公司的会计制度是指为规范公司基本业务的会计核算及公司财务会计报告的编制和披露，公司在其生产经营等活动中，对公司的经营业务进行计量、记录、分析和检查等会计核算，编制和披露财务报告、实行会计监督时所应遵守的规则。

二、公司财务会计制度的作用

公司财务会计状况不仅是公司经营者准确掌握公司经营情况的重要手段，也是股东、债权人了解公司财产和经营状况的主要途径，其具有重要的意义。

1. 有利于保护公司股东的利益

统一的财会制度，可使股东及时掌握公司的经营状况及自己的投资境况和权益，方便股东对董事、经理实行有效的监督。

2. 有利于保护公司债权人的利益

建立健全统一的公司财会制度，方便债权人及时、准确地了解公司的财务状况，并在必要时依法采取相应的措施来保护自己的合法权益。

3. 有利于提高公司的经营管理水平

会计报表提供的各项指标是对企业绩效的评价，可以从中找出问题、分析原因，改善公司经营管理，促进公司经营管理水平的提高。

4. 有利于政府监督

政府各有关部门依其职责负有在法定范围内监督、管理公司经营活动的义务，以维持社会交易的安全。而这一职责的有效行使也有赖于规范的公司内部财会制度的建立与健全。

第二节　公司的财务会计报告制度

一、公司财务会计报告的概念和作用

(一) 公司财务会计报告的概念与分类

公司财务会计报告是指公司对外提供的反映公司某一特定日期财务状况和某一会计期间经营成果、现金流量的文件。公司的财务会计报告由会计报表、会计报表附注和财务情况说明书组成（不要求编制和提供财务情况说明书的公司除外），其内容主要包括资产负债表、利润表、现金流量表、资产减值准备明细表、利润分配表、股东权益增减变动表、分部报表和其他有关附表等。

根据财务会计报告的服务对象不同，公司的财务会计报告分为内部财务会计报告和外部财务会计报告。公司的内部财务会计报告是指为适应公司内部经营管理的需要，公司编制的不对外公开的财务会计报告。公司的内部财务会计报告，一般不需要统一的格式和统一的指标体系。公司外部财务会计报告是指公司对外提供的，供政府部门、其他企业和公司股东、债权人及社会公众使用的财务会计报告。公司的外部财务会计报告需要有统一的格式和统一的指标体系。公司对外提供的财务会计报告分为年度、半年度、季度和月度财务会计报告。月度、季度财务会计报告是指月度和季度终了提供的财务会计报告；半年度财务会计报告是指在每个会计年度的前 6 个月结束后对外提供的财务会计报告；年度财务会计报告是指年度终了对外提供的财务会计报告。其中，半年度、季度和月度财务会计报告统称为中期财务会计报告。

(二) 公司财务会计报告的作用

公司财务会计报告，是对公司经营管理的过程和经营成果的综合反映。通过对公司财务会计报告的分析，不仅可以使公司的经营管理者准确掌握公

司的经营状况，也可以使公司股东、债权人和社会公众了解和正确评价公司的财务和经营状况，同时，也可以使政府有关经济管理部门了解各项经济政策的落实情况，进而为公司改善经营管理、投资者进行正确的投资决策、政府的经济管理部门制订有效的宏观经济管理政策提供依据。

二、公司财务会计报告的构成与编制

（一）公司财务会计报告的构成

根据《企业会计准则》规定，财务会计报告包括会计报表及其附注和其他应当在财务会计报告中披露的相关信息和资料。会计报表至少应当包括资产负债表、利润表、现金流量表等。小公司编制的会计报表可以不包括现金流量表。

（1）资产负债表。资产负债表是反映公司某一特定日期财务状况的会计报表。它是根据"资产＝负债＋所有者（股东）权益"会计平衡公式，按照一定的分类标准和一定的顺序，把公司一定日期的资产、负债、所有者权益各个项目予以适当的排列，并对日常生产经营中形成的大量数据高度浓缩整理后编制而成的，表明公司资产、负债、所有者权益的全貌。

资产负债表的内容主要包括资产、负债和所有者权益。资产负债表的表现形式主要有两种：一种是账户式资产负债表，另一种是报告式资产负债表。账户式资产负债表，是把资产负债表中的资产项目列在报表的左方，把负债和所有者权益列在报表的右方，并且使资产负债表左右两方平衡的报表。报告式资产负债表，是把资产负债表的有关项目自上而下排列，首先列示资产的数额，其次列示负债的数额，最后列示所有者权益。根据我国法律规定，我国的公司资产负债表，采用的是账户式资产负债表。但由于纸张宽度有限，目前上市公司年报都采用报告式的资产负债表。

1）资产，是指企业过去的交易、事项形成的，并由公司拥有或者控制的资源，该资源预期会给公司带来经济利益。在资产负债表上，资产应当按照其流动性分类分项列示，包括流动资产、长期投资、固定资产、无形资产及其他资产。

2）负债，是指过去的交易、事项形成的现时义务，履行该义务预期会导致经济利益流出公司。在资产负债表上，负债应当按照其流动性分类分项列示，包括流动负债、长期负债等。

3）所有者权益，是指所有者在公司资产中享有的经济利益，其金额为资产减去负债后的余额。在资产负债表上,所有者权益应当按照实收资本(或者股本)、资本公积、盈余公积、未分配利润等项目分项列示。

(2)利润表。利润表又称为损益表,是指反映公司一定会计期间收入、费用和净利润之间的关系,以计算出公司一定时期的税后利润,说明公司经营成果的会计报表。由于利润既是公司经营业务的综合体现,又是公司对股东进行利润分配的重要依据,也是未来投资者对公司进行投资与否的抉择依据,所以利润表是公司会计报表中的主要报表。

1)收入,是指公司在销售商品、提供劳务及让渡资产使用权等日常活动中所形成的经济利益的总流入。收入不包括为第三方或者客户代收的款项。在利润表上,收入应当按照其重要性分项列示。

2)费用,是指公司为销售商品、提供劳务等日常活动所发生的经济利益的流出。在利润表上,费用应当按照其性质分项列示。

3)利润,是指公司在一定会计期间的经营成果。在利润表上,利润应当按照营业利润、利润总额和净利润等利润的构成分类分项列示。

(3)现金流量表。现金流量表是以现金为基础编制的,反映公司一定会计期间现金和现金等价物流入和流出信息的会计报表。公司的现金流量表与资产负债表、流量表,共同构成公司对外报送的基准会计报表。

现金流量表应当按照经营活动、投资活动和筹资活动的现金流量分类分项列示。其中,经营活动,是指企业投资活动和筹资活动以外的所有交易和事项;投资活动,是指企业长期资产的购建和不包括在现金等价物范围内的投资及其处置活动;筹资活动,是指导致企业资本及债务规模和构成发生变化的活动。在现金流量表上,经营活动、投资活动、筹资活动的现金流量应当按照其现金流入和流出的性质分项列示。

公司的现金流量表与财务状况变动表相比,前者能更直接、更客观地反映公司的财务状况。一般而言,公司的现金流量越快,表明公司经营中的资金周转的速度越快,单位资金的盈利能力越强。

(4)利润分配表。利润分配表是反映公司利润分配和年末未分配利润结余情况的会计报表。其内容主要包括净利润、可供分配的利润和未分配的利润。

(二)公司财务会计报告的编制

根据《公司法》及相关法律的规定,公司的财务会计报告由会计报表和会计报表附注组成。公司财务会计报告的编制应遵循以下规则:

(1) 公司应当在每一会计年度终了时依法编制财务会计报告，并依法经会计师事务所审计，公司提供的财务会计报告应真实、完整。

(2) 对外提供的会计报表应当依次编定页数，加具封面，装订成册，加盖公章。封面上应当注明公司名称、公司统一代码、组织形式、地址、报表所属年度或者月份、报出日期，并由公司负责人和主管会计工作的负责人签名并盖章；对于设置总会计师的公司，还应当由总会计师签名并盖章。

三、公司财务会计报告的审核与确认

（一）公司财务会计报告的审核

公司财务会计报告的审核，是指有权机关对公司财务会计报告的内容是否真实、全面，方法是否准确、得当，程序是否合理、合法进行监督、检查的法律行为。根据我国公司法的规定，监事会或者监事有权检查公司财务。因此，在公司财务会计报告交给股东会审议前，应交由公司监事会进行审核。监事会认为必要时，可以聘请中立的会计师事务所对有关会计报表进行审核，有关费用由公司负担。监事会应将审核意见做成书面报告，提交董事会。董事会应将财务会计报告和监事会的审核报告，一并交由股东会确认。

（二）公司财务会计报告的确认

公司财务会计报告的确认，是指对董事会提交的公司财务会计报告和监事会的审核报告，经股东会讨论通过，使其具有相应法律效力的法律行为。公司财务会计报告经股东会审议通过后，即可免除董事、监事对公司财务会计报告的个人责任，继而由公司对财务会计报告的真实性、准确性和全面性负责。但是，如果董事在财务会计报告的制作过程中有违法行为的，仍应对其违法行为承担相应的责任。

（三）公司财务会计报告的审计

为防止公司在财务会计报告上作虚假记载或者隐瞒重要事实，保证财务会计报告的真实性，各国法律均对公司的财务会计报告进行审计。我国《公司法》规定，公司的财务会计报告应依法经会计师事务所审计。

四、公司财务会计报告的公示制度

(一) 公司财务会计报告公示制度的概念与作用

公司财务会计报告的公示制度,是指公司依照法律规定的时间、条件、程序,将公司的财务会计报告向公司股东、债权人、政府有关部门及社会公众公开的制度。

公司财务会计报告公示有利于公司股东、债权人及国家有关经济管理部门及时了解和掌握公司的经营管理情况,保护公司股东、债权人及社会公众的利益,便于国家有关经济管理部门及时调整有关政策,维护交易安全、稳定社会经济秩序。

(二) 公司财务会计报告的公示制度

根据法律规定,公司财务会计报告的公示方式有以下三种:

(1) 将公司财务会计报告送交各股东。有限公司应当按照公司章程规定的期限将财务会计报告送交各股东。

(2) 将公司财务会计报告置备于公司住所地供股东查阅。股份公司的财务会计报告应当在召开股东会年会的 20 日前置备于本公司,供股东查阅。

(3) 公告公司的财务会计报告。上市公司、债券上市交易的公司、股票在国务院批准的其他全国性证券交易所交易的公司,应当根据法律、行政法规的规定,定期公开其财务状况和经营状况,在每一会计年度结束之日起 4 个月内,报送并公告经会计师事务所审计年度报告;在每一会计年度的上半年结束之日起 2 个月内报送并公告中期报告。

五、公司违反财务会计报告制度的法律责任

公司对其制作的财务会计报告的真实性、完整性承担责任。责任主体既包括公司,也包括公司的直接人员,如董事、经理、财务负责人、财务人员等。承担责任的形式包括民事责任、行政责任和刑事责任。根据我国法律规定,公司及有关人员违反公司财务会计制度应当承担相应的法律责任。

(1) 公司在法定的会计账簿以外另立会计账簿、提供存在虚假记载或者隐瞒重要事实的财务会计报告,由县级以上人民政府财政部门依照《会计法》等法律、行政法规的规定处罚。

(2) 伪造、变造会计凭证、会计账簿,编制虚假财务会计报告,隐匿或

者故意销毁依法应当保存的会计凭证、会计账簿、财务会计报告的，由县级以上人民政府财政部门责令限期改正，给予警告、通报批评，没收违法所得，违法所得20万元以上的，对单位可以并处违法所得1倍以上10倍以下的罚款，没有违法所得或者违法所得不足20万元的，可以并处20万元以上200万元以下的罚款；对其直接负责的主管人员和其他直接责任人员可以处10万元以上50万元以下的罚款，情节严重的，可以处50万元以上200万元以下的罚款；属于公职人员的，还应当依法给予处分；其中的会计人员，5年内不得从事会计工作；构成犯罪的，依法追究刑事责任。

（3）授意、指使、强令会计人员及其他人员伪造、变造会计凭证、会计账簿，编制虚假财务会计报告或者隐匿、故意销毁依法应当保存的会计凭证、会计账簿、财务会计报告的，由县级以上人民政府财政部门给予警告、通报批评，可以并处20万元以上100万元以下的罚款；情节严重的，可以并处100万元以上500万元以下的罚款；属于公职人员的，还应当依法给予处分；构成犯罪的，依法追究刑事责任。

（4）公司在进行清算时，隐匿财产，对资产负债表或者财产清单作虚假记载，或者在未清偿债务前分配公司财产的，由公司登记机关责令改正，对公司、直接负责的主管人员和其他直接责任人员处以罚款。

（5）承担资产评估、验资或者验证的机构提供虚假材料或者提供有重大遗漏的报告的，由有关部门依照《中华人民共和国资产评估法》《中华人民共和国注册会计师法》等法律、行政法规的规定处罚。

承担资产评估、验资或者验证的机构因其出具的评估结果、验资或者验证证明不实，给公司债权人造成损失的，除能够证明自己没有过错外，在其评估或者证明不实的金额范围内承担赔偿责任。

第三节　公积金制度

一、公积金的概念与功能

（一）公积金的概念

公积金，又称为储备金（reserve），是依照法律或公司章程的规定，从公司盈余或资本中提取的积累资金。公积金来源于公司的税后利润和其他收入，是一种预备性的备用金。按照现行会计制度，各类公积金都是股东权益的组成部分。

（二）公积金的功能

公司的公积金用于弥补公司的亏损、扩大公司生产经营或者转为增加公司注册资本。公积金弥补公司亏损，应当先使用任意公积金和法定公积金；仍不能弥补的，可以按照规定使用资本公积金。法定公积金转为增加注册资本时，所留存的该项公积金不得少于转增前公司注册资本的25%。

对于资本公积金的用途，我国《公司法》曾进行了数次调整。1993年《公司法》允许资本公积金弥补亏损，2005年《公司法》禁止动用资本公积金弥补亏损，2023年《公司法》允许资本公积金弥补亏损，但作出限制，即劣后动用资本公积金弥补亏损。

二、公积金的类型与提取

按来源区分，公积金分为盈余公积金和资本公积金。

（一）盈余公积金

盈余公积金是从公司盈余中提取的累积资金。根据提取方式的不同，盈余公积金又分为法定盈余公积金和任意盈余公积金，即法定公积金和任意公积金。

1. 法定公积金

法定公积金是基于法律规定而强行提取的公积金。公司分配当年税后利润时，应当提取利润的10%列入公司法定公积金。法定公积金累计额为公司注册资本的50%以上的，可以不再提取。

2. 任意公积金

任意公积金是指公司根据章程规定或者股东会决议而特别储备的公积金。公司从税后利润中提取法定公积金后，经股东会决议，还可以从税后利润中提取任意公积金。任意公积金提取与否，由公司自治。

（二）资本公积金

资本公积金是指依照法律规定将特定的公司收入项目列入资本公积金账户的资金。资本公积金与收益无关，属于资本部分。

资本公积金包括资本溢价和其他。公司以超过股票票面面额的发行价格发行股份所得的溢价款、发行无面额股所得股款未计入注册资本的金额以及国务院财政部门规定列入资本公积金的其他项目，应当列为公司资本公积金。资本公积金的核算内容包括投资者出资额超出其在注册资本和股本中所占份额的部分、直接计入所有者权益的利得和损失。公司接受的赠与、资产增值、因合并而接受其他公司的资产净额等都属于资本公积金。

第四节 公司分配制度

一、公司分配规则

公司利润分配（distribution）规则，是指公司对股东直接或间接移转金钱或其他财产（公司自己股份除外）或设定负债的行为。"分配"的判断是从公司交易行为所产生的实质效果来进行的，即一项交易行为是否导致公司资产从公司流向股东。公司基于股份向股东转移金钱或其他财产，包括现金股利、公司回购自己股份、公司本票或负债的分配及自愿或非自愿清算均为分配；基于分配的实质，只要产生分配的效果均应纳入"分配"的法律规制之中。

公司利润分配规则关系股东权益的变现、小股东权益的保障以及股东与债权人利益的冲突与平衡，因此各国公司法均以强制性的规范规定公司分配的标准及分配决定权的配置。

（一）分配的标准

各国公司法虽然均将"无盈不分"作为分配的标准，但是考虑到公司的类型及发展阶段的不同，具体标准依然存在差异，大体而言有三类模式。

（1）资产负债表模式（即累积盈余准则）。该模式是指公司分配的资金，源于且只能源于公司的收益盈余（即所有者权益 = 资产 - 负债）。大陆法系各国的公司法多采用这一模式。这一模式又可以分为收益盈余准则和严格资产负债表准则。收益盈余准则，是指除非股东同意或章程允许，否则公司不能从资本盈余中分配股利。该准则所秉承的一个基本思想是有经营收益方能分配。严格资产负债表准则是指股利分配不得超过公司的盈余。这里"盈余"，是指公司净资产与股本的差额（即盈余 = 所有者权益 - 股本），但股利可以从资本盈余中支付。该准则的一个基本思想是,有盈余即可分配,不论是资本盈余,还是收益盈余。比较而言,似乎收益盈余准则比资产负债表准则更为合理。但实际上,均是以资产负债表右侧项目的记载为判断公司分配的标准。

(2) 负债比率和流动比率规则,加利福尼亚州公司法采取这一模式。依加利福尼亚州公司法,公司分配须符合以下两个条件之一:一是股利分配额度不超过公司的保留盈余;二是公司如果没有足够的保留盈余,则公司的负债比率(资产总额与负债总额之比)必须大于11/4,且流动资产必须大于流动负债(两者之比,得出流动比率),或如果公司不能通过经营获得利润,从而达到前两年已经支付的利息,则该公司的流动比率必须大于11/4。

(3) 衡平破产准则或者偿债能力标准。衡平破产准则(equity insolvency test)是指如果分配导致公司"是或将是"在衡平意义上不能清偿到期债务,则禁止分配。衡平意义中的破产概念,是衡平法院判断公司是否破产的准则,而非破产法中的资不抵债的标准,其关注的是企业资产的变现能力(liquidity),即公司解决到期债务的能力,而非公司资产与负债的差额。董事会可根据相关财务会计专家意见、报告、陈述声明,包括公共会计师或其他人所准备或提供的财务报告或财务资料,进行判断。《美国示范公司法》采取了双重破产准则,即公司无论从资产负债表还是从衡平角度观察,股利分配后,均必须具备偿债能力。

(二) 我国公司法的分配规则

我国公司法采取严格的资产负债表模式,可分配利润必须是营业收入(收益盈余),强制性规定弥补亏损和提取公积金后所余税后利润,才可以进行分配。

(1) 公司盈余利润是否分配是公司的商业判断,本质上属于公司的内部自治事项,通常情况下司法不宜介入。我国《公司法》及相关司法解释仅规定只有在公司已通过分配利润的股东会决议,公司无正当理由未予执行;或公司未通过分配利润的股东会决议,但控股股东滥用股东权利导致公司不分配利润,给其他股东造成损失的情况下,司法方有限度地介入公司盈余分配,以适当调整、纠正不公正的利益状态,保护股东利益。法院对公司商业决策的判断秉持了审慎态度。

(2) 当事人诉请对公司盈余进行分配,人民法院应当甄别当事人诉求的分配内容、分配程序及分配目的。公司净资产分配与公司盈余分配在分配目的、实现程序、分配内容上均有显著的区别。公司净资产是指公司所有并可以自由支配的资产，为总资产减去总负债的余额，包括实收资本（股本金）、资本公积金、盈余公积金和未分配利润等。公司如进行盈余分配，应在公司弥补亏损、提取公积金后仍有利润的情况下，再由股东会通过分配方案后方可进行分配。[①] 在公司未作出分配盈余决议的情况下，中小股东行使抽象利润分配请求权时，需要注意以下两点：一是公司缴纳税款、提取公积金后，是否存在实际可分配利润；二是控股股东是否滥用股东权利导致公司不分配利润，并给其他股东造成损失。需要厘清控制股东滥用权利的具体情形，包括歧视性分配或待遇，变相攫取利润，过分提取任意公积金等行为。在公司盈余分配纠纷中，当事人根据"谁主张、谁举证"原则进行举证，法院做出分配盈余的决定，应当在裁判文书中明确具体的盈余分配方案。[②]

二、公司分配的方式

有限公司按照股东实缴的出资比例分配利润，全体股东约定不按照出资比例分配利润的除外；股份公司按照股东所持有的股份比例分配利润，公司章程另有规定的除外。

三、公司分配的形式

（一）股利分配

股利分配（dividends）是指公司定期地将现金、证券或其他财产利益按公司章程规定或者股东会决议分配给股东。

1. 现金分配

现金分配，又称为现金股利，是以现金形式分配给股东的股利。现金股利是最常见的一种股利分配形式，也是公众公司经常采取的一种分配形式。

2. 财产分配

财产股利是公司用现金以外的公司财产向股东支付的股利。公司可以公

[①] 金某诉洛阳某房地产开发有限公司盈余分配纠纷案，河南省高级人民法院（2021）豫民终1104号。
[②] 赵某、王某等诉北京某有限责任公司、刘某等公司盈余分配纠纷案，北京市第二中级人民法院（2022）京02民终12467号。

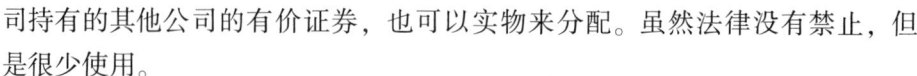

司持有的其他公司的有价证券，也可以实物来分配。虽然法律没有禁止，但是很少使用。

3. 负债分配

负债股利（liability dividend）是上市公司通过建立一种负债，用债券或应付票据作为股利分派给股东。这些债券或应付票据是公司支付的股利，股东对上市公司享有独立债权。这是因公司已经宣布发放股利，但又面临现金不足、处于难以支付的窘境时，为顾及公司信誉而采取的权宜之计。公司如以长期债券支付股利，必须事先经股东会讨论通过。

4. 股份分配（stock dividend）

股份分配有两种形式：一是股票股利；二是股份分割。股票股利也称为"股份股利"，是指股份公司以发行新股方式向股东支付股利，俗称"送股"或"派股"。采取股票股利时，通常由公司将股东应得的股利金额转入资本金，发行与此相等金额的新股票，按股东的持股比例进行分派。股份分割又称为股票拆细（share split），是指通过成比例地降低股份面值而增加股份数量。股份分割给投资者带来的不是现实的利益，但是投资者持有的股票数量增加了，给投资者带来了今后可多分股息和更高收益的希望，因此股份分割往往比股息派发对股价上涨的刺激作用更大。

（二）资本分配

资本分配（capital distribution），也称为清算分配（liquidating distribution），是指在公司清算时，在满足了债权人或优先股持有人的利益之后，对公司的剩余财产依股东持股比例进行的分配。

（三）股份回购

股份回购（repurchase）是指公司与股东之间自愿达成的股份买卖交易，其也是公司分配的途径之一。常见的几种回购有公开市场回购、现金要约回购、协议回购大宗股份、股份置换回购等。

（四）股份回赎

股份回赎（stock redemption）是指依据合同或公司章程，由公司发动的强制性购买股东持有的股份。依据封闭公司与股东先前缔结的股份回赎协议而购买原有股东的股份，或依据公司章程中关于可赎回优先股的条款，在一定的条件成就或期限到来时，公司有权以某一固定价格购回公司的股份。股份回赎是广义的公司分配的渠道之一。

上述四种分配形式，均导致公司资产或公司股本的减少。因此，公司法设计了一系列限制性规则来保护债权人权益，并对发生同等效果的资产转移型行为进行规制。

四、公司分配的决定权与董事会及时分配的义务

在我国，公司利润分配的最终决定权为股东会，董事会应当在股东会决议作出之日起 6 个月内实施分配方案，否则股东可以通过诉讼进行救济。

五、违反股利分配的后果

股东投资公司的目的之一是取得资本收益，公司利润分配作为股东取得资本收益的重要途径之一，对股东至关重要。但是公司违法分配利润，可能会损害债权人等相关主体的合法权益。公司违法向股东分配利润的，股东应当将分配的利润退还给公司；给公司造成损失的，股东及负有责任的董事、监事、高级管理人员应当承担赔偿责任；公司债权人可以通过代位权诉讼请求股东在违法分红范围内对公司债务承担补充赔偿责任。

第四编

股东权利

第十三章

股 东

第一节 股东概述

一、股东与股东身份

在公司法上，股东（shareholder）是指基于对公司的出资或者其他原因而持有公司一定数额的股份，对公司享有权利并承担义务的自然人、法人或者非法人组织。公司股东具有三个方面的含义：一是公司股东是公司的成员，是公司不可或缺的部分，正是因若干股东的资本联合，公司才得以成立。二是股东是股权的主体。股东与股权关系密切，股东资格是股东享有股权的前提和基础，而股权是股东资格的实质内容。三是股东身份与公司密切相关。股东是相对于公司而言的，没有公司就没有股东；反之亦然。在公司设立阶段，不存在股东，只有发起人，发起人在公司成立后才可能具有股东身份。

二、股东资格的限制

投资是民事主体固有的权利，任何民事主体均可以通过投资成为公司股东。民事主体具有平等的投资能力是一项基本原则，股东资格限制则为例外，是指某些特殊主体因为自身的特性导致其投资能力受到限制。

各国立法关于股东资格限制的规定并不相同。在我国，下列主体受到限制。

（1）公职人员。《中华人民共和国公务员法》第59条第（十六）项规定，公务员应当遵纪守法，不得违反有关规定从事或者参与营利性活动，在企业或者其他营利性组织中兼任职务。这一条款是否禁止公务员作为公司的股东，存在不同的理解。但是在司法实践中，大多法院认为该规定非效力性强制性规定，不影响出资人的股东身份。现实中，由于公务员掌握着公权力，投资经营活动通常会带来可观的经济效益，部分公务员通常会采取隐名的手段,以亲属或他人的名义投资。① 公务员明知违法,仍以代持股协议掩盖其投资或经营活动,其行为本身较为恶劣,在实际出资人不愿放弃其公务员身份,也不愿终止代持协议的情况下,该协议因违反公序良俗无效。② 当然这一规则主要是限制公务员入股投资,并不禁止公务员因为继承、受遗赠等原因而取得股权,但是可能因为公务员身份无法在公司登记机关登记。目前这种资格限制与特定公职相联系,并未抽象剥夺此类人员的股东资格,只要脱离这些特定职业,股东资格自然恢复。

(2) 公法人。公法人进行投资活动,与其法定职能相悖。在我国,除法律、行政法规例外许可外,禁止党政机关、军队武警等经商办企业。国家以国有资产监督管理委员会的名义作为民事主体可以成为股东。

(3) 公司本身。原则上公司不能成为自己的股东,否则容易滋生弊病。但是在公司回购股份等特殊情形下,公司可以持有自己的股份,但是不享有表决权、分红权等。

(4) 发起人股东。各国立法通常对发起人股东的国籍、住所等进行特别规定,我国亦然。如我国《公司法》第 92 条规定,股份公司的发起人应当有半数以上在我国境内有住所。

(5) 公司章程特别限制的主体。公司作为营利性法人,可以通过公司章程对股东资格进行特别限制,这些特别限制在不违反法律、行政法规的强制性规定时,应当受到尊重。

(6) 股东国籍的限制。《外商投资产业指导目录》对外商投资产业范围作了限制与禁止性规定,该目录规定外商不得投资稀土勘查、开采、选矿、义务教育机构、图书、报纸、期刊的出版业务等,外商投资公司应当遵守目录的规定。

(7) 公司董事、监事、高级管理人员因同业竞争而受到限制。如果一人已在其他公司担任董事、监事、高级管理人员,则不得自营或者为他人经营与所任职公司同类的业务。

三、股东的法律地位

股东法律地位表现在股东与股东之间以及股东与公司之间的法律关系。

---

① 杨姝玲:《隐名出资人主体资格的法律界定》,《法律适用》,2012 (2)。
② 甘培忠、周淳:《隐名出资纠纷司法审裁若干问题探讨》,《法律适用》,2013 (5)。

（一）股东之间的权利义务关系

股东之间权利义务关系的调整遵从意思自治原则和股东平等原则。在不违反法律、行政法规强制性规定的前提下，股东协议调整着股东之间的权利义务关系。对股东协议效力的认同体现了意思自治原则。股东平等原则一方面承认多数股东根据"资本多数决"规则控制公司的合法性，另一方面对多数股东滥用控制权侵害少数股东权益予以救济，通过股东之间的信义义务、股东权利滥用禁止规则等抑制多数股东控制权的行使、给予少数股东救济，实现股东之间实质意义上的平等。

（二）股东对公司的权利和义务

（1）股东的权利。股东对公司的权利，即为股权。股东正是通过股权的享有和行使，来体现其在公司中的法律地位。尽管在不同类型的公司中，股权的具体内容并不完全相同，但是作为股东向公司出资的"对价"，各类公司的股东所享有的股权具有相同的内涵。

（2）股东的义务。股东在对公司享有权利的同时，也需要履行对公司的义务。股东对公司的主要义务，就是按照发起人协议、公司章程、认股书的约定和法律规定向公司缴纳出资。从出资义务与直接取得股东身份的关系来看，出资义务的承诺是取得股东身份的前提条件；取得股东身份的人，其出资义务可能已经履行，也可能尚未履行，但其出资义务最终均需要履行。

此外，根据《公司法》第21条的规定，股东应当遵守法律、行政法规和公司章程，依法行使股东权利，不得滥用股东权利损害公司利益或者其他股东的利益，公司股东滥用股东权利给公司或者其他股东造成损失的，应当承担赔偿责任。

第二节 股东身份的取得和丧失

一、股东身份的取得

股东身份的取得原因包括投资和其他合法原因。按照股东是否对公司直接投资入股，股东身份的取得可以分为直接取得和间接取得。

(一) 直接取得

直接取得是指股东基于股权投资（equity investment）而取得股东身份，直接取得股东身份的主体为公司资本的提供者。直接取得又可以分为成立时取得和成立后取得两种情形。

（1）公司成立时取得。发起人和募集股份的认股人基于公司的设立，在公司成立日取得股东身份，此类股东又称为初始股东。

（2）公司成立后取得。公司成立后取得是指公司存续期间增资或者发行新股，股东以外的人因认购增资而取得股东身份。此类股东的身份从何时起算，我国公司法没有直接规定。《日本公司法》第280条之九规定，新股认购人自缴纳股款日期之次日起取得股东身份。这一规定可以借鉴。

以违法犯罪所得的资金出资是否导致出资无效的问题，曾在实务中存有较大争议。但是在姜某松、殳某民等与李某柱、肖某股权转让纠纷案中，最高人民法院认为，由于货币是种类物，货币占有人推定为货币所有人，因此货币出资投入公司后，公司作为善意相对人即对该笔货币出资享有所有权，出资相应转化为公司的独立财产，故出资资金来源非法并不影响出资行为的有效性，亦不影响出资人据此取得的初始股东资格。对于以违法犯罪所得的资金进行出资的行为，司法机关应当追究、处罚该违法犯罪行为，并有权以拍卖或者变卖的方式处置股权，即追缴出资人已经取得的股权，剥夺其股东资格。在司法机关未对股东利用涉案资金取得的股权予以处置及追缴的情形下，当事人仍然具有合法的股东资格。[①] 而后随着公司法相关司法解释的发布，确认了出资人以不享有处分权的财产出资，当事人之间对于出资行为效力产生争议的，人民法院参照《民法典》第311条的规定予以认定。以贪污、受贿、侵占、挪用等违法犯罪所得的货币出资后取得股权的，对违法犯罪行为予以追究、处罚时，应当采取拍卖或者变卖的方式处置其股权。

(二) 间接取得

间接取得是指没有直接向公司投入资本的人基于向公司投资以外的原因而取得股东身份。投资以外的原因包括股权转让、继承和公司合并、税收等。转让又包括买卖、互易、赠与等；其中，买卖、互易属于有偿转让，赠与属

[①] 姜某松、殳某民等与李某柱、肖某股权转让纠纷申请再审民事裁定书，中华人民共和国最高人民法院民事裁定书（2014）民申字第1703号。

于无偿转让。

（1）转让。股东在公司成立后不得抽回出资，但是可以通过转让股权而退出公司。股权已经转让，转让人丧失股东身份，受让人同时成为股东。

（2）继承。股权作为财产权利，当然可以被继承。继承包括法定继承、遗嘱继承和遗赠。自然人股东死亡后，其合法继承人可以继承股东资格，但是有限公司章程和股份转让受限的股份公司的章程另有规定的除外。

（3）公司合并。在吸收合并中，兼并公司以自己的股份为对价置换被兼并公司的股份，被兼并公司的股东因而成为兼并公司的股东。在新设合并中，合并公司的股东依法取得合并后新设公司的股东身份。

（三）股东的基本类型

从股东身份取得依据的角度可将公司股东分为以下两类：

（1）参与公司设立或者认购公司首次发行股份的初始股东，包括发起人股东和认股人股东，以及公司成立后因认购公司增资而加入公司的股东。

（2）公司成立后间接取得股权的股东，包括通过转让、继承、合并等方式取得股权的股东。《最高人民法院关于适用〈中华人民共和国公司法〉若干问题的规定（三）》第23条规定，当事人之间对股权归属发生争议，一方请求法院确认其享有股权的，应当证明以下事实之一：①已经依法向公司出资或者认缴出资，且不违反法律法规强制性规定；②已经受让或者以其他形式继受公司股权，且不违反法律法规强制性规定。这实际上确认了股权取得的两种方式，直接取得股权的股东和间接提供资本的股东。这一区分的意义在于，仅参与公司设立的发起人之间，可能产生瑕疵出资的违约责任。另外，发起人股东所承担的资本充实责任也较其他股东严格。而间接取得股权的股东所取得的股权受到其前手权利状态的影响，其权利内容不超过前手，而且也应当承担前手股东的义务，比如我国《公司法》第88条第2款规定，未按照公司章程规定的出资日期缴纳出资或者作为出资的非货币财产的实际价额显著低于所认缴的出资额的股东转让股权的，转让人与受让人在出资不足的范围内承担连带责任；受让人不知道且不应当知道存在上述情形的，由转让人承担责任。

二、股东身份的丧失

股东身份可以取得，也可以丧失。股东身份丧失的原因主要有：

（1）公司终止。股东身份是相对于公司而言的，股权是股东对公司享有的权利，在公司终止时，股权和股东的概念也不复存在。

（2）自然人股东死亡或者法人股东终止。主体不存在，身份自然丧失。

（3）失权。股东违反法律、公司章程的，经过公司催告而拒不履行出资义务的，公司经董事会决议可以向该股东发出书面失权通知，自通知发出之日起，该股东丧失其未缴纳出资的股权。

（4）公司注销股份。公司因减少资本等原因而注销股份，被注销的股份绝对地消灭，该股份的持有人因此丧失其股东地位。

（5）股东因行使异议股东回购请求权而退出公司。譬如，当公司合并时，不同意合并的异议股东因行使回购请求权而退出公司时，该股东因退出而丧失其股东地位。

（6）股权转让或者股份回购。股东转让股权的原因与方式较多，包括买卖、赠与、被强制执行等，股权全部转让后该股东丧失股东身份。

（7）法律规定的其他原因，如股份的抛弃等。

第三节　股东身份的认定

一、股东身份认定纠纷

股东身份认定纠纷，也称为股东资格确认纠纷，是一个具有我国特色的公司实务问题。在国外公司实务中，极少发生此类纠纷，我国司法实践中存在大量的股东身份纠纷。[1] 该类纠纷不仅包括股东资格确认之诉，在股权转让、股东权益以及追究股东瑕疵出资责任的诉讼中，也可能涉及股东身份认定问题，而且股东身份认定是解决这些纠纷的前提条件。

股东身份认定纠纷主要是指股东就确认其股东身份或者其持股的数量、比例与公司或公司其他股东之间发生的纠纷，主要包括瑕疵出资股东的股东身份认定纠纷，实际出资人与名义出资人股东身份认定纠纷、共有股权股东身份认定纠纷、因股权转让而产生的股东身份认定纠纷、因借用或者冒用他人姓名而引发的股东身份认定纠纷和因股东除名、失权而引发的股东资格确认纠纷。[2] 下面主要讨论发起人股东的身份认定。当事人向法院起诉请求确认

---

[1] 周友苏：《新公司法论》，北京：法律出版社，2006年版，第233页。
[2] 上海宋和顾律师事务所：《合伙人：股东纠纷法律问题全书》（2）（第三版），北京：知识产权出版社，2022年版，第495-496页。

其股东身份的，应当以公司为被告，以与案件争议股权有利害关系的人作为第三人。股东资格确认纠纷属于确认之诉，不适用诉讼时效，其管辖法院为公司住所地人民法院，而且因为股权既具有财产性，又具有非财产性，因此各地法院对于诉讼费用的收取并不相同。

二、股东身份认定的原则与依据

（一）认定原则

（1）平衡各方利益。股东身份的认定，涉及投资人、公司、债权人等多方主体的利益。其中，投资人与公司之间涉及投资安全，投资人与债权人之间涉及交易安全，投资人相互之间涉及人身信任关系和财产关系。股东身份的认定，应平衡相关主体的利益。

（2）维护公司组织稳定。股东身份认定应尽量坚持公司维持原则，使公司成立有效，不轻易否定公司的资格，不轻易否定公司已成立的行为，不轻易否定股东身份。

（3）区分内外纠纷，尊重当事人真实意思表示。投资人与公司、投资人相互之间发生的股东身份认定，属于内部纠纷，应该主要考虑投资人是否具有成为股东的真实意思表示，尊重投资人的投资意愿。只要投资人之间或者投资人与公司之间达成协议，在不违反法律的强制性规定时，即应确定协议的拘束力，即股东与公司之间可以根据章程或协议的约定确定股东身份的取得时间。在投资人与公司债权人之间，股权转让双方之间发生的股东身份认定纠纷，属于外部纠纷，涉及第三人保护问题，应当遵从保护善意第三人和交易安全的原则。[①] 通过公司的外部特征，依据商法公示主义和外观主义予以保护的第三人，仅限于交易行为中的第三人。[②] 内外有别的认定标准，也为我国司法实务界接受，在石某某诉隆德县某商贸公司、许某某股东出资纠纷案中，法院认为，"有限责任公司股东资格认定需要在区分内部关系与外部关系前提下，结合当事人是否有出资设立公司的意思表示，是否履行股东的出资义务，是否在对外具有公示性质的工商登记、公司章程和股东名册的记载中被列为公司股东等因素综合判定。在公司外部关系的案件中，应当充分考虑商事外观主义；在公司内部关系中，应当充分考虑股东是否实际享有股东权

---

① 郑云瑞：《公司法学》（第二版），北京：北京大学出版社，2019年版，第135页。
② 崔建远：《论外观主义的运用边界》，《清华法学》，2019（5）：5-17。

利，如通过参加股东会、取得公司分红、参与公司的经营管理等来认定股东身份。在判断属于投资款或者借款时，充分考虑是否存在共同经营、共享收益、共担风险的投资合作特征"[1]。

(4) 保护投资者原则。在投资人与公司之间，能够证明股东身份的证据大多掌握在公司手中，公司是证据优势方，投资者处于弱势地位，在举证责任的分配等环节应注意对投资者予以保护。

(二) 股东身份的确认标准

确认股东身份，一般认为存在实质标准和形式标准两种判断标准。实质标准是持有股票或者存在类似行为，比如在公司成立时出资，或者在公司成立后增资，就可以被确认为股东；而形式标准则是必须在公司进行登记，将其姓名、身份登记在股东名册上，才可以被确认为股东。尽管二者有所不同，但并不意味着完全对立，也可以采取对权利进行切割的方式进行解决，比如英美法上通常认为，股票持有者享有作为证券上的财产权利，而不能获得公司中的投票权等与股东身份相关的权利。

因股东身份确认两大标准的差异，导致问题复杂化。有学者提出依据股东的法律特征来替代股东身份认定的标准，解决股东身份认定的困境。[2] 在我国公司法中，可以证明股东身份的法律特征或者法律事实有认缴出资、出资事实、签署公司章程、章程记载的股东名单，持有股权凭证、股东名册记载、公司登记机关的登记，实际行使股权。其中，认缴出资、出资事实、签署公司章程与实际行使股东权利属于行为要件或者实质要件，其他的属于书面文件或者形式要件。设立和运行规范的公司，每个股东的法律特征齐备，且相互之间不存在冲突。但是，因为一些股东不完全具备上述法律特征或者法律特征之间存在相互冲突，需要确立股东身份的认定规则。这一利用法律特征来解决股东身份认定问题，与大多数学者坚持的区分原则或者内外有别的判断标准基本一致，已经成为通说。在公司内部法律关系中，比如股东与股东之间以及股东和公司之间，股东身份发生的争议，应坚持实质要件优于形式要件，遵循意思主义原则。在实质要件中，签署公司章程被认为反映了行为人作为股东的真实意思，优先于其他实质要件。而在公司外部法律关系中，比如股东与债权人之间、债权人和公司之间，应适用外部标准遵循保护善意

---

[1] 宁夏回族自治区固原市中级人民法院（2023）宁04民终385号。
[2] 李建伟：《公司法学》（第二版），北京：中国人民大学出版社，2011年版，第230页。

第三人和交易安全原则，坚持形式要件优于实质要件。[1] 在形式要件中，公司登记机关登记的公信力最强，在同等条件下优先于其他形式的特征。

1. 认缴出资与实际出资

股东出资是指股东向公司认购出资或股份，股东出资是公司成立的物质基础，是取得公司股东资格的对价。但是股东出资并不限于实际出资，股东已经向公司认缴出资，也满足股东向公司出资的要求；是否实际向公司缴纳出资取决于股东协议和公司章程的规定。但是股东违反股东协议和公司章程的规定，在一定的时间内未履行出资义务，在公司完成失权程序前，依然具有股东身份。具体而言：

（1）在公司章程和股东协议允许股东分期缴纳出资的前提下，一定时期内股东未出资或者未完全出资，属于正常的商业安排，不能当然否定股东身份。

（2）瑕疵出资投资人应当承担相应的责任。在不影响公司成立的情形下，股东瑕疵出资违反了出资义务，构成瑕疵出资，瑕疵出资者要承担相应的法律责任，包括对其他股东的违约责任、对公司的资本充实责任、损害赔偿责任等，但不能动辄否定股东身份。只有最终适用催告失权程序，该股东方丧失其未缴纳出资的股权。瑕疵出资责任承担的前提是承认股东身份，但根据权利义务责任相一致原则，瑕疵出资股东的股权行使受到一定的限制。我国实务中也采取这一观点，比如在尤某诉无锡某有限公司股东知情权纠纷案中，法院认为，"公司法的基础理论最为显著的变化即从严格的法定资本制转变为授权资本制，如果瑕疵出资并不导致公司设立无效，一般不宜轻易否定瑕疵出资者的股东资格"[2]。

因此，从逻辑上看，应该先有股东身份才有出资义务，实际出资是股东对公司的义务。但是仅有实际出资并不一定具有股东身份，因为出资并不是股东身份认定的唯一要件。

2. 章程的签署与记载

签署公司章程表明行为人有成为公司股东的真实意思，因此经股东签名或者盖章的公司章程对内是确定股东身份的最主要证据；同时，公司章程的绝对必要记载事项包括有限公司股东的记载和股份公司发起人的记载，因为公司章程须经备案，所以其也具有一定的对外公示效力，是交易相对人据此

---

[1] 郑云瑞：《公司法学》（第二版），北京：北京大学出版社，2019年版，第135页。
[2] 江苏省无锡市中级人民法院（2017）苏02民终1593号。

判断公司股东的主要依据之一。可见，公司章程的签署与记载是股东身份认定的依据，对公司内部关系和外部关系的判断均有适用的余地。但是因为章程存在修改的问题，所以章程的修改也会影响当事人之间的权利义务关系。对非公司股东的善意相对人，应当以合同签订前已在公司登记机关备案的章程为准；如果纠纷发生在公司股东之间，或者相对人对修订后的章程内容知情或者应当知情，则应以修订后的章程为准。在当事人签订股权代持的情况下，该协议仅能约束合同相对方。股东显名化要符合公司法及外商投资法等法律规定的记载于股东名册或出具股权凭证等条件。[①] 在股权转让的情形下，让与人和受让人可以依法向公司提出变更公司章程记载的请求。

当然，依据章程记载认定股东身份，只限于有限公司的股东和股份公司的发起人。因为我国公司法仅要求股份公司章程记载发起人的姓名或者名称，所以股份公司发起人之外的其他股东的认定，章程无法发挥作用。

需要注意的是，目前我国公司章程已经从登记变为备案，这导致章程公示效力的衰减。虽然章程对股东身份的认定具有一定的作用，但是因实践中章程存在错误记载、股东变更后公司未及时修改章程、公司章程记载与公司登记备案不一致、实际出资人和名义股东等情形，所以未被记载于公司章程并不意味着不具有股东资格。如果股东按照发起人协议履行了出资义务，并记载于工商登记，但未签署公司章程，那么不能仅以股东未签署公司章程为由否定股东的资格。

3. 出资证明书

有限公司的出资证明书与股份公司的股票均属于股权凭证。有限公司成立后，应当向出资股东签发加盖公司印章的出资证明书。只有经过法定代表人签名，并由公司盖章后才产生法律效力。股权转让的，公司注销原股东的出资证明书，向新股东签发出资证明书。股份公司在公司成立后向股东交付股票，在公司成立前不得向股东交付股票。股票采用纸面形式或者国务院证券监督管理机构规定的其他形式。股票采用纸面形式的，应当载明的事项包括：公司名称；公司成立日期或者股票发行的时间；股票种类、票面金额及代表的股份数，发行无面额股的，股票代表的股份数。股票采用纸面形式的，还应当载明股票的编号，由法定代表人签名，公司盖章。

出资证明书属于证权证书，其作用是证明已经向公司真实出资，本身并

---

① 范某某诉青岛某公司、香港某投资公司、徐某股东资格确认纠纷案，山东省高级人民法院（2022）鲁民终 2629 号。

无创设股东资格的效力。作为一种证明手段，出资证明书可以证明出资人已经履行出资义务，但不能仅以出资证明书就认定持有人具有股东资格。[①]但是，在无相反证据的情况下，只要持有出资证明书，即可认定向公司出资的事实。在隐名出资的情况下，公司签发出资证明书给隐名出资人的，证明公司对隐名出资的事实知情；签发给显名出资人的，证明公司对隐名出资的事实可能不知情。公司发行的股票，应当为记名股票，股票是公司签发的证明股东所持股份的凭证，因此如无相反证据，记名股票记载的人为公司的股东，其与出资证明书的证明效力相同。

但是，并不能认为当事人不能出示出资证明书，公司就否定其股东身份。这是因为向股东签发出资证明书是公司的义务，公司接受股东出资后如未签发出资证明书，反过来凭此否定对方的股东身份，显然是不合理的。在出资人依法向公司提出签发出资证明书的请求，公司予以拒绝的，出资人可以提出给付之诉，请求法院判令公司签发出资证明书。

4. 股东名册

股东名册（records of shareholders/owners, list of shareholders/stockholders），是指公司依法设置的记载股东及其所持股份的簿册。《公司法》第56条、第102条规定，有限公司和股份公司均应当制作股东名册并置备于公司。有限公司股名册记载下列事项：股东的姓名或者名称及住所；股东认缴和实缴的出资额、出资方式和出资日期；出资证明书编号；取得和丧失股东资格的日期。股份公司的股东名册应当记载下列事项：股东的姓名或者名称及住所；各股东所认购的股份种类及股份数；发行纸面形式的股票的，股票的编号；各股东取得股份的日期。第87条规定，有限公司股权转让后，应修改股东名册中有关股东及其出资额的记载。第159条规定，股票的转让，转让后由公司将受让人的姓名或者名称及住所记载于股东名册。

股东名册的置备主体主要为公司。但上市公司的股东名册由证券登记结算机构负责登记，证券登记结算机构置备的股东名册属于正本，另将副本转交公司保存。未上市的股份公司将股权托管在托管机构的，由托管机构承担制作股东名册的义务。对于股东名册的置备机关，公司并未明确规定，但是考虑到股东名册的置备属于公司业务执行的范畴，因此可以在公司章程中规定由董事会作为置备机关。股东名册应当置备于公司的注册地，以便于股东

[①] 范建、王建文：《公司法》，北京：法律出版社，2008年版，第282页。

和政府部门的查阅和复制。如果公司未置备股东名册或者对股东名册进行虚假记载，导致实际出资人利益受损，公司的董事应当承担损害赔偿责任。在股东名册记载纠纷中，对股东名册记载存有异议的当事人为原告，以公司为被告。如果其他股东不配合办理股东名称变更，可以将不履行变更义务的股东列为共同被告。在股权转让中，对股东名册记载持有异议的当事人可能是转让人，也可能是受让人，特别是在公司运营状况较差时，转让人可能向公司起诉主张将其从股东名册中删除。

在无相反证明的情形下，公司股东名册的效力主要表现为：

（1）推定效力。《公司法》第56条第2款规定，记载于股东名册的股东，可以依股东名册主张行使股东权利。这一规定虽然针对有限公司，在法理上也适用于股份公司。因此，就股东与公司之间的关系而言，在册股东仅凭股东名册的记载即可向公司主张股东身份，行使股权；公司不得否认，除非公司能够证明记载错误。在册股东被推定为股东，如若有人对此有异议，异议者负有证明责任。[1]

（2）对抗效力。股东名册推定效力的一个推论是公司可以拒绝承认未在册股东。当然，公司将股东记入股东名册是公司对股东的义务，如果出让人和受让人依法向公司提出变更公司股东名册记载的请求，公司拒绝的，可以请求法院判令公司在一定期限内变更公司股东名册的记载。因此，在股东和公司之间，股东名册未记载的股东并不必然没有股东身份，比如在公司拒绝记载或者记载错误的情形下。

（3）免责效力。股东名称推定效力的另一个推论是，公司依法对在册股东履行了通知、送达、公告、支付股利等义务后，即可免除相应的责任。因此，在股东名册记载的股东并不是公司实际出资人时，因公司行为导致实际出资人利益受损的，公司也可以免责。

股东名册的股东可以依照股东名册行使股东权利，是名义股东向公司主张权利或者向公司提出抗辩的依据，不是名义股东对抗实际出资人的依据，因此名义股东不能根据股东名册的记载对抗实际出资人。股东名册的记载实质是对股东资格在形式上的确认，因此主张该项诉讼请求的当事人应当举证证明自己具备股东资格的实质要件，所以其经常与股东资格确认纠纷、请求变更公司登记纠纷同时发生，当事人应提交相应证据证明出资义务或者股权转让合同全部或者主要义务已经履行完毕。在股权继承的场合，应提供原股

---

[1] ［韩］李哲松：《韩国公司法》，吴日焕译，北京：中国政法大学出版社，2000年版，第242页。

东死亡的证明、继承人的身份证明等材料。如果当事人提供的公司股东会决议明确了股权转让或者增资扩股的事情，则可以主张股东名册的变更；如果股东会决议仅仅载明股权转让，并没有受让人已经实质具备股东资格的表述，则不能仅凭借股东会决议进行股东名册的变更。当事人获得变更股东名册胜诉判决后，如果公司拒不履行，那么法院只能适用间接强制执行，对公司的直接负责人依照妨害执行的行为进行处理，包括对其进行罚款、拘留。对于被执行人在罚款或者拘留后仍拒不配合的，可以依照拒不执行判决、裁定追究其刑事责任。

5. 股权工商登记

公司股东登记大致分为三种情形：第一，根据《市场主体登记管理条例》第8条和《公司法》第32条，有限公司股东或者股份公司发起人在公司登记机关登记，又称为股权工商登记；第二，根据《证券法》第147条，上市公司股票交易由证券登记结算机构登记；第三，持有未上市的股份公司股票的股东由股权托管机构登记。

股权工商登记属于证权性登记，本身并无创设股东身份的效力，只具有对外宣示股东身份的证权功能。公司股权登记包括有限责任所有股东、股份公司发起人的姓名或者名称。股权工商登记并非股东身份享有及变动的生效要件，而是对抗要件。对善意相对人而言，股权工商登记具有公信力，其有理由信赖股权工商登记的真实性；即使登记有瑕疵，根据商法外观主义规则，相对人仍有权利相信工商登记的真实性，并要求所登记的股东按照登记的内容对外承担责任。因此，对于善意相对人，股权工商登记在股东身份认定时具有优先的效力。因法律承认善意相对人对于股权工商登记的信赖利益，所以在某些原因（如隐名出资等）导致的股权工商登记名实不符时，适用股权善意取得制度来保护交易中相对人的合法权益。

股权是股东对公司享有的权利，公司相应地对股东承担义务，包括向股东签发出资证明书、股票，将股东（发起人）的姓名或者名称记载于股东名册、公司章程等相关文件上，变更公司的工商登记事项。如果公司未尽其义务，那么股东有权以公司为被告，以不履行配合义务的当事人为共同被告，以有利害关系的股东、董事、高级管理人员等为第三人，向公司住所地人民法院起诉，要求公司履行相应的义务。一般而言，请求变更公司登记的实际出资人属于公司的股东，但是如果当事人之间对于出资事实存有较大的争议，那么可能需要先提出或者合并提起股东资格确认之诉和变更公司登记之诉。

变更股权登记之诉一般应举证证明公司股权转让的程序和支付款项的事实，并且当事人对此基本没有争议，而公司或者其他负有义务的人拒不履行或怠于履行工商登记义务。但是在当事人提起诉讼的过程中，如果系争股权已经被冻结或者变更登记到第三人名下或者受到第三人权利限制，则当事人的诉讼请求难以得到法院的支持，其只能主张违约或者损害赔偿。在当事人获得变更登记纠纷胜诉后，如果公司或者其他负有义务的主体不配合进行工商登记，则原告可以向法院提出申请，由法院向公司登记机关发出协助执行通知书，持判决书至市场监督管理部门办理登记事宜。

在公司拒不履行工商变更登记义务时，股权受让人既可以公司为被告，以不协助办理变更登记的当事人为共同被告或第三人，向法院提起变更公司登记的民事诉讼，也可以向市场监督管理部门举报公司的不作为，市场监督管理部门发现该违法事项后，根据《公司法》第251条的规定对公司和直接负责的主管人员和其他直接责任人员予以处罚。但因我国目前市场监督管理部门对于公司登记仅进行形式审查，由当事人对申请材料的真实性、合法性和有效性负责，所以除非出现市场监督管理部门存在形式审查错误或者未能达到一般的注意义务，否则当事人提起行政诉讼主张撤销或者变更公司登记的请求往往得不到法院的支持。

6. 实际行使股权

实际行使股权，是指股东出席股东会议，参与公司股利分配等基于股东身份而从事相关行为。从逻辑角度看，行使股权是取得股东身份的结果，而不是取得股东身份的原因。因此，并不能仅以实际行使股权为由主张股东身份，但是这并不妨碍将"实际行使股权"这一事实特征作为认定股东身份的依据。

将"实际行使股权"作为认定股东身份证据的主要原因在于，实际行使股权的人与公司往往存在千丝万缕的关系，公司允许该人实际行使股权，前提是承认其具有股东身份；而认可实际行使股权者具有股东身份，也有利于维护公司的稳定和交易安全。这是因为如果否定其股东资格，那么很有可能导致其在公司中实施的行为无效或者被撤销，从而引起已确定的法律关系发生变更。

在权衡各方利益确定实际享有股东权利的当事人具有股东资格后，应当及时办理相关手续。在经依法变更工商登记及公司章程记载前，其虽然享受股东权利，但不能对抗善意第三人。但是对此不能适用反面推理的理论，即不能认为未实际享有股东权利的人不具有股东资格。这是因为在实践中公司不召开股东会或者不分配利润、限制股东权利的情形大量存在，不能因公司行为的违法而否定股东的资格。

三、隐名出资人

（一）概念

隐名出资人是指在公司文件中不具备股东形式特征的实际出资人。在我国商事实践中，因各种原因公司相关文件中记载的人（名义股东）与隐名出资人（实际出资人、真正出资人）相分离的情形并不少见。隐名出资人有向公司出资的事实，但章程、出资证明书（股票）、股东名册和工商登记等书面文件记载的股东是其他主体，即名义（显名）股东（nominee, record owner/shareholders）。在法律允许的隐名出资关系中，隐名出资人与名义股东之间通常存在书面或者口头的委托合同关系，因此，此处的名义股东与冒名股东不同。如果未经他人许可而冒用他人名义出资并将该他人作为股东在公司登记机关登记，冒名登记行为人应当承担相应的责任；公司、其他股东或者公司债权人不能请求被冒名登记为股东的人承担股东责任。从理论上看，冒名股东与名义股东的不同存在以下三个方面：

（1）冒名股东与名义股东性质不同。虽然两者都不实际行使股东权利，但后者对于其名义被借用是明知或应知的，前者却根本不知其名义被冒用，完全没有成为公司股东的意思表示。

（2）在对外法律关系上，两者的法律后果截然不同。名义股东遵循的是商事法的外观主义原则和公示公信原则，需对外承担股东责任；而冒名股东是在其不知情的情况下形成了所谓的权利外观，该外观系因侵权行为所致，故应适用民法意思表示的原则，被冒名者不应被视为法律上的股东，不应对外承担股东责任。

（3）股东资格确认纠纷的裁决不同。作为股东资格的反向确认，冒名股东的确认旨在推翻登记的公示推定效力，进而免除登记股东补足出资责任及对公司债务不能清偿部分的赔偿责任。因此，对主张被冒名者应适用较为严格的证明标准，以防止其滥用诉权规避其本应承担的法律责任。我国公司在设立时并不严格要求投资人必须到场，代签可以在被代签者明知或者默认的情形下发生，故被"代签名"并不等同于被"盗用"或"盗用身份"签名，因此，仅凭工商登记材料中的签字并非登记股东亲自签署，并不能得出其系冒名股东的结论，而应考量冒名者持有其身份材料是否有合理的解释、其与冒名者之间是否存在利益牵连等因素作出综合认定。[1]

(二) 隐名出资协议

隐名出资协议是指实际出资人和名义出资人订立的，约定由实际出资人出资并享有投资权益，以名义出资人为名义股东的合同。实际出资人与名义股东对该合同的效力发生争议的，如无法律规定的无效情形，法院应当认定该合同有效。比如在外国人委托中国人代持内资公司股份时，若标的公司不属于国家限制或禁止外商投资的产业领域，则投资行为不违反外商投资准入的禁止性规定。股份投资收益应根据公平原则在实际投资人与名义持有人之间合理分配。[2] 但是隐名出资协议如果违反了法律法规的强制性或者公序良俗，则会变得无效，比如上市公司中隐名代持证券发行人股权的行为因违反公共秩序而无效。再比如外国人委托中国人代持内资公司股份，若标的公司从事领域属于负面清单内禁止外商投资的产业领域，则也应当认定隐名出资协议无效。

(三) 隐名出资中相关主体利益的确定规则

隐名出资中公司股东的确定涉及多个主体以及多层面的利益关系的平衡。对于隐名出资人、名义股东与公司、其他股东、公司债权人之间的关系，适用下列规则。

1. 名义股东与实际出资人

在名义股东与实际出资人就股东身份发生争议时，名义股东并不属于善意相对人，其不能以该登记否认实际出资人的合同权利。我国司法实践中也在名义股东和实际出资人身份认定纠纷中否定单纯依据公示规则确定二者的关系，比如在兰某诉新疆某矿业公司、钟某某股东资格确认纠纷案中，法院认为，"有限公司实际权利人与名义权利人的关系，应当通过经营管理上的控制力及财产的实质归属来进行判定，而不能单纯地取决于公示外观。在可能存在股权代持合意的情况下，股权代持关系是否存在，应重点审查代持人是否实际出资以及是否享有股东权利。在缺乏股权代持直接证据的情况下，如实际股东提交的证据能够形成完整的证据链，证明隐名股东系实际出资人，

---

[1] 叶某诉江苏某工程有限公司、第三人纪某等股东资格确认纠纷案，江苏省无锡市中级人民法院（2020）苏02民终4197号。
[2] 杉某诉龚某股权转让纠纷案，上海金融法院（2018）沪74民初585号。

且实际参与了公司的经营管理或对名义股东有较大的公司经营管理上的控制力,应当综合案件事实,对股权代持关系作出认定"[1]。

在员工持股信托计划中,信托受托人为委托人持有公司的股权。从公司法的角度,信托受托人和委托人分别属于公司的名义股东、实际出资人。信托受托人与委托人之间通过隐名投资协议约定"名实分离",此种约定属于双方之间的内部约定。内部法律关系中,实际出资人对名义股东享有权利;外部法律关系中,应当坚持以商法的外观主义原则处理各方当事人承担的责任,债权人对工商登记内容的信赖应当受到法律保护。

2. 实际出资人与公司、其他股东的关系

在实际出资人与名义股东之间,实际出资人的投资权益应当按照双方的合同确定并依法保护。如果实际出资人对公司请求变更股东、签发出资证明书、记载于股东名册、记载于公司章程并办理公司登记机关登记等,属于实际出资人的显名化,需要具备代持协议合法有效和实际出资或认缴出资两个条件。股东资格确认纠纷实际解决的是当事人之间的股权归属问题。在无其他证据证明股权实际价值的情况下,可以根据当事人约定的股权价值认定案件的诉讼标的额,并据此确定案件的级别管辖。[2] 但股东资格确认之诉,只能请求法院确认自己是否属于公司的股东,而不能起诉请求确认第三人是否为公司股东。[3]

3. 与公司债权人的关系

公司债权人以登记于公司登记机关的股东未履行出资义务为由,请求其就公司债务不能清偿的部分在未出资本息范围内承担补充赔偿责任,股东以其仅为名义股东而非实际出资人为由进行抗辩的,法院不予支持。名义股东承担该赔偿责任后,可以向实际出资人追偿。

四、在册股东

在我国,有限公司和股份公司均需置备股东名册,以供股东查阅。有限

---

[1] 兰某诉新疆某矿业公司、钟某某股东资格确认纠纷案,阜康市人民法院(2021)新2302民初1569号。
[2] 张某某诉某科创机械公司、骆某某股东资格确认纠纷案,四川省成都市中级人民法院(2021)川01民辖终157号。
[3] 燕某某诉唐某某、胡某某、郭某某股东资格确认纠纷案,贺兰县人民法院(2021)宁0122民初3140号。

公司法学

公司与股份公司的股东名册记载了股东的姓名及住所等相关事项。

对于股东而言，未在股东名册记载也可能具有股东身份；对于公司而言，只承认在册股东可以对自己主张行使股权。因此，"股东"与"对公司行使股权的股东"这两个概念有时存在差异，特别是股权转让前后的特殊时期。向公司主张行使表决权、分红权等股权的股东仅限于在册股东，对于如何确定在册股东，我国现行公司法采用双轨制，对非上市公司采用停止过户制度，对上市公司采用基准日和会议登记制度。

（一）非上市公司：停止过户制度

停止过户，又称为"股东名册的封闭"（closing of transfer book），是指公司为决定行使表决权、分红权以及其他股东权利的权利人，在特定时间内停止股东名册的记载。在我国，非上市公司一般采用停止过户制度，实务中称为"股东名册变更登记冻结期"或者"股东名册的封闭"。根据我国公司法的规定，股份公司股东会会议召开前20日内或者公司决定分配股利的基准日前5日内，不得变更股东名册。这一规定意味着，在冻结期内进行股票转让，仍由原股东以股东的身份参加股东会，行使股东权利。

股东名册的封闭办法，由公司通过章程或者董事会决议自行决定。股东名册的封闭应当遵循以下原则：

（1）统一封闭原则。股东名册的封闭是禁止在特定时期取得股份的人行使股权。在封闭期间股东不能行使表决权、股利分配请求权、新股认购权等权利。但是这种"封闭"只限于所有股东得以划一行使的权利，对于少数股东权、股东诉权等针对特定股东、特定事项的股权，不能"封闭"，因为该类股权的行使与否取决于股东个人意思，不能为了公司的方便而禁止之。另外，与股权变动无关的记载事项的变更如股东的住所变更，不应该封闭。

（2）股东平等原则。股东名册不能针对一些股东封闭而对另一些股东开放，否则该种行为会因为侵害股东权利而在封闭期间不发生法律效力。

（二）上市公司：基准日和会议登记制度

基准日（record date）是指公司可以将一定日期在股东名册上所记载的股东视为可以行使股东权利的股东，该日期作为确定行使表决权或者得到分红或者其他以股东身份来行使权利的方法。

基准日的功能在于：①决定享有表决权等股权的股东；②使公司可以准

备股东会召集通知事宜等；③公司因享有表决权的股东已经确定，可以编制表决权清单；④可以方便征求表决权委托书的人方便征求的主体，启动征求行为。

针对上市公司，我国公司法采用基准日（股权登记日）制度和会议登记制度。中国证监会《上市公司股东会规则》（2025年）第19条规定："股东会通知中应当列明会议时间、地点，并确定股权登记日。股权登记日与会议日期之间的间隔应当不多于七个工作日。股权登记日一旦确认，不得变更。"第24条第1款规定："股权登记日登记在册的所有股东或者其代理人，均有权出席股东会，公司和召集人不得以任何理由拒绝。"除基准日（股权登记日）制度外，还同时搭配适用"会议登记制度"：股权登记日登记在册的股东虽有权参加股东会并行使投票权，但仍须向公司办理会议登记才能出席股东会。

(三) 在册股东与受益所有人

在间接取得股权的场合，受让人在股东名册上变更记载后成为在册股东，同时涂掉原股东的姓名。已经取得股权但尚未按照规定程序办理变更记载的受让人，被称为"受益所有人"（beneficial owners）。受益所有人实际上已经享有股权，取得股东身份，只是暂时不能向公司主张股权。

区分在册股东与受益所有人的意义在于：

(1) 对公司而言，在册股东为真正股东，即使该股东因股份转让等原因已经丧失了股权。

(2) 在册股东因股份转让等原因而丧失股权的，受益所有人有权请求在册股东交付股权凭证，有权请求公司变更股东名册记载，从而使自己成为在册股东。公司有义务变更记载，在册股东有义务协助办理变更手续。

(3) 公司仅对在册股东负责，行使股权的人为在册股东。在这种情况下，为了保护受益所有人的利益，法律往往赋予受益所有人特定权利，主要有：①在召开股东会会议时，受益所有人有权要求在册股东授予其表决代理权或者在册股东亲自出席会议时听从受益所有人的指令行使表决权，因为在这种情况下，在册股东的利益和公司的利益已经无关，其可能随意行使表决权；②如果股权转让协议明确约定所分配的股利属于受让人，则在册股东从公司领取股利后，有义务将其交付给受益所有人，否则就构成不当得利。

第十四章

股　权

第一节　股权概述

一、概念

股权是股东权利的简称，是指股东在法律上对公司享有的权利总称。股权具有以下法律特征：

（1）股权的主体。股权的权利主体是股东，义务主体是公司。作为权利主体的股东可以为单数，也可以为复数，后者如股份共有的情形。我国台湾地区所谓"公司法"第160条规定："股份为数人共有者，其共有人应推定一人行使股东之权利。股份共有人，对于公司负连带缴纳股款之义务。"除一人公司、国有独资公司外，公司的股东均为复数。股东按照投入公司资本额享有股权，反映了股东之间的法律关系。

（2）股权的内容。《公司法》第4条第2款规定，公司股东对公司依法享有资产收益、参与重大决策和选择管理者等权利。因此，股权的内容是法定的，不允许股东自我设定权利。从股权的内容看，股权主要包括资产收益权和参与公司经营管理权：前者直接体现为财产权利，包括股利分配请求权、剩余财产分配请求权等；后者不直接体现为财产利益，包括表决权、股东会召集和主持权。这表明股权的内容具有综合性，并非一种单一性的民事权利。

（3）股权的客体。股权的客体是股权的作用对象，公司本身为股权的客体。

二、法律性质

（一）学说

我国法学界对于股权法律性质的争论持续多年，主要观点包括所有权说、债权说、社员权说、股东地位说、独立民事权利说等。对于股权性质的认识，不仅对于界定股东与公司之间的财产关系具有意义,在我国还可以借此明确国有股权的行使方式,为深化国有资产管理体制改革提供理论支持。

股权源于公司制度,而现代公司制度的真正建立仅有100多年的时间,作为近现代经济生活中一种较为复杂的财产现象,股权包含的内容较为丰富,难以简单地归入罗马法以来的以物权、债权为中心的民事权利体系。考虑到民事权利体系的开放性和发展性,将股权作为独立民事权利的学说更具有合理性。该说认为,公司享有法人财产权,股东享有股权,股权是一种独立权利类型,具有目的权利和手段权利有机结合、团体权利和个人权利统一的特征,兼有请求权和支配权的属性,是保护财产权与非财产权内容的综合性权利。

(二)股权与公司法人财产权

公司法人财产权是一个综合性权利体系,包括物权、无形财产权、债权等所有类型的财产权,其核心是财产所有权。股权与公司法人财产权是股东和公司各自享有的法定权利,二者相伴而生,但又有所区别。出资完成,股东即丧失对出资财产的权利,公司取得相应的财产权利,公司财产由股东出资与公司经营取得的新增资产共同构成。股权与公司法人财产权彼此独立并相互制衡,是现代公司制度的重要标志。股东仅享有股权,对公司法人财产权的行使无权干涉;公司拥有独立的法人财产,但是也不能妨碍股东股权的行使。在公司治理结构中,股东可以通过行使股权,特别是对公司管理者的选择权和对公司重大问题的决策权,来参与公司的经营管理;而公司可以行使法人财产权来拒绝股东对公司经营管理的直接干预和对公司法人财产权的侵夺。

三、股权的分类

一般而言,常见的股权分类如下:

(一)自益权与共益权

依照股东行使股权是单纯为自己还是兼为公司、其他股东作此分类。自益权是指专为股东自己利益行使的股权;共益权是指股东为自己的利益并兼为公司利益,特别是指参与公司经营管理的股权。[1] 这是学理上对股权最基本

---

[1] 王文宇等:《商事法》(第二版),北京:中国人民大学出版社,2007年版,第62页。

的分类，也是最有实益的分类。

自益权主要是财产权，是股东投资的目的所在；而共益权主要是非财产权，实际上是为了更好地实现投资受益权而必不可少的管理性权力。在内容上，自益权主要体现为股东的投资受益权，以及有关的附属性权利，具体包括股利分配请求权、剩余财产分配请求权、新股认购优先权以及股权凭证交付请求权、股东名册变更记载请求权等；共益权则是指股东依法参加公司事务的决策和经营管理的权利，是股东基于公司利益兼为自身利益行使的股权，如股东会参加权、提案权、质询权、表决权、股东会召集请求权、临时股东会自行召集权与主持权、查阅公司账簿权、公司解散请求权等。二者相辅相成，共同构成完整的股权体系。当然，二者的划分不是绝对的，因为股东的个人利益集中体现为经济利益；而股东参与公司管理集中体现为股东个人利益与公司利益的有机结合，某些共益权如查阅权可以作为自益权手段，从而兼具两类权利的属性。

(二) 固有权和非固有权

根据股权可否受到法律之外的剥夺或者限制作此分类。固有权是指股东依法享有的，不得以公司章程或者公司决议予以剥夺的权利；反之，可以公司章程或者公司决议加以限制、剥夺的股权则为非固有权，比如优先分红权等。一般而言，共益权多属固有权，自益权多为非固有权。

这一分类的意义在于明确公司章程或者公司决议可以剥夺、限制的股东权利以及不可剥夺的股东权利。凡是对固有权加以剥夺或者不当限制的，均为违法行为，受到侵害的股东可以依法主张权利救济。

(三) 单独股权与少数股权

根据是否需要股东持有一定比例的股份才能行使权利，可以将股权区分为单独股东权和少数股东权。单独股东权是指可以由股东一人单独行使的股权，不问其持股数额多少。少数股东权是指持有一定比例股权的股东才能行使的股权，具体比例由法律或者公司章程规定。少数股东权的核心要求是"股权达到一定比例"，行使少数股东权的股东既可以是持股达到该比例的单个股东，也可以是持股之和达到该比例的数个股东。

在性质上，自益权均为单独股东权，共益权中既有单独股东权（如表决权），也有少数股东权（如股东会议召集请求权）。从保护股东的角度看，共益权原则上应为单独股权,但法律对部分共益权股东的持股比例与持股期间进行了限制。立法作此限制的主要原因是:一方面,将少数股东权作为一种对抗多数股东的措施,并借此保护少数股东的利益;另一方面,预防个别股东滥用股权,减少公司的运营成本,维护公司的整体利益。

将共益权中部分权利界定为少数股东权,以及持股比例和期间的要求,属于立法政策的选择问题。我国《公司法》关于少数股东权的规范大致包括:

(1) 请求召集和主持股东会。代表 1/10 以上表决权的股东可以提议、自行召集和主持股东会;单独或者合计持有公司 10% 以上股份的股东可以请求召开临时股东会会议。

(2) 临时提案。单独或者合计持有 3% 以上股份的股东可以在股东会召开 10 日前提出临时提案。

(3) 提议召集董事会临时会议。代表 1/10 以上表决权的股东可以提议召开股份公司董事会临时会议。

(4) 提起股东派生诉讼。股份公司连续 180 日以上单独或者合计持有公司 1% 以上的股东可以提起代表诉讼。

(5) 解散公司请求权。

此外,域外公司法通常规定,请求解任董事、清算人与申请公司整顿等权利也属于少数股东权。

(四) 比例股权与非比例股权

根据股东权利的内容可否依据股东的持股比例进行确定,可以将股权分为比例股权和非比例股权。比例股权是指股东权利的内容原则上应以股东持有股份比例为基础予以确定的股东权利,典型的有股利分配请求权、剩余财产分配请求权、新股优先认购权以及表决权等。非比例股权是指股东权利的内容不以股东持有股份比例为基础即可确定的股东权利,如知情权、股东提起各种诉讼的权利等。

这一分类的最直接意义是界定瑕疵出资股东的股权范围。对于瑕疵出资股东的某些权利有必要进行限制,但是因为股东权利的内容过于繁杂,限制的内容及手段属于立法技术上的难题。合理的做法是根据某项股东权利是否属于比例股权而定。比例股权本身是股东按照实际的持股比例确定的权利,不仅符合权利义务相一致的规则,督促股东更好地全面履行出资义务,消除出资瑕疵,而且因为比例股权具有可以分割计算的特性,在客观上也具有限

制的可能性。

(五) 普通股权与特别股权

根据股权的客体即股份的性质不同作此分类。普通股权是指普通股股东享有的权利。特别股权是指特别股股东享有的权利，如优先股、劣后股股东所享有的权利。这一区分适用于股份公司。特别股权并不违反股权平等原则。其原因在于：第一，特别股股东的权利与义务是对等的，在某些方面的利益优先于普通股股东，但在其他方面的利益逊于普通股股东；第二，特别种类股份的设定源于公司章程，符合股东自治原则；第三，同一类别的特别股权的内容相同。

第二节　股权的内容

一、股权内容的界定

股权在内容上是多种民事权利的集合，包含了多项具体权利。一般而言，股权具有以下特征：

（1）股权是股东基于股东身份对公司享有的权利，这区别于股东作为一个普通民事主体所享有的权利。

（2）股权的义务主体是公司，在特殊情况下可以延伸至公司法人机关及其成员如其他股东、管理层等，如股东行使质询权指向公司管理层。因此，股东享有的不以公司为义务主体的权利，如对于其他民事主体享有的权利，不属于股权的范畴。

（3）股权的内容法定，不得自设。1993年《公司法》曾规定公司章程应当记载"股东的权利和义务"事项，但是这一规定并无实益而且可能导致大股东借用资本多数决原则损害其他股东的利益，因而在2005年修订《公司法》时被删除，此后公司法对此不再作强制规定。

（4）股权的类型应当具有独立的内容且具有一定的涵摄性。

（5）区分原权利和救济性权利。股权属于原权利而非救济性的权利，列入股权内容的股东诉权应当是原权利，具有独立的实体内容。

二、我国公司法上的具体股权

（一）概述

股权的内容因公司类型及股权的性质不同而不尽相同，各国公司法一般不具体列举股权的内容，但均明确规定最为核心的具体股权，如表决权、股利分配请求权等。我国公司法采取概括和分散相结合的方式进行了规范。除了《公司法》第4条的概括规定，具体的股权类型散见于各章节的多个条文。

股权在内容上主要分为两类权利，即股东的资产收益权和参与公司经营管理权，既有财产权的一面，又有非财产权的一面。资产收益权是股东获取经济利益的权利。股东投资是为获取投资回报，而收益权正是投资回报的法律体现。资产收益权直接体现为公司运营中的股利分配请求权和公司清算时的剩余财产分配请求权，间接体现为新股认购优先权、异议股东股权回购请求权以及有限公司股东的优先购买权等派生性权利。

股东参与公司经营管理权，是对参加公司重大决策的权利和选择管理者的权利的概括。现代公司实行"两权"分离，公司经营管理由管理者负责，股东作为所有者并不直接参与公司的经营管理，其享有的经营管理权是间接的，即必须依照法律、公司章程规定的程序，通过参加股东会议对提案进行表决的形式集体行使权利，任何股东单凭股东身份均无权直接参与公司经营管理。因此，股东参与经营管理权体现为对公司重大决策和选择管理者事项的表决权，并借此实现对公司的控制。为保障表决权的实现，股东还享有必要的派生性权利，包括出席股东会会议、提议召集临时股东会、董事会、股东会的召集和主持权、监督权等。

此外，股东还享有一些工具性权利，来保障股东的资产收益权和经营管理权的实现，这些工具性权利主要包括知情权、强制解散公司请求权等。

（二）主要的具体股权

1. 股利分配请求权

股利分配请求权（dividend claims），又称为利润分配请求，是指股东基于其股东地位和资格所享有的请求公司向自己分配股利的权利。股利分配请求权属于期待权，能否转为既得权需要具备两个条件：①公司具备分配股利的条件，即在一个财务会计年度有利润，且在弥补亏损、依法提取公积金之后尚有剩余；②公司依法作出了分配股利的决议。这两个条件具备与否，实质上取决于背后的两个因素：客观因素是公司的盈利能力，主观因素是公司的股利分配政策。一般而言，股份公司通常奉行"固定股利分配政策"，因此股利的分配请求权能否转换为既得权，一般仅取决于公司具备分配股利条件与否。但在多数股东控制下，有限公司通常实行长期不分配股利政策，因此股利分配请求权能否转化为既得权，不仅取决于客观盈利能力，更取决于公司的股利分配决议。如股东认为有限公司的长期不分配股利政策侵害了自己的股利分配请求权，可以寻求包括诉讼在内的救济。

利润分配请求权分为抽象利润分配请求权与具体利润分配请求权。公司未作出利润分配决议，股东享有的是抽象利润分配请求权，该权利是股东基于成员资格享有的股东权利的重要内容，属于股权的组成部分。公司通过召开定期会议或临时会议，在股东会上通过利润分配方案，使股东享有的利润处于确定状态，股东的抽象层面的股利分配请求权转化为具体层面的股利分配给付请求权。[①] 至此，股东享有的是具体的利润分配请求权，该权利独立于股东成员资格而单独存在。具体利润分配请求权性质上为具体的债权，该债权的行使不要求具有股东资格，因而在股东会决议分配盈余之后，股东可以将盈余分配给付请求权独立转让，其与债法上普通的债权转让在本质上并无区别。在股东转让其成员资格时，利润分配请求权是否一并转让，应区分抽象利润分配请求权和具体利润分配请求权。抽象利润分配请求权基于股东身份一并随股权转让，具体利润分配请求权需要根据双方协议的约定。股权转让前，公司未就之前的利润形成具体的利润分配方案，股东利润分配请求权尚未转化为债权请求权。股权所附带的股利分配请求权随股权一并转让，原股东丧失股东身份后，不能再向公司请求分配利润。[②] 股东会作出股利分配决议时，在公司与股东之间形成债权债务关系，若未按照决议和章程及时给付，则应承担相应的赔偿责任。

在公司分配利润案件中，原告为股东，一审法庭辩论终结前，其他股东基于同一分配方案请求分配利润并申请参加诉讼的，应当列为共同原告，被告为公司。股东提交载明具体分配方案的股东会的有效决议，请求公司分配利润，公司拒绝分配利润且其关于无法执行决议的抗辩理由不成立的，人民

---

① 某医药集团股份公司诉某保险集团股份有限公司、第三人某集团公司盈余分配纠纷案，北京市西城区人民法院（2021）京0102民初14238号。
② 喻某诉四川某燃气有限公司、张某云公司盈余分配纠纷案，四川省德阳市中级人民法院（2017）川06民终387号。

法院应当判决公司按照决议载明的具体分配方案向股东分配利润。股东未提交载明具体分配方案的股东会决议，请求公司分配利润的，人民法院应当驳回其诉讼请求，但违反法律规定滥用股东权利导致公司不分配利润，给其他股东造成损失的除外。

2. 剩余财产分配请求权

股东剩余财产分配请求权（residual claims），是指股东在公司清算时，就公司的剩余财产所享有的请求分配的权利。剩余财产分配请求权是股东向公司得以主张的最后的权利，以公司清偿全部债务尚有剩余财产为前提。

3. 与资产收益权相关的派生性权利

（1）新股认购优先权（preemptive rights），是股东对公司新增资本的优先认购权。

根据我国《公司法》第227条的规定，公司在新增资本时，股东有权优先按照实缴的出资比例认缴出资。从权利性质上看，股东对新增资本的优先认购权应属于形成权。现行法律并未明确规定该项权利的行使期限，但为了维护交易安全和稳定经济秩序，人民法院在处理相关案件时应限定该项权利行使的合理期间，对于超出合理期间行使优先认缴权的主张不予支持。[①]

（2）异议股东股份回购请求权。公司作出的决议对股东利益产生了实质性的影响，对该决议持有异议的股东认为其违反了自己的合理期待的，有权要求公司以公平的价格回购自己持有的股份，从而退出公司。

（3）有限公司股东的优先购买权。有限公司股东在转让股权给股东以外的第三人时，其他股东在同等条件下享有优先购买权。这一权利既有利于维护有限公司的封闭性和股东之间的人身信任关系，也有助于股东资产收益权的实现。

4. 表决权

表决权（voting rights）是指股东就股东会议的议案进行投票表决的权利，属于固有权（无表决权股除外）。股东出席或者委托代理人出席股东会议并投票，对由股东会议决议的事项表示赞成、弃权或者反对。股东参与公司经营管理的法定模式是通过表决权来表达自己的意思，表决权是股东参与公司经营管理的核心权利。股东表决权可以自己行使，也可以委托他人代为行使，原则上股东表决权不能被剥夺，也不受限制。通常情况下，表决权不得与股

[①] 绵阳市红日实业有限公司、蒋洋诉绵阳高新区科创实业有限公司股东会决议效力及公司增纠纷案，最高人民法院民事判决书（2010）民提字第48号。

份分离而转让。

5. 与表决权相关的程序性权利

（1）出席权，即出席股东会议的权利。

（2）提议权，即少数股东在一定条件下提议召开临时股东会、临时董事会会议的权利。

（3）召集与主持权，即少数股东在一定条件下自行召集和主持股东会的权利。

（4）提案权，即持有一定股权比例的股东向股东会提出临时提案的权利。

以上权利，既与表决权并列，同时也是股东行使表决权的坚实基础。以表决权为中心，这些权利也可以视为表决权的派生性权利。

6. 知情权

股东知情权（information rights）是指公司股东了解公司信息的权利。从实质上看，该种权利主要包括公司股东了解公司经营状况、财务状况以及其他与股东利益存在密切关系的公司情况；从形式上看，主要表现为公司股东查阅公司一系列文档，包括公司章程、股东会会议记录、董事会会议决议、监事会会议决议、公司财务会计报告、会计账簿和会计凭证，以及股东名册、公司债券存根等。从性质上看，股东知情权属于固有权，公司不得利用章程、股东之间的协议等文件实质性剥夺股东的该项权利。但是公司章程可以合理扩展股东法定知情权的范围，比如规定母公司股东出于正当理由可查阅子公司的资料。就股权结构与公司架构而言，母公司股东行使查阅子公司资料的权利实质是母公司行使对子公司的知情权。在母公司控股尤其是全资控股子公司的情况下，子公司利益与母公司利益具有高度一致性，充分保障母公司的知情权在根本上与子公司的利益相一致。

（1）股东知情权的查阅主体。股东知情权的查阅主体为股东，瑕疵出资未导致公司设立无效时，一般不宜轻易否定瑕疵出资者的股东资格。瑕疵出资股东的权利受到限制，从我国公司法的规定来看，允许公司对瑕疵出资股东予以限制的权利仅限于利润分配请求权、新股优先认购权、剩余财产分配请求权等直接获得财产利益的权利，而对股东知情权的行使并未进行禁止性规定，因此未导致股东资格丧失的出资瑕疵，不影响股东知情权的行使。[①] 公

[①] 尤某诉无锡某有限公司股东知情权纠纷案，江苏省无锡市中级人民法院（2017）苏02民终1593号。

司有证据证明原告在起诉时不具有公司股东资格的,人民法院应当驳回起诉,但原告有初步证据证明在持股期间其合法权益受到损害的,法院应依法予以受理。原股东举证证明其在持股期间合法权益受到损害,且符合知情权的行使条件,法院在受理案件后,不仅应对原股东的"初步证据"进行形式审查,而且应对原股东的证据能否达到证明目的进行实质审查。[①]

股东不仅可以查阅其所在公司的相关资料,还可以查阅、复制公司全资子公司的相关材料。

(2)知情权的内容。有限公司和股份公司的任一股东均有权查阅和复制公司章程、股东名册、股东会会议记录、董事会会议决议、监事会会议决议和财务会计报告。

有限公司的股东或者连续180日以上单独或者合计持有公司3%以上股份的股东可以查阅公司的会计账簿、会计凭证。

(3)查阅会计账簿、会计凭证的程序。具有资格的股东要求查阅公司会计账簿、会计凭证的,应当向公司提出书面请求,说明目的。公司有合理的根据认为股东查阅会计账簿、会计凭证有不正当目的,可能损害公司合法利益的,可以拒绝提供查阅,并应当自股东提出书面请求之日起15日内书面答复股东并说明理由。公司拒绝提供查阅的,股东可以向人民法院提起诉讼。

(4)不正当目的的判断标准。由于股东知情权涉及公司与股东之间的利益平衡,在保护股东权利的同时亦应兼顾公司整体利益,以避免股东滥用知情权影响公司的正常经营或者利用知情权损害公司利益。因此,股东提出查阅会计账簿的请求应当基于正当、善意之目的,并与其作为股东的身份或者利益直接相关。如果股东违反诚实信用、善意原则,为了开展同业竞争、获取商业秘密等目的破坏公司日常经营,那么公司就有权拒绝其查询要求。此时,公司章程中保障股东查阅权的规定,也不能阻却法律赋予公司对股东不正当目的行使抗辩权。[②] 根据我国法律规定,股东具有下列情形,可以认为其有不正当目的:第一,股东自营或者为他人经营与公司主营业务有实质性竞争关系业务的,但公司章程另有规定或者全体股东另有约定的除外。"实质性竞争关系业务"可从下列方面予以认定:①基于我国传统的亲属观念与家庭

[①] 河南某实业公司诉某银行股份公司股东知情权、公司盈余分配纠纷案,河南省高级人民法院(2020)豫民终126号。

[②] 某甲国际有限责任公司诉德国某甲公司(上海)有限公司股东知情权纠纷案,上海市第二中级人民法院(2014)沪二中民四(商)终字第S488号。

观念，除非有相反的证据推翻，否则应当认定公司股东与其配偶、父母、子女或兄弟姐妹等近亲属之间具有亲密关系，因此近亲属出资设立的公司与股东之间自然形成了实际利益链条，与公司存在实质性竞争关系；②股东自营或为他人经营或近亲属设立的公司经营范围已经变更的，应结合变更时间、变更前后经营范围、变更后的经营项目是否实际经营、是否有一至两年内相关业务等综合判断实质性竞争关系；③在当前全球信息化时代背景下，大部分行业的开展是开放性的，股东自营同行业公司或近亲属设立的同行业公司设立区域不同不足以推翻存在实质性竞争关系。[1] 第二，股东为了向他人通报有关信息查阅公司会计账簿，可能损害公司合法利益的。第三，股东在向公司提出查阅请求之日前的3年内，曾通过查阅公司会计账簿，向他人通报有关信息损害公司合法利益的。第四，股东有不正当目的的其他情形。

（5）股东知情权的行使。股东查阅会计账簿、会计凭证等材料，可以委托会计师事务所、律师事务所等中介机构进行。股东及其委托的会计师事务所、律师事务所等中介机构查阅、复制有关材料，应当遵守有关保护国家秘密、商业秘密、个人隐私、个人信息等法律、行政法规的规定。人民法院审理股东请求查阅或者复制公司特定文件材料时，对原告诉讼请求予以支持的，应当在判决中明确查阅或者复制公司特定文件材料的时间、地点和特定文件材料的名录。股东依据人民法院生效判决查阅公司文件材料的，在该股东在场的情况下，可以由会计师、律师等依法或者依据执业行为规范负有保密义务的中介机构执业人员辅助进行。除法律另有规定外，公司章程或者发起人协议等也可约定股东有权自行指定审计师审计公司账目等将审计作为股东行使知情权的方式。[2] 第三方审计具有客观性、准确性的优势，是股东行使知情权、了解公司真实财务信息的重要方式。因此，公司章程规定的审计原则上可以作为股东知情权的行使方式，但同时也要防止对公司经营造成不利影响，所以股东不能随意行使审计权。在个案中股东行使审计权的方式，需要综合考虑案情予以判断：一是股东行使审计权必须有正当且迫切的理由；二是股东行使审计权要限定审计范围，一般应将审计限定在股东要求查清的具体财务问题和具体时间段内，不能无限制地对公司进行全面审计；三是审计过程

---

[1] 孙某某诉北京某科技有限公司股东知情权纠纷案，北京市第二中级人民法院（2020）京02民终816号。

[2] 美国阿某斯公司诉河北阿某斯公司股东知情权纠纷案，最高人民法院（2020）最高法民再170号。

中依法保护公司的商业秘密。[①]

公司董事、高级管理人员等未依法履行职责，导致公司未依法制作或者保存公司的相关文件材料，给股东造成损失时，股东可以依法请求负有相应责任的公司董事、高级管理人员承担民事赔偿责任。

（6）股东及相关主体泄露公司商业秘密的损害赔偿责任。股东及辅助股东查阅公司文件材料的会计师、律师等泄露公司商业秘密导致公司合法利益受到损害的，公司可以请求其赔偿损失。

7. 诉讼权

诉讼权是指公司股东针对损害自己利益的事情所享有的提起诉讼的权利。《公司法》关于股东起诉依据的实体性规范众多，但大多属于股东实体权利受到侵害后的救济性规定，其所规定的"诉权"属于救济性权利，不具有实质性内容。属于股权内容的股东诉权主要有：

（1）公司决议不成立、可撤销和无效。对于内容或者程序违反法律、行政法规或者公司章程的股东会决议、董事会决议，股东可以诉至法院，请求确认决议不成立、无效或者撤销该决议。

（2）股东代表诉权。公司管理人员、他人侵害公司利益，将间接损害股东利益，公司不能或者怠于起诉的，股东可以提起代表诉讼。

8. 强制解散请求权

在法定的情形下，股东可以申请法院强制解散公司。强制解散请求权作为一种工具性权利，其实质是股东在极端情况下凭借单方意思借助司法权消灭公司，可以视作股东参与公司经营管理权的变态表现与威慑手段。

三、股权被侵害的救济

作为一种民事权利，股权可能遭受到来自公司内外有关主体的不法侵害。对于遭受不法侵害的股权，法律应当予以救济。对于股权被侵害后的法律救济实质上就是对股东的救济，救济方式既包括私力救济，又包括公力救济。其中，私力救济主要是对股东权益损害的事前预防，公力救济则是在股东权益受到侵害后的事后诉讼救济。

[①] 某甲公司诉上海某乙公司股东知情权纠纷案，上海市第二中级人民法院（2013）沪二中民四（商）终字第S1264号。

第十五章

股权转让

第一节　股权转让概述

一、概念

股权转让（transfer of share）是指公司股东将股权转移给受让人，由受让人取得股权、成为股东的法律行为。股权转让具有以下法律特征：

(1) 股权转让通常指有偿的股权买卖，不包括股权的赠与和继承等无偿行为。

(2) 股权转让属于间接取得、继受取得。股权的间接取得包括股权转让、继承和公司合并，股权转让与继承为并列关系，并非后者的上位概念。

(3) 股权转让为民事法律行为，其成立及生效需要符合民事法律行为的有效要件。

(4) 当事人为股权转让人与受让人。股权转让法律关系中的当事人分别为转让人与受让人，转让人为公司股东，受让人可以是转让人之外的任何人，包括公司、其他股东与第三人。

(5) 股权转让不影响公司的法人资格。股权转让完成后，公司股东发生变更，甚至伴随控制权的转移，但公司法人资格一般不受影响。

(6) 股权转让发生在公司存续期间。公司成立前或者终止后，没有股权，也没有股权转让。在公司设立阶段，所谓的"股权转让"实质为发起人资格转让或者认股权转让。

二、股权转让合同

（一）股权转让合同的内容

(1) 转让人的义务。在有限公司中，转让人负有移转股权的义务，应当书面通知公司请求变更股东名册，请求公司向公司登记机关办理变更登记。

公司拒绝或者在合理期限内不予答复的，转让人、受让人可以依法向人民法院提起诉讼。在股份公司中，转让人如有以背书方式或者法律、行政法规规定的其他方式转让股权给受让人，转让后由公司将受让人的姓名或者名称及住所记载于股东名册。

（2）受让人的义务。除非存在股权互易或者赠与，受让人负有依照合同支付股款的义务，否则承担债务不履行的责任。

（二）股权转让合同的生效

股权转让合同生效需要符合我国《民法典》规定的合同生效的一般规定，除非当事人在股权转让合同中附有条件、期限，或者法律、行政法规规定需要办理批准、登记手续，否则股权转让合同自成立时生效。如果当事人进行的股权转让协议违反法律、行政法规的强制性规定，比如境外注册成立的公司受让义务教育机构的股权，股权转让协议无效。[①] 在股权转让合同的效力认定中，需要注意法律的变化而引起效力认定的差异。比如根据我国原《中外合作经营企业法》的规定，外商投资企业股权转让合同须经外商投资企业审批机关批准后才生效；未经批准的，人民法院应当认定该合同未生效。即便是在合同尚未生效阶段，一方当事人怠于履行报批义务的，也属于违反民法诚实信用原则的行为，应当受到法律的负面评价。但自2016年10月1日起，外商投资管理体制由全面审批制改为普遍备案制与负面清单下的审批制。其中，外商投资准入负面清单以外的外商投资企业股权转让合同适用备案制。此项备案属于告知性备案，不再构成外商投资准入负面清单以外的外商投资合同的生效要件。相应地，该类外商投资企业股权转让合同未报批也为生效合同。同时，当事人关于股权转让合同"自审批机关批准之日起生效"的约定也不再构成合同生效的限制条件。

但是股权转让合同作为一类特殊的合同，在某些方面并不能直接适用《民法典》的相关规定，比如有限责任公司股权转让约定分期支付转让款条款，一旦发生股权受让人延迟或者拒付等违约情形，股权转让人要求解除双方签订的股权转让合同的，则不能直接适用《民法典》合同编分期付款买卖中出卖人在买受人未支付到期价款的金额达到合同全部价款的1/5，可解除合同的规则。[②]

[①] 某公司诉李某晋、洪某馨、陈某某股权转让纠纷案，最高人民法院（2021）最高法民终332号。
[②] 指导案例67号：汤某龙诉周某海股权转让纠纷案，最高人民法院（2015）民申字第2532号。

瑕疵出资与股权转让合同系属两个层面的法律关系，出让方是否实际履行出资义务与股权转让协议的效力并无必然联系。股权转让合同中，出让方的出资情况对合同签订时股权的价值并不具有实质性的影响。即便出让方未实际出资，股权合同签订时，公司可能因为经营情况较好，也会具有相当的资产，受让方基于对公司资产的信赖而与出让方签订股权转让合同时，受让方对股权价值的衡量并不受出让方出资情况的影响。除合同另有约定外，出让方并无义务且无必要告知受让人自己的出资情况，受让方不得以此为由主张撤销股权转让合同。① 但是，如果股权转让的目标公司存在虚增银行存款、利润情况不真实、虚构应收账款以及隐瞒担保和负债等情形，目标公司的实际控制人及控股股东故意提供虚假信息、隐瞒真实情况，对受让人接受股权转让条件构成欺诈，目标公司的实际控制人及控股股东需对其欺诈行为承担责任。②

股权转让合同因情势变更解除后，转让方返还已收取的股权转让款，受让方应返还取得的标的物。当标的物价值明显减损时，根据公平原则，由当事人按照过错原则分担价值减损额。③

股权转让合同作为一种双务合同，其生效意味着产生双重的债权效力，即双方当事人可以相互主张对方履行所负的对待义务。按照"股权、股权转让合同"区分原则，股权转让合同生效并不当然导致股权变动，股权变动需要完成股权变动行为。当有限公司的股权转让合同中约定股权出让方的竞业禁止条款时，在法律没有作出禁止性规定的情况下，应当肯定股权转让合同所附竞业禁止条款的效力，但相应的竞业禁止期间仍应受到《劳动合同法》竞业禁止期间最高不得超过2年的限制。④

三、基于法律行为的股权变动模式

股权转让合同生效的后果为股权变动，即转让人丧失股权，受让人取得相应的股权。在我国公司法上，有限公司和股份公司的股权变动模式存在差异。

---

① 范某诉徐某股权转让纠纷案，上海市奉贤区人民法院（2013）奉民二（商）初字第2379号。
② 广东某乙公司诉某甲生物公司股权转让纠纷案，最高人民法院（2021）最高法民申1599号。
③ 万某某、万某新、候某某诉甘肃某商贸公司等股权转让纠纷案，最高人民法院（2021）最高法民终1255号。
④ 刘某诉杨某、上海某渡水净化工程有限公司股权转让纠纷案，上海市第二中级人民法院（2014）沪二中民四（商）终字第567号。

（一）有限公司采用意思主义

有限公司的股权变动采用意思主义，其含义是股权转让合同一经生效，股权即移转给受让人，也即发生股权变动的效果。需要注意的是，在股权转让合同履行过程中，变更股东名册和公司章程记载、变更工商登记等均不是股权转让的生效条件。股权转让合同在当事人之间生效后，股权发生变动；当事人将股权转让的事实书面通知公司，如果公司没有异议，受让人即可对公司主张股权。此时受让人可以基于股东身份请求公司签发出资证明书，变更股东名册和公司章程记载，变更股东工商登记。转让股东负有协助公司办理上述手续的义务。

（二）股份公司采用债权形式主义

股份公司的股权变动采用债权形式主义，股权变动的发生必须具备两个条件：一是股权转让协议生效，二是股票交付或者类似行为的完成。

《公司法》第159条第1款规定："股票的转让，由股东以背书方式或者法律、行政法规规定的其他方式进行；转让后由公司将受让人的姓名或者名册及住所记载于股东名册。"根据这一条款，股票持有人以背书或者其他法定方式转让股权。实物券式的记名股票的主要转让方式为背书，可以参照《票据法》中关于票据背书的规定进行。背书一经完成，股权发生变动。簿记式股票的转让先由证券登记结算公司托管，再由证券登记结算公司将股票交给证券交易所二次托管。每一股东的持股数表现为证券交易所中央电脑的电子信息，股东本人的账户簿或账户卡记载持有股份的数量及增减情况。公司将受让人的姓名、住所记载于股东名册，办理过户手续。未完成记载变动的，不影响股权转让的效力，但是不能对抗公司。股权受让人可以请求公司办理过户手续，转让人也负有协助义务。

在股东名册封闭期间，虽然可以进行股权转让，但是不得进行股东名册的变更登记。受让人申请变更登记，公司有权拒绝。

四、股权的善意取得

在我国公司实务中，有限公司的股权善意取得主要适用于下述两种场合。

1. 名义股东处分登记于其名下的股权

在隐名出资夫妻婚后股权仅登记在一方名下等情形，存在实际出资人和名义股东，如果后者将登记在其名下的股权转让、抵押或者以其他方式处分，那么法院可以参照《民法典》第 311 条善意取得的规则。相对人凭借对登记内容的信赖，可以合理地相信登记的股东（名义股东）为真实股东，与名义股东进行交易，此时实际出资人不能据此主张名义股东的处分行为无效。但需要注意的是，股权转让的价格必须合理。最高人民法院在审理孙某某诉张某某、张某公司股权转让纠纷案中认为，"虽然股权转让这一商事行为受《公司法》调整，股东个人是《公司法》确认的合法处分主体，股东对外转让登记在其名下的股权不必经过其配偶同意，不能仅以股权转让未经配偶同意为由否认股权转让合同的效力。但夫妻一方实施的以不合理低价转让股权的行为，股权受让人知道或者应当知道的，配偶作为债权受损方可以通过债权保全制度请求撤销。有证据证明受让人与出让人恶意串通损害出让人配偶合法权益的，该配偶有权依法主张股权转让合同无效"①。

根据物权善意取得的一般原理，相对人善意取得股权后，实际出资人基于股权形成的利益不复存在，其可以要求作出处分行为的名义股东承担赔偿责任。

根据善意取得制度的本意，受让人受让股权时必须善意，对于知情的受让人自然不适用善意取得。《最高人民法院关于适用〈中华人民共和国民法典〉婚姻家庭编的解释（二）》第 9 条规定，夫妻一方转让用夫妻共同财产出资但登记在自己名下的有限责任公司股权，另一方以未经其同意侵害夫妻共同财产利益为由请求确认股权转让合同无效的，人民法院不予支持，但有证据证明转让人与受让人恶意串通损害另一方合法权益的除外。在夫妻单方恶意转让股权，受让人主观上并非善意时，股权转让不经追认则转让无效。②

股东工商登记的内容构成相对人信赖的基础，相对人可以登记的内容来主张其不知道股权归属于实际出资人并进而终局地取得该股权，但实际出资人可以举证证明第三人知道或应当知道该股权归属于实际出资人。

2. 一股二卖

股东将股权转让后，由于种种原因未及时办理股权变更登记而形成名实分离的情况，如果原股东将登记于其名下的股权再次转让，受让股东以其对于股权享有实际权利为由，请求认定处分股权行为无效的，法院可以参照

---

① 孙某某诉张某某、张某公司股权转让纠纷案，最高人民法院（2019）最高法民申 4083 号。
② 一审：（2012）台温溪商初字第 550 号 二审：（2013）浙台商终字第 642 号，《人民司法（案例）》2015 年第 2 期。

《民法典》第 311 条的规定，准用物权的善意取得制度。当然这一制度适用的前提依然是交易相对人对工商登记内容的信赖，相对人相信登记股东为真正的股权人；但是，当确有证据证明相对人在受让股权时知道原股东已经不是真实股权人时，则不适用善意取得制度。

根据善意取得的一般原理，相对人善意取得该股权，受让股东的股权利益不复存在，其可以要求原股东承担赔偿责任，也可以要求未及时办理变更登记有过错的董事、高级管理人员或者实际控制人承担相应的责任；如果受让股东对于未及时办理变更登记也存有过错，那么可以适当减轻相关董事、高级管理人员或者实际控制人的责任。

五、股权变动的效力

股权变动一经发生，就发生如下效力。

（一）对股东的效力

股权转让生效后，股份或者出资上一切权利包括受益权和表决权均应由受让人继受。股权转让具有整体性、不可分割性，不能仅仅转移一部分权能。受让人可要求公司为其办理过户手续，转让人应当协助。

（二）对公司的效力

（1）公司的作为义务。当事人达成股权转让协议，并办理过户手续后，受让人基于继受取得股东地位，凡股份或者出资上一切权利均归于受让股东享有和行使，公司必须对新的股东负责。因此，对于有限公司而言，公司负有向受让股东签发出资证明书、记载于股东名册、办理公司登记并相应修改公司章程等义务。公司不履行该义务的，受让人可以起诉公司，要求强制履行并承担损害赔偿责任。在股份公司，记名股票依法转让后，公司负有变更股东名册记载的义务。

（2）公司的异议权。如果股权转让不符合法律、行政法规或者公司章程的规定，如公司章程对有限公司股权进行特别限制而股东违反了该限制，或者公司发起人、高级管理人员转让股权未遵守相应的规定，公司可以对股权转让合同的效力提出异议，并拒绝履行上述义务。但如果法院最终认定公司的异议不成立，那么公司应恢复履行其义务。

（3）受让人对公司行使股权。对于有限公司股权转让，应当书面通知公

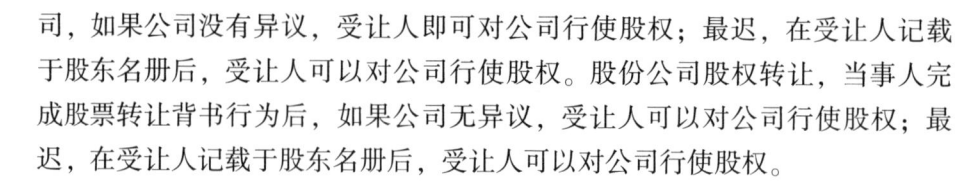

司，如果公司没有异议，受让人即可对公司行使股权；最迟，在受让人记载于股东名册后，受让人可以对公司行使股权。股份公司股权转让，当事人完成股票转让背书行为后，如果公司无异议，受让人可以对公司行使股权；最迟，在受让人记载于股东名册后，受让人可以对公司行使股权。

(三) 对相对人的效力

股权转让未经变更登记的，不得对抗善意相对人。因此，股权变更登记是股权转让对抗相对人的要件，只有在变更登记后，才能对抗善意相对人。

第二节 有限公司股权转让的特殊规定

一、有限公司股权转让的方式及限制

有限公司的股权转让分为内部转让和外部转让。

(一) 有限公司股权的内部转让

大陆法系公司法一般不限制有限公司股权的内部转让，主要理由是内部转让不影响有限公司的封闭性和股东的稳定性。但内部转让会引起股东持股比例与股权结构的变化，甚至导致控制权的移转，并可能导致股东间利益格局的动荡和人身信任基础的动摇。为了保持有限公司的稳定，尊重公司自治，各国公司法允许公司章程对内部转让进行一定的限制。

我国《公司法》第84条第1款规定，有限公司的股东之间可以相互转让其全部或者部分股权。据此，股东之间进行股权转让只要当事人达成股权转让协议即可发生股权转让的效力。但为了避免自由转让可能引起的不良后果，在不违背法律的强行性规范情形下，法律允许公司章程对股权转让另行规定。据此，公司章程可以规定必要的限制。比如，规定董事的股权在一定期限内不得转让。但是，公司章程的限制不能从根本上违背《公司法》内部自由转让的原则，如果限制条件高于外部转让，就违背了公司法理。如法国《商事公司法》第47条第2款规定，公司章程可对内部转让加以限制，但应低于外部转让的限制。

(二) 有限公司股权的外部转让

外部转让不仅会引起股东持股比例和股权结构的改变，以及控制权的移转，同时外部新股东的加入也会打破公司的封闭性，甚至会影响乃至破坏股东间的信任基础。为此，与内部转让相比，公司法对有限公司的外部转让进行了较为严格的规制。但是，立法规则不能过分影响有限公司股东对股权的处分，实质性阻碍股权的转让。因此，法律需要平衡出资转让自由与维护有限公司的封闭性、赋予其他股东优先购买权和经过其他股东多数同意机制来维系股东间的信任关系。我国2023年之前的《公司法》采取赋予股东优先购买权和股东多数同意的机制，但2023年《公司法》仅采取赋予其他股东优先购买权的机制来维持这一平衡，对于其他股东的优先购买权的内容，详见下文。当然与内部转让一样，公司章程也可以对外部转让规定特别的限制。但是这种限制不能实质上禁止股权转让，否则章程的此项规定无效。

二、股东的优先购买权

为了保持有限公司股东的稳定性，大陆法系公司法赋予股东在股权外部转让时享有优先购买权，防止外人进入公司。一旦股东行使优先购买权，将导致股权转让由外部转让变成内部转让。因此，优先购买权从性质上看为期待权。只有股权发生外部转让，股东才能行使该权利。此外，因为优先购买权本质上为权利，所以股东可以行使也可以放弃行使，但是一旦股东作出行使优先购买权的意思表示，即发生原拟定的非股东受让人丧失受让股权的后果，因此该权利为形成权。

根据我国2023年《公司法》第84条第2款、第3款的规定，股东行使优先购买权必须符合下列条件。

(1) 同等条件下股东方可行使优先购买权。股东向股东以外的人转让股权，应当将股权转让的数量、价格、支付方式和期限等事项书面通知其他股东。同等条件是股东行使优先购买权的前提，而转让条件是转让人与非股东受让人确定的，因此，当转让人就外部转让通知其他股东时，通知的内容应当包括转让条件。其他股东应当自接到通知之日起30日内行使优先购买权，如果30日内未答复，视为放弃优先购买权。

(2) 优先购买权冲突的解决。两个以上的股东行使优先购买权的，应当协商确定各自的购买比例；协商不成的，按照转让时各自的出资比例行使优先购买权。

（3）强制执行程序中转让股权的场合也适用优先购买权。人民法院依照法律规定的强制执行程序转让股权时，应当通知公司及全体股东，其他股东在同等条件下有优先购买权，但必须自人民法院通知之日起20日内行使，否则视为弃权。

（4）股权拍卖中优先购买权的适用方式。拍卖现场采取竞价方式，当交易条件相同时，需要继续竞价，直到出现最高价。在拍卖程序中，法院不可能事先确定交易条件再通知公司和股东，而是由股东决定是否行使优先购买权。《最高人民法院关于人民法院民事执行中拍卖、变卖财产的规定（2020年修正）》第13条规定，拍卖过程中，有最高应价时，优先购买权人可以表示以该最高价买受，如无更高应价，则拍归优先购买权人；如有更高应价，而优先购买权人不作表示的，则拍归该应价最高的竞买人。顺序相同的多个优先购买权人同时表示买受的，以抽签方式决定买受人。

（5）公司章程可对此进行特别规定。公司章程可以依法对优先购买权作出特别规定，可以严格其要件，也可以放宽其要件。

三、股权的继承与共有分割

（一）股权的继承

有限公司股权为财产权，当然可以继承。根据《公司法》第90条的规定，除公司章程另有规定外，自然人股东死亡后，其合法继承人可以继承股东资格。据此，在有限公司章程没有特别规定时，继承人取得股东资格成为股东。公司章程对股权继承的限制，可以分为内容的限制和对继承权行使的限制。内容的限制是指被继承人生前以遗嘱方式指定股权由某人继承；行使的限制是指股权继承需要满足一定的条件，但是该条件一般不得高于公司章程规定的外部转让条件，否则该限制条件无效。另外，因为继承不存在对价，所以在股权继承时其他股东不能行使优先购买权，当然全体股东另有约定或者公司章程另有规定的除外。

（二）共有股权的分割

共有股份的分割也可导致股权的变动。如果分割共同财产的共有人之一不是有限公司股东，则其取得股权应当适用股权外部转让的规则。对夫妻共有的有限公司股权的分割，《最高人民法院关于适用〈中华人民共和国民法典〉婚姻家庭编的解释（一）》第73条规定："人民法院审理离婚案件，涉及分割夫妻共同财产中以一方名义在有限责任公司的出资额，另一方不是该公司股东的，按以下情形分别处理：（一）夫妻双方协商一致将出资额部分或者全部转让给该股东的配偶，其他股东过半数同意，并且其他股东均明确表示放弃优先购买权的，该股东的配偶可以成为该公司股东；（二）夫妻双方就出资额转让份额和转让价格等事项协商一致后，其他股东半数以上不同意转让，但愿意以同等条件购买该出资额的，人民法院可以对转让出资所得财产进行分割。其他股东半数以上不同意转让，也不愿意以同等条件购买该出资额的，视为其同意转让，该股东的配偶可以成为该公司股东。用于证明前款规定的股东同意的证据，可以是股东会议材料，也可以是当事人通过其他合法途径取得的股东的书面声明材料。"但是考虑到《公司法》已经删除了股权外部转让其他股东同意的条款，据此，在夫妻分割共有财产的协议中有约定且其他股东放弃行使优先购买权时，股东的配偶即可成为公司的股东。

第三节　股份公司股权转让的特殊规定

一、股份转让的方式

在我国，股份转让的方式有两种情形，即记名股票的转让和股票的上市交易。对于股份转让的场所，《公司法》第158条规定："股东转让其股份，应当在依法设立的证券交易场所进行或者按照国务院规定的其他方式进行。"在我国，证券交易所包括全国性证券集中交易系统、地方性证券交易中心和从事证券柜台交易的机构等，上海证券交易所、深圳证券交易所、北京证券交易所、天津滨海柜台交易市场股份公司是代表性的证券交易场所。此外，股份转让也可以按照国务院规定的其他方式进行，目前非上市股份公司的股份均通过私下协议的方式进行转让。

二、股份转让自由原则

股份自由转让不仅对股东实现投资收益有益，而且股东选择"用脚投票"的方式对公司管理层形成资本市场的外部压力，促使公司提高经营管理的水平，并在全社会范围内促进资本在各公司、各行业和各地区流动，实现了资金的市场配置，因此各国公司法大多规定股份公司的股份可以自由转让。

我国《公司法》第 157 条规定，股份有限公司的股东持有的股份可以向其他股东转让，也可以向股东以外的人转让。该条款贯彻了股份自由转让的原则。

三、股份转让的法律限制

我国《公司法》对于股份转让的限制，从转让场所、转让方式以及特定主体等方面予以规范，上文已经论述了转让场所和转让方式的规范，下面重点论述对主体的限制。法律对特定主体转让股份设置限制的理由在于，股份转让可能影响到公司经营的稳定，某些特定主体在某些特定时期转让股份可能会损害到公司、其他股东的独立利益，甚至可能带来投机行为，引发违法的股票交易。为了保护公司和股东的利益，各国公司法和证券法均对特定主体的股份转让作出限制，我国也不例外。

（1）上市公司股东、实际控制人。上市公司股东、实际控制人对上市公司的设立及上市之前的财产组成和组织管理具有重要的影响。为了保护公众投资者的利益，防止其利用公司上市进行投机、欺诈活动，各国法律一般均对其股份转让进行了一定程度的限制。我国《公司法》第 160 条规定，公司公开发行股份前已发行的股份，自公司股票在证券交易所上市交易之日起 1 年内不得转让。法律、行政法规或者国务院证券监督管理机构对上市公司的股东、实际控制人转让其所持有的本公司股份另有规定的，从其规定。

（2）公司董事、监事、高级管理人员。公司董事、监事、高级管理人员的行为对公司经营管理影响极大，限制其股份转让，将公司经营状况同管理层的利益联系更为密切，有助于促进其忠实、勤勉地工作，也可以防止管理层利用职务之便进行内幕交易，谋取非法利益。《公司法》第 160 条第 2 款规定，公司董事、监事、高级管理人员应当向公司申报所持有的本公司的股份及其变动情况，在就任时确定的任职期间每年转让的股份不得超过其所持有本公司股份总数的 25%，所持本公司股份自公司股票上市交易之日起 1 年内不得转让。上述人员离职后半年内，不得转让其所持有的本公司股份。此外，公司章程可以对其转让其所持有的本公司股份作出其他限制性规定。

（3）自然人股东死亡后，其合法继承人可以继承股东资格，但是股份转让受限的股份公司的章程另有规定的除外。

（4）证券法上的特殊主体。

1）上市公司的特殊主体。《证券法》第 44 条第 1 款、第 2 款规定，上市公司、股票在国务院批准的其他全国性证券交易场所交易的公司持有5%以上股份的股东、董事、监事、高级管理人员及其配偶、父母、子女持有的及利用他人账户，将其持有的该公司的股票或者其他具有股权性质的证券在买入后6个月内卖出，或者在卖出后6个月内又买入，由此所得收益归该公司所有，公司董事会应当收回其所得收益。但是，证券公司因购入包销售后剩余股票而持有5%以上股份，以及有国务院证券监督管理机构规定的其他情形的除外。

2）中介机构及其人员。《证券法》第42条规定，为证券发行出具审计报告或者法律意见书等文件的证券服务机构和人员，在该证券承销期内和期满后6个月内，不得买卖该证券。为发行人及其控股股东、实际控制人，或者收购人、重大资产交易方出具审计报告或者法律意见书等文件的证券服务机构和人员，自接受委托之日起至上述文件公开后5日内，不得买卖该证券。实际开展上述有关工作之日早于接受委托之日的，自实际开展上述有关工作之日起至上述文件公开后5日内，不得买卖该证券。

（5）质权人。股份在法律、行政法规规定的限制转让期限内出质的，质权人不得在限制转让期限内行使质权。

（6）公司自身。《公司法》第162条规定了公司回购股份的限制措施，具体内容见第四节。

第四节　股权回购

一、股权回购概述

（一）概念

股权回购（share repurchase），又称为股权回赎（share redemption），是指公司依法从公司股东手中买回自己股权的行为。股权回购的法律特征为：

（1）一种特殊的股权转让行为。股权回购当事人一方是公司，另一方是股东，客体是公司的股权，是公司从股东手中买回自己的股权。

（2）严格的法定程序与条件。各国公司法都对股权回购有所限制，包括回购对象、回购事由、回购程序、回购价格确定等，公司回购股权必须遵守法定的条件和程序。

(二) 法律政策

因为公司资本制度理念的差异,所以两大法系对于股权回购的法律政策差别较大。英美法系特别是美国对股权回购制度采取自由主义原则。这与美国法采用授权资本制和库存股制度有关,库存股制度可以自由调整公司资本额的增减,使其与市场变化和公司目标保持一致,采用股权回购制度较为方便。

大陆法系公司法因采用了法定资本制,所以在股权回购方面多采取"原则禁止,例外许可"的立法模式。具体而言,禁止公司取得自己股权的主要理由是公司回购股权会减少公司自有资金,可能造成变相偿还股东出资,违反了股东不得抽回出资的原则,而且公司资本的减少可能会损害债权人利益;对上市公司而言,公司可能利用自己掌握的公司信息,借助股权回购操纵股价或者进行内幕交易,并在回购过程中可能对股东实行不同的回购条件和价格或者采取选择性回购等方式产生区别对待股东的不公平交易现象。此外,从逻辑上看公司因回购而持有自己的股份,权利和义务主体合一,公司出现同时具有双重身份的逻辑矛盾现象,因此早期大陆法系公司法大多绝对禁止股权回购。但目前为了公司经营自由,有放宽的趋势。如荷兰公司法规定,在不违反公司章程的情况下,公司可以用其利润购买股款已全额缴足的自身股权,购买额可占授权资本的1/2。我国也采取了"原则禁止,例外许可"的立法体例。

(三) 回购事由

根据各国公司法的规定,股权回购主要因下列事由而发生:①与持有本公司股份的其他公司合并;②减少公司注册资本;③将股份用于员工持股计划或者股权激励;④异议股东行使回购请求权;⑤封闭公司中,自然人股东死亡后依照公司章程或者事先达成的买卖协议,由公司受让该股权而临时持有;⑥作为股利的一种分配方式;⑦其他。

(四) 回购股权的处理

公司回购取得股权的处理,有以下三种处理模式:

(1) 纳入库存股。美国多数州的公司法将回购股份纳入库存股。从法律上看,库存股在资本总额上视为已发行的股份(share issued),但是不具有表决权和分红权。对于库存股的发行，不需要考虑其发行价格和票面价值之间的关系，其对价可以是在新股发行时不能成为合格对价的将来的服务、期票或者其他财产。

（2）作为已授权但尚未发行的股份。美国《示范公司法》规定，公司取得自己股份自动转换为已经授权但尚未发行的股份（authorized but unissued shares），但是公司章程另有规定的除外。所回购的股份可以再次发行。

（3）限期转让或者注销。大陆法系公司法多采取这一做法，我国亦然。

二、异议股东评估权

（一）概念

异议股东评估权（appraisal rights for dissent shareholder），又称为异议股东股权回购请求权（repurchase rights for dissent shareholders），是指在特定交易中，法律赋予对该交易有异议的股东请求公司以公平价格回购其股权的权利。异议股东评估权在一定程度上解决了有限公司和非公开发行股份的股份公司缺少公开的股权交易市场导致的股权转让困境，为少数股东公平地退出公司提供了机会。这一制度源于美国，为大陆法系国家引进，我国《公司法》第89条、第161条也规定了评估权。

（二）异议股东评估权行使要件

1. 法定事由

我国《公司法》针对公司的不同类型，规定了不同的事由。对所有类型的公司股东而言，对公司股东会决议作出的公司合并、分立持异议，均可以要求公司收购其股权。对有限公司和非公开发行股份的公司的股东而言，对下列股东会决议投反对票的股东可以行使评估权：①公司连续5年不向股东分配利润，而公司该5年连续盈利，并且符合《公司法》规定的分配利润条件的。②公司转让主要财产。判断是否属于公司法意义上的公司主要财产，应当从转让财产价值占公司资产的比重、转让的财产对公司正常经营和盈利的影响以及转让财产是否导致公司发生根本性变化等三项规则进行考察，并以转让财产是否导致公司发生根本性变化，即对公司的设立目的、存续等产生实质性影响,作为判断的主要标准,其余两项则作为辅助性判断依据。① 如公司转让财产属于公司章程规定的股东会职权的,应当提交股东会讨论表决;如未召开,异议股东仍可通过其他途径表示反对,并有权自知道或应当知道异议事项之日起 90 日内要求公司收购其股权。② ③公司章程规定的营业期限届满或者章程规定的其他解散事由出现,股东会通过决议修改章程使公司存续。

如果股东会未通过相应的决议或者决议通过后未经实施时已经撤销该决议,则股东不能行使股权回购请求权。

2. 异议方式

对决议投反对票的股东可以请求公司回购股权,当公司连续 5 年未召开股东会对利润分配进行决议,导致股东无法投反对票时,股东依然可以要求公司按照合理的价格回购其股权。此外,继受股东不享有股权回购请求权,但因继承而取得股权的除外。

3. 回购协议

异议股东主张评估权的,公司如无异议,双方签订股权收购协议,具体内容由双方协商确定。收购协议的核心条款是股权收购价格,虽然《公司法》第 89 条、第 161 条规定公司以"合理的价格"收购,但具体的价格仍需要由双方协商确定。此外,回购协议还包括回购时间、回购方式和股价支付等条款。

4. 法定程序

我国《公司法》第 89 条、第 161 条第 2 款规定,自股东会决议作出之日起 60 日内,股东与公司不能达成股权收购协议的,股东可以自股东会决议作出之日起 90 日内向人民法院提起诉讼。因为股东可以向人民法院起诉要求公司收购,所以公司负有强制缔约的法定义务。现实中争议往往集中于股价的确定。对于股价的确定,各国的做法有所不同。在法国、日本、韩国,公司法规定通过非诉程序解决,具体操作是由异议股东提出申请,法院或者通过裁定指定股价的评估人,或者通过裁定直接决定价格。我国采取请求公司收

---

① 上海某实业公司诉上海某房地产公司等请求公司收购股份纠纷案,上海市第二中级人民法院(2020)沪 02 民终 2746 号。
② 上海某实业公司诉上海某房地产公司等请求公司收购股份纠纷案,上海市第二中级人民法院(2020)沪 02 民终 2746 号。

购股份纠纷的诉讼制度解决这一问题。

(三) 回购股权的处理

根据《公司法》第 89 条第 4 款、第 161 条第 3 款、第 162 条第 3 款的规定，公司收购本公司的股份，应当在 6 个月内依法转让或者注销。

三、股权回购

异议股东评估权是股权回购的一种特殊情形，要求公司回购股权的股东对回购事项持异议。但是股权回购并不限于异议股东评估权，其他情形下的股权回购对于股东是否有异议并不要求。

(一) 法定事由

(1) 有限公司的控股股东滥用股东权利，严重损害公司或者其他股东利益的，其他股东可以请求有限公司按照合理的价格收购其股权。

(2) 在下列情形下股份公司可以回购股权：减少公司注册资本，与持有本公司股份的其他公司合并，将股份用于员工持股计划或者股权激励，股东因对股东会作出的公司合并、分立决议持异议，要求公司收购其股份，将股份用于转换公司发行的可转换为股票的公司债券，上市公司为维护公司价值及股东权益所必需。上市公司为维护公司价值及股东权益所必需而回购股权，应当符合以下条件之一：①公司股票收盘价格低于最近一期每股净资产；②连续 20 个交易日内公司股票收盘价格跌幅累计达到 20%；③公司股票收盘价格低于最近一年股票最高收盘价格的 50%；④中国证监会规定的其他条件。

(3) 有限公司章程约定回购股权。有限责任公司初始章程，在不违反公司法等法律强制性规定的前提下，可以明确约定公司回购条款，比如公司支付合理对价回购股东股权，且通过转让给其他股东等方式对回购股权进行合理处置。[①]

(4) 通过"对赌协议"方式回购公司股权。"对赌协议"又称为估值调整协议，是指投资方与融资方在达成股权性融资协议时，为解决交易双方对目标公司未来发展的不确定性、信息的不对称以及投资成本而设计的包含了股权回购、金钱补偿等对未来目标公司的估值进行调整的协议，是私募股权投资中常用的投资方法。对赌条款是投资方为保障资金安全及利益的最大化

---

① 指导案例 96 号：宋某军诉西安市大华餐饮有限公司股东资格确认纠纷案。

所设定的投资条件,在目标公司未完成对赌目标时多设定以股权回购方式要求对赌方回购投资方持有的目标公司股权,实质为附条件的股权转让行为。[①] 投资方与目标公司原股东或实际控制人之间的"对赌协议",在目标公司股东对投资方的补偿承诺不违反法律法规的禁止性规定时,该对赌协议应为合法有效。投资方与目标公司订立的"对赌协议"在不存在法定无效事由的情况下,目标公司不得仅以存在股权回购或者金钱补偿约定为由,主张"对赌协议"无效,但投资方主张实际履行的,人民法院应当审查是否符合公司法关于"股东不得抽逃出资"及股份回购的强制性规定,判决是否支持其诉讼请求。经审查,目标公司未完成减资程序的,人民法院应当驳回其诉讼请求。投资方请求目标公司承担金钱补偿义务的,人民法院应当依据公司法中"股东不得抽逃出资"和利润分配的强制性规定进行审查。经审查,目标公司没有利润或者虽有利润但不足以补偿投资方的,人民法院应当驳回或者部分支持其诉讼请求。今后目标公司有利润时,投资方还可以依据该事实另行提起诉讼。[②]

(二) 回购程序

公司因减资、合并回购本公司股份,应当经股东会同意;公司将股份用于员工持股或者股权激励、将股份用于转换公司发行的可转换为股票的公司债券;上市公司为维护公司价值及股东权益所必需回购本公司股份的,可以按照公司章程或者股东会的授权,经2/3以上董事出席的董事会会议决议。

(三) 回购方式

上市公司收购本公司的股份,应当依照我国《证券法》的规定履行信息披露义务;而且对于上市公司收购股份用于员工持股计划或者股权激励、用于转换公司发行的可转换为股票的公司债券、为维护公司价值及股东权益所必需等回购本公司股份,应当通过公开的集中交易方式进行。对于其他类型的公司的股权回购方式,公司法未予明确。

---

① 上海某某公司诉上海某某股权投资中心等、第三人叶某某股权转让纠纷案,上海市第二中级人民法院 (2020) 沪02民终2334号。
② 山东某某创业投资有限公司诉山东某某纸业有限公司、陈某1、陈某2、陈某3等股权转让纠纷案,山东省高级人民法院 (2021) 鲁民终647号;《全国法院民商事审判工作会议纪要》第5条。

（四）回购价格确定

上市公司采取集中竞价方式回购股份，回购股份的定价较为方便、客观；上市公司也可以采用要约方式回购，此种情形下的价格也较为客观、公正。但是其他类型的公司，多采取协议回购方式，公司法没有明确价格的确定方式。在国外，大多采取了净资产、一定倍数的市盈率、市价、一定时期内的平均价、最高价等。

（五）回购资金来源及回购股份数量限制

（1）一般由股东会根据公司资金状况自主决定回购资金来源。

（2）回购股权数额限制。一般由股东会根据公司自身情况自主决定，法律不作限制。但《公司法》第162条第3款规定，公司将股份用于员工持股计划或者股权激励、将股份用于转换公司发行的可转换为股票的公司债券、上市公司为维护公司价值及股东权益所必需合计持有的本公司股份数不得超过本公司已发行股份总数的10%。

（六）回购股份的处理

公司减少注册资本回购的股份应当自收购之日起10日内注销；公司合并、分立或者与持有本公司股份的其他公司合并回购的股份，应当在6个月内转让或者注销；其他情形下回购股权，应当在3年内转让或者注销。

四、股权质押

（一）概念

股权质押是指股东为担保自己、他人的债务履行，以其持有的股权出质，当债务人不履行债务时，债权人得就股权变现所得价款优先受偿的担保制度。股权质押的特征为：

（1）股权质押属于权利质押。股权质押为权利质押的一种，标的是股权，具体包括股份公司的股份和有限公司的出资，因此又被称为股份质押和出资质押。

（2）股权质押可能涉及股权转让。股权设质后，一旦债务人不履行到期债务或者出现当事人约定的实现质权的情形，质权人实现质权，就会发生质押股权的转让。

（二）股权质押的生效

我国《民法典》第 443 条规定，以股权出质的，质权自办理出质登记时设立。股权出质后，不得转让，但是出质人与质权人协商同意的除外。出质人转让股权所得的价款，应当向质权人提前清偿债务或者提存。

公开发行的股份设质，在证券登记结算机构办理出质登记；非公开发行的股份以及有限公司的出资，在市场监督管理部门办理出质登记。

五、财务资助制度

为了保证有意购买公司股份的人用其自身的财产而不是公司的财产，很多国家规定了禁止财务资助制度。世界各国禁止财务资助的立法体例并不相同。有些国家将财务资助行为与向股东、董事、监事、高级管理人员等提供借款的行为一并规范，比如法国、加拿大和丹麦等。是否允许公司对外借贷，各国公司法的规范也不相同，有些国家公司法不限制公司对外借贷，也有些国家公司法禁止借贷给股东或者他人。[1] 我国原《公司法》从组织法的角度规定董事、高级管理人员不得违反章程规定将资金借贷给他人。2023 年《公司法》并未明确规定借款问题，而是直接规定了财务资助制度。

《公司法》第 163 条规定，公司不得为他人取得本公司或者其母公司的股份提供赠与、借款、担保以及其他财务资助，公司实施员工持股计划的除外。为公司利益，经股东会决议，或者董事会按照公司章程或者股东会的授权作出决议，公司可以为他人取得本公司或者其母公司的股份提供财务资助，但财务资助的累计总额不得超过已发行股本总额的 10%。董事会作出决议应当经全体董事的 2/3 以上通过。违反规定，给公司造成损失的，负有责任的董事、监事、高级管理人员应当承担赔偿责任。据此可得：第一，我国原则上禁止财务资助，公司不仅不得为他人取得本公司的股份提供资助，还不得为他人取得母公司的股份提供财务资助；第二，我国列举了财务资助的几种常见的方式，如赠与、借款、担保、补偿、免除债务等；第三，员工持股计划和为公司利益可以进行财务资助，但是必须符合目的、程序和数额限制；第四，董事、监事和高级管理人员因为违法进行财务资助给公司造成损失的，应当承担赔偿责任。

---

[1] 皮正德：《禁止财务资助规则的公司法建构》，《法学研究》，2023（1）：143-161。

第五编

公司治理

第十六章

公司治理基本理论

第一节 公司治理概述

公司治理作为一个中立词汇，在英语中是指大公司中意思决定的体制。但是目前该词在美国和欧洲有些差异，美国主要从对经营或者经营者进行监督、监视（monitoring）的意思上使用"治理"，而欧洲主要从经营者对外责任承担的角度使用该词。公司治理是一整套公司被管理及控制的制度。在这一整套系统的制度中，决策机制、监督机制和激励机制的设计，是公司治理机制的灵魂和核心。

一、决策机制

公司治理的权力系统由股东会、董事会和经理层构成。决策机制解决公司权力在上述机构中科学、合理地分配问题。其中决策机制是公司治理机制的核心。

二、监督机制

监督机制是指公司的利益相关者针对公司经营者的经营结果、经营行为或决策所进行的一系列客观而及时的审核、监察与督导的行动。

三、激励机制

公司治理的激励机制，旨在使经营者获取其经营一个企业所付出的努力与承担的风险相对应的利益，同时也使其承担相应的风险和约束。

在全球化时代，公司治理的研究，是在人们对公司法作用认识的改变和IT革命乃至人工智能的背景下，为了应对公司治理失衡和解决公司的竞争力特别是国际竞争力而展开的。公司治理问题的合法化、公司追求利润的过程中的公正性和透明度、监事等内部监督者的工作环境及责任承担和注册会计师等专业监督者的法律责任、公司信息公开制度日益成为关注的热点。

第二节 公司治理的模式

世界上公司治理结构存在多种立法模式，比较典型的有英美法系的英美模式和大陆法系的德国模式、日本模式和法国模式。

一、英美模式——单轨制或单层制

（一）单轨制的概念

单轨制是指公司的经营机构与监督机构合二为一，即董事会是公司的经营机构，同时也是监督机构；公司以董事作为股东的代表，并监督经理人的经营活动。

"单轨制"的公司治理中，公司机关只设股东会和董事会。股东会是公司的权力机关，但其权力仅限于公司法和公司章程的明文列举；董事会是公司的中心机关和常设机关，虽位列股东会之下，但享有经营决策、业务执行、监督、代表等实权，以及未在公司法、公司章程中列举出的权力。英美公司的内部治理结构分为股东会、董事会和首席执行官（CEO）三个层次。

单轨制的优点是公司机关层级少，决策效率高；缺点是董事会权力过于集中，容易发生大股东侵犯小股东权益的问题。为克服其缺陷，英美模式需要注意董事会内部的权力制衡。其董事会一般由作为公司高级管理人员的内部董事和外部独立董事组成，内部董事组成执行委员会，外部董事组成审计委员会，结合董事会本身的决策职能，实际上在董事会内部形成了决策、执行、监督三权分离、相互制约的机制。

（二）单轨制的特点——独立董事

独立董事制度首创于美国，这一制度的形成是由美国特殊的公司治理结构决定的。美国的公司治理结构中除股东会外，仅有董事会作为公司的业务执行机关属于必设机关。除公司章程限制外，公司所有的权力由董事会或在其许可下行使，公司没有单独的监督机构。为了解决这一问题，美国公司法引入了外部的独立董事制度。独立董事对公司的财务以及内部董事和高级管理人员职务行为进行监督。

二、德国模式——双轨制或双层制

(一) 德国双轨制的内涵

双轨制是指公司治理结构主要由监事会和董事会组成,德国是这一模式的代表。公司设股东会、监事会和董事会三个机关。监事会和董事会呈垂直的双层状态。公司股东会和职工共同选举监事,监事会任命董事会成员并监督董事会的业务执行。董事会按照法律和章程的规定,负责执行公司业务并对外代表公司。股东会是公司的权力机关,但其权力受到较大限制;监事会是公司的监督机关,但同时享有董事任免、董事报酬决定、重大业务批准等权力;董事会是公司的经营决策、业务执行和代表机关,还拥有公司法规定之外的股东会的部分权力。这一公司治理结构的最大特点是监事会和董事会有上下级之别,监事会为上位机关,董事会是下位机关。

这一模式的优点是加大了对经营权的监督力度,最大可能地避免发生大股东侵犯小股东权益的问题;缺点是公司机关多了一个权力层级,决策效率相对较低。

(二) 德国双轨制的特点

(1) 监事会的地位高,职权大。德国的监事会拥有相当大的权力,特别是任命董事会成员、监督权和批准某些特别交易的权力,使监事会实际上拥有了几乎控制董事会的权力。

(2) 职工在监事会中占有重要地位。职工通过参与监事会来达到对公司治理的参与是德国公司治理结构的最大特点。

(3) 银行在公司监事会中占有重要的地位。银行在德国公司治理结构中具有主导性的作用,这种主导性作用的发挥是通过监事会来实现的。

三、日本模式——双轨制或双层制

(一) 日本双轨制的内涵

日本公司法将大公司和小公司分别设置不同的公司内部治理机构。大公司设立股东会、董事会、监事会,小公司设立股东会、董事会、监察人。股东会是公司的权力机关,决议范围限于公司法和公司章程规定的事项;董事会是公司的决策执行、业务经营机关,内部设立"代表董事"负责执行公司

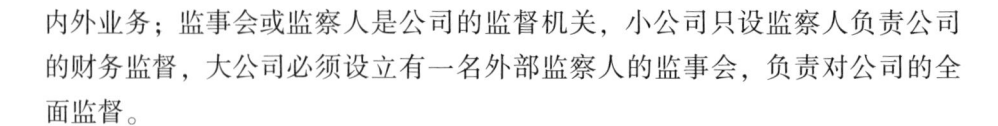

内外业务；监事会或监察人是公司的监督机关，小公司只设监察人负责公司的财务监督，大公司必须设立有一名外部监察人的监事会，负责对公司的全面监督。

(二) 日本双轨制的特点

(1) 在大小不同的公司中引入不同的公司治理模式，让不同类型的公司选择适合自己的公司治理模式。

(2) 监事会在公司治理体系中的地位不突出。日本的监事会处于与被监督者董事会同等甚至是下位的地位，而被监督者的代表董事则居于公司权力的最高点，因而监督乏力。

四、法国：自由选择模式

法国公司法中公司机关的设置较为灵活，既可以采取单轨制，也可以采取双轨制。采用何种模式，由公司自己选择。

第三节　我国公司治理概述

一、我国公司治理的法律设计

我国公司治理机制的法律设计思路是分权制衡，规定四个类型的法定机构行使不同的法定职权。股东会为公司最高权力机构或议事机构，对公司重大事项享有决定权；董事会作为公司的执行机构，负责执行股东会决议并行使公司重大事项的建议权和一般事项的决策权；监事会为公司的监督机构，负责公司事务的监督检查；经理作为公司日常业务的管理机构，负责董事会职权之外公司一般经营事项的具体管理。通过不同机构的合理分工、相互配合和互相制约，实现公司事务的有序管理和股东权益保障。

二、规模较小或者人数较少的公司可以不设监事会（监事）

规模较小或者股东人数较少的公司，可以不设监事会，设置一名监事，行使监事会的职权；而规模较小或者股东人数较少的有限公司在全体股东一致同意的情况下，可以不设立监事会（监事）。但是对于股份公司，如果没有设置审计委员会，则需要至少设置一名监事。

三、单层制公司治理结构

我国自 1993 年《公司法》以来，公司治理制度沿袭大陆法系传统，设立股东会、董事会和监事会双层架构，在上市公司中引入了英美法系的独立董事制度，设立独立董事。2023 年《公司法》引入由董事组成的审计委员会，行使监事会的职权，为不设监事会或者监事的公司提供备选方案。

2023 年《公司法》赋予公司在章程中自行选择公司的治理结构，公司可以选择单层制、双层制，或者设置股东会、董事会、监事会（监事）和审计委员会的混合制度。需要注意的是，如果公司既设置审计委员会，又设置监事会或监事，则需要将这两个监督机构的职能在章程中进行约定，以便更好地发挥各自的监督作用。

四、审计委员会

我国审计委员会制度的确立始于 2002 年证监会发布的《上市公司治理准则》，率先在上市公司中设置审计委员会。其后国务院办公厅在 2017 年发布的《关于进一步完善国有企业法人治理结构的指导意见》中提出，国有企业的董事会应当设立提名委员会、薪酬与考核委员会、审计委员会等专门委员会，为董事会决策提供咨询，其中薪酬与考核委员会、审计委员会应由外部董事组成。2023 年 4 月 7 日，国务院办公厅发布《关于上市公司独立董事制度改革的意见》提出，上市公司董事会应当设立审计委员会，成员全部由非执行董事组成，其中独立董事占多数。审计委员会承担审核公司财务信息及其披露、监督及评估内外部审计工作和公司内部控制等职责。财务会计报告及其披露等重大事项应当由审计委员会事前认可后，再提交董事会审议。中国证监会 2023 年 8 月 1 日公布的《上市公司独立董事管理办法》第 26 条第 1 款规定："上市公司董事会审计委员会负责审核公司财务信息及其披露、监督及评估内外部审计工作和内部控制，下列事项应当经审计委员会全体成员过半数同意后，提交董事会审议：（一）披露财务会计报告及定期报告中的财务信息、内部控制评价报告；（二）聘用或者解聘承办上市公司审计业务的会计师事务所；（三）聘任或者解聘上市公司财务负责人；（四）因会计准则变更以外的原因作出会计政策、会计估计变更或者重大会计差错更正；（五）法律、行政法规、中国证监会规定和公司章程规定的其他事项。"

2023 年《公司法》首次以法律的形式确立审计委员会制度，并将其适用于所有公司。根据《公司法》第 69 条和第 121 条的规定，审计委员会的职能是在公司不设立监事会（监事）时，行使监事会的职权。审计委员会基本职权应遵循法律法规中对于审计委员会职权的规定；如果公司设置审计委员会而不设置监事会（监事），则审计委员会行使监事会的职权。

五、控股股东和实际控制人

控股股东，是指其出资额占有限公司资本总额超过 50% 或者其持有的股份占股份公司股本总额超过 50% 的股东；出资额或者持有股份的比例虽然低于 50%，但依其出资额或者持有的股份所享有的表决权已足以对股东会的决议产生重大影响的股东。实际控制人，是指通过投资关系、协议或者其他安排，能够实际支配公司行为的人。

第十七章

公司组织机构及其成员

第一节　股东会

一、股东会的组成、权力、形式与决议

（一）股东会的组成

股东会（Shareholders Meeting）由全体股东组成，是公司的最高权力机构，分为年度股东会（又称为周年股东会；Annual General Meeting，缩写为AGM，直译"年度大会"）和临时股东会。年度股东会每年召开一次，应当于上一会计年度结束后的 6 个月内举行；临时股东会在特殊情形时在法律规定期限内召开。

（二）股东会的权力

根据《公司法》第 59 条、第 112 条的规定，股东会行使下列职权：①选举和更换董事、监事，决定有关董事、监事的报酬事项；②审议批准董事会的报告；③审议批准监事会的报告；④审议批准公司的利润分配方案和弥补亏损方案；⑤对公司增加或者减少注册资本作出决议；⑥对发行公司债券作出决议；⑦对公司合并、分立、解散、清算或者变更公司形式作出决议；⑧修改公司章程；⑨公司章程规定的其他职权。股东会可以授权董事会对发行公司债券作出决议。

（三）股东会的形式

1. 有限公司

根据《公司法》第 62 条规定，股东会会议分为定期会议和临时会议。定期会议应当按照公司章程的规定按时召开。临时会议由代表 1/10 以上表决权

的股东、1/3 以上的董事或者监事会提议。

2. 股份公司

根据《公司法》第 113 条规定，股东会应当每年召开一次年会。有下列情形之一的，应当在两个月内召开临时股东会会议：①董事人数不足公司法规定人数或者公司章程所定人数的 2/3 时；②公司未弥补的亏损达股本总额 1/3 时；③单独或者合计持有公司 10% 以上股份的股东请求时；④董事会认为必要时；⑤监事会提议召开时；⑥公司章程规定的其他情形。

（四）股东会的决议

我国股东会决议分为普通决议与特别决议。公司法对有限公司普通决议允许公司章程自行规定，而对股份公司则由法律直接规定，但类别股除外。

1. 有限公司股东会的普通决议与特别决议

有限公司股东会的议事方式和表决程序，除公司法有规定的外，由公司章程规定。股东会作出决议，应当经代表过半数表决权的股东通过。但股东会作出修改公司章程、增加或者减少注册资本的决议，以及公司合并、分立、解散或者变更公司形式的决议，应当经代表 2/3 以上表决权的股东通过。

2. 股份公司的普通决议与特别决议

股份公司股东出席股东会会议，所持每一股份有一表决权，类别股股东除外。公司持有的本公司股份没有表决权。股份公司股东会作出决议，应当经出席会议的股东所持表决权过半数通过。股东会作出修改公司章程、增加或者减少注册资本的决议，以及公司合并、分立、解散或者变更公司形式的决议，应当经出席会议的股东所持表决权的 2/3 以上通过。

3. 类别股的表决规则

（1）日落条款。日落条款是指法律或者公司章程中双重股权结构的终止条款。根据该条款，一旦条件成就，特别表决权股自动转换为普通表决权股，公司股权结构也随之改变。根据所附条件的不同，"日落条款"分为定期型"日落条款"和事件型"日落条款"两类。《公司法》第 144 条规定，公司可以按照公司章程的规定发行每一股的表决权数多于或者少于普通股股份的类别股；但是对于监事或者审计委员会成员的选举和更换，类别股与普通股每一股的表决权数相同。因此，我国公司法在进行监事或审计委员会成员的选举或更换时，规定了事件型"日落条款"，即类别股股东与普通股股东表决权为一股一权。

（2）重大决议中类别股股东会会议的表决。《公司法》第146条规定，发行类别股的公司，在股东会作出修改公司章程、增加或者减少注册资本，以及公司合并、分立、解散或者变更公司形式等事项可能影响类别股股东权利的，除应当经出席会议的股东所持表决权的2/3以上通过外，还应当经出席类别股股东会议的股东所持表决权的2/3以上通过。即双重股权结构组成的股东会在重大事项表决时，既要求普通股股东所持表决权的2/3以上通过，同时也要求经出席类别股股东会议的股东所持表决权的2/3以上通过。

二、股东会议基本规则

股东会在形成正式决议前，需要经过"提议召开—召集—正式开会"三个阶段，三阶段的主体以及流程均需符合法律和公司章程的规定，否则可能导致决议不成立、无效或具备撤销事由。股东会议基本规则涉及股东会决议效力认定，书面召集通知、书面会议记录、书面表决票等是判断股东会决议效力的重要证据。公司依法召开股东会会议并作出决议后，该股东会决议即对公司股东发生法律约束力，在被依法确认无效前，其效力不因股东是否认可或者决议的内容是否已经实际履行而受到影响。[1]

（一）股东会的召开——召集、主持与通知

1. 有限公司股东会会议的召集、主持、通知与会议记录

有限公司首次股东会会议由出资最多的股东召集和主持，依法行使职权。之后股东会会议由董事会召集，董事长主持；董事长不能履行职务或者不履行职务的，由副董事长主持；副董事长不能履行职务或者不履行职务的，由过半数的董事共同推举一名董事主持。董事会不能履行或者不履行召集股东会会议职责的，由监事会召集和主持；监事会不召集和主持的，代表1/10以上表决权的股东可以自行召集和主持。

召开股东会会议，应当于会议召开15日前通知全体股东，但是公司章程另有规定或者全体股东另有约定的除外。

股东会应当对所议事项的决定作成会议记录，出席会议的股东应当在会

---

[1] 兰州神某物流有限公司与兰州民某（集团）股份有限公司侵权纠纷案，最高人民法院（2009）民二终字第75号，最高人民法院办公厅主办：《中华人民共和国最高人民法院公报·裁判文书选登》2010年第2期。

议记录上签名或者盖章。

2. 股份公司股东会会议的召集、主持、通知与会议记录

股份公司股东会会议由董事会召集，董事长主持；董事长不能履行职务或者不履行职务的，由副董事长主持；副董事长不能履行职务或者不履行职务的，由过半数的董事共同推举一名董事主持。

董事会不能履行或者不履行召集股东会会议职责的，监事会应当及时召集和主持；监事会不召集和主持的，连续90日以上单独或者合计持有公司10%以上股份的股东可以自行召集和主持。

单独或者合计持有公司10%以上股份的股东请求召开临时股东会会议的，董事会、监事会应当在收到请求之日起10日内作出是否召开临时股东会会议的决定，并书面答复股东。

召开股东会会议，应当将会议召开的时间、地点和审议的事项于会议召开20日前通知各股东；临时股东会会议应当于会议召开15日前通知各股东。公开发行股份的公司，应当以公告方式作出通知。

股东会不得对通知中未列明的事项作出决议。

3. 法院主持

在诉讼调解程序中，经人民法院主持召开的有效股东会决议，也具有相应的法律效力。公司股东就股权转让、公司债权债务及资产的处置等问题形成的股东会决议，对股东具有约束力。[1]

(二) 出席与表决规则

有限公司股东会会议由股东按照出资比例行使表决权，但是公司章程另有规定的除外。股份公司股东出席股东会会议，所持每一股份有一表决权，类别股股东除外。公司持有的本公司股份没有表决权。

(三) 书面表决

有限公司股东以书面形式一致表示同意的，可以不召开股东会会议，直接作出决定，并由全体股东在决定文件上签名或者盖章。只有一个股东的公司不设股东会。股东作出决定时，应当采用书面形式，并由股东签名或者盖

---

[1] 钱某芳、江苏华某房地产开发有限公司与祝某春、江苏华某房地产开发有限公司、祝某安、汪某琛股东权纠纷案，最高人民法院（2005）民一终字第25号，最高人民法院办公厅主办：《中华人民共和国最高人民法院公报·裁判文书选登》2006年第7期。

章后置备于公司。

（四）股东会会议记录

股东会应当对所议事项的决定作成会议记录，主持人、出席会议的董事应当在会议记录上签名。会议记录应当与出席股东的签名册及代理出席的委托书一并保存。

（五）电子通信方式

公司会议召开可以使用电子通信方式，表决也可以采用电子通信方式。公司股东会、董事会、监事会召开会议和表决可以采用电子通信方式，公司章程另有规定的除外。

三、累积投票制

董事、监事的选举可采用直接投票方式，也可采取累积投票表决方式。

（一）直接投票

直接投票（straight voting），俗称法定投票，是一种公司投票制度，可用于选举董事或对重要事项进行表决。在选举董事时，每一股通常对每个董事席位有一票投票权。

例如，如果某股东拥有 100 票，有 3 名董事需要选举，那么该股东最多可以为每名董事投 100 票。

（二）累积投票

1. 累积投票的概念与依据

累积投票（cumulative voting）是指股东会在选举董事或者监事时，每一股份拥有与应选董事或者监事人数相同的表决权，股东拥有的表决权可以集中使用。

《公司法》第 117 条规定，股东会选举董事、监事，可以按照公司章程的规定或者股东会的决议，实行累积投票制。

2. 直接投票和累积投票的区别

在累积投票中，股东可以将自己的总票数投给任何候选人，也可以根据自己的意愿按任何比例投票。因此，累积投票作为直接投票的替代方案允许更多的小股东代表。

四、表决权代理或征集股东权利

表决权代理（voting proxy）是指股东以书面方式授权他人，就该股东所持股份进行表决的制度。

股东委托他人代为出席股东会和行使表决权一般有两种类型：一是股东主动委托和授权他人；二是公司征集表决权、股东被动接受委托。无论哪一类，都必须由股东出具授权委托书，受托人只能在授权范围内行使表决权。

在一般的表决代理情形下，代理权限的获得由股东自行委托，而不是由其主动争取。若代理人通过劝诱的方式主动、公开征求表决权，则构成"表决代理权的征集"，韩国、日本称之为"表决权代理行使的劝诱"，英美法系国家称之为"代理委托书的劝诱"，我国称之为"征集股东权利"。

（一）一般的表决权代理

股东委托代理人出席股东会会议的，应当明确代理人代理的事项、权限和期限；代理人应当向公司提交股东授权委托书，并在授权范围内行使表决权。但公司法没有限制代理人的资格和人数，在公司章程没有限制的情况下，代理人可以不是股东。

（二）征集股东权利

我国《证券法》规定了上市公司公开征集股东权利制度。征集主体为上市公司董事会、独立董事、持有1%以上有表决权股份的股东或者依照法律、行政法规或者国务院证券监督管理机构的规定设立的投资者保护机构，征集方式为由征集人自行或者委托证券公司、证券服务机构，公开请求上市公司股东委托其代为出席股东大会，并代为行使提案权、表决权等股东权利，明确不得以有偿或者变相有偿的方式公开征集股东权利，征集人应当披露征集文件，上市公司应当予以配合。

违规公开征集股东权利，导致上市公司或者其股东遭受损失的，应当依法承担赔偿责任。我国非上市股份公司可以参照此行使相应的权利。

五、表决权信托

（一）表决权信托的概念

表决权信托（voting trust），也称为投票信托，是指有表决权的股东将其股份转让给受托人，以换取表决权信托证书的合同。表决权信托是股东之间的合同，股东在不放弃股份或投票权的情况下将股东的股份和投票权暂时转让给受托人，就特定问题以某种方式投票。表决权信托是一种不可撤销的投票委托的形式，在这种信托中，股东将股票以及相应的投票权转移到一个受托人处，受托人根据信托人的指示将委托的投票权作为一个整体进行处分。表决权信托的形成有很多原因，包括防止恶意收购、保留多数控制权和解决利益冲突。

（二）表决权信托的运行

表决权信托通常由公司董事组成，但有时股东也会组成投票信托，对公司行使一定的控制权。表决权信托通常规定，受益人将继续从公司获得股息支付和任何其他分配。规制信托存续期的法律因国家或地区而异。表决权信托的有效期最长为10年，如果各方同意，那么可以再延长10年。有时，投票信托是由对公司运营没有强烈兴趣的股东组成的。在这种情况下，可以允许受托人酌情行使表决权。

六、表决权协议

（一）表决权协议的概念

表决权协议（voting agreement），又称为投票协议或联合协议（pooling agreement），是股东之间以特定方式投票的协议。在投票协议中，每位股东承诺遵守协议，而不是像投票信托那样将投票权委托给第三方。在协议有效执行的情况下，如果另一方拒绝遵守协议，那么任何一方都可以起诉强制履行协议。如果强制履行诉讼胜诉，法院将命令当事人按照投票协议投票。表决权协议允许股东在不放弃股东身份的情况下获得或保持控制权，与表决权信托不同，投票协议可以持续任何时间，不需要向公司备案。

（二）表决权协议的优点

与投票信托相比，表决权协议的优点是：第一，协议的签订和维护容易，

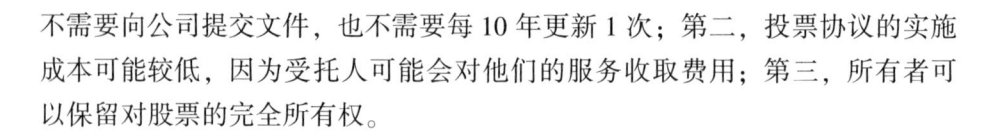

不需要向公司提交文件，也不需要每 10 年更新 1 次；第二，投票协议的实施成本可能较低，因为受托人可能会对他们的服务收取费用；第三，所有者可以保留对股票的完全所有权。

（三）表决权协议的弊端

与表决权信托相比，投票协议的弊端在于：由于投票协议是一种合同，所以未来行使自由裁量权的空间较小。例如，当未来不明朗时，投票信托可以为受托人制定一般决策准则，让受托人遵循，并让受托人作出最终决定；但在投票协议中，各方可能会作出自己的选择，因此可能会违背协议的目的。协议的要求越不明确或越主观，法院具体执行协议的可能性就越小。此外，由于投票协议在本质上可以是永久的，一方不再希望受投票协议的约束可能会永久受该协议的约束。

七、股东提案

（一）股东提案的概念

股东提案（shareholder resolution）是股东与公司管理层进行沟通的一种正式方式。这些提案提交给公司的年度会议，然后由股东会就批准或不批准该文件进行投票。

股东提案可以指与股东有关的任何事项，如高级管理人员薪酬、企业社会责任、全球变暖、劳资关系等。股东提案在股东会通过前不具约束力。

（二）股东提案的目的

股东提案允许股东影响公司改革或行使其权利，并影响公司的运营方式。此外，提案还影响董事会在社会问题上的决定，如使用可再生资源、减少碳足迹和全球变暖等 ESG 议题。

（三）股东提案的类型

1. 普通提案

普通提案是在公司股东年度会议上由股东的简单多数通过的。年会处理的大多数事务都涉及普通决议。涉及普通提案的议题有董事变更、内部董事或外部审计师的任命、决定高级管理人员的薪酬等。

2. 特别提案

特别提案由持有公司 2/3 以上股份的多数股东在年度会议上通过。这种类型的提案用于重要或有争议的事项。涉及特别提案的有修改公司章程、增加或减少注册资本、公司合并、分立、解散或变更形式。

3. 临时提案

（1）提案主体范围。单独或者合计持有公司 1% 以上股份的股东，可以在股东会会议召开 10 日前提出临时提案并书面提交董事会；公司不得提高提出临时提案股东的持股比例。

（2）提案内容。临时提案应当有明确的议题和具体的决议事项。董事会应当在收到提案后 2 日内通知其他股东，并将该临时提案提交股东会审议，但临时提案违反法律、行政法规或者公司章程的规定，或者不属于股东会职权范围的除外。股东会对提案内容进行形式审查和实质审查。

第二节　董事会

一、董事会会议

（一）董事会的权力来源与定位

董事会（board of directors）的权力来自法律规定和股东会的授权，如果董事由股东会选举产生，股东会通过制定和修改公司章程或通过股东会决议来限制董事会的权力范围及其行使方式。从公司权力的分配机制看，董事会是公司权力执行机关。股东和董事之间就董事会权力的行使发生争执时，以法律和公司章程的规定作为裁量董事会是否有权从事某种行为的依据。

（二）董事会的构成

董事由股东会产生，公司董事会成员为 3 人以上，其成员中可以有公司职工代表。职工人数 300 人以上的公司，除依法设监事会并有公司职工代表的外，其董事会成员中应当有公司职工代表。董事会设董事长 1 人，可以设副董事长。董事长、副董事长的产生办法由公司章程规定。

规模较小或者股东人数较少的公司，可以不设董事会，设 1 名董事，行使公司法规定的董事会的职权。该董事可以兼任公司经理。

(三) 董事会的职权

根据《公司法》第 67 条、第 120 条规定，董事会行使下列职权：①召集股东会会议，并向股东会报告工作；②执行股东会的决议；③决定公司的经营计划和投资方案；④制订公司的利润分配方案和弥补亏损方案；⑤制订公司增加或者减少注册资本以及发行公司债券的方案；⑥制订公司合并、分立、解散或者变更公司形式的方案；⑦决定公司内部管理机构的设置；⑧决定聘任或者解聘公司经理及其报酬事项，并根据经理的提名决定聘任或者解聘公司副经理、财务负责人及其报酬事项；⑨制定公司的基本管理制度；⑩公司章程规定或者股东会授予的其他职权。当然，公司章程对董事会职权的限制不得对抗善意相对人。

公司业务和事务的管理权由公司董事会以集体的或以合议制即"会" (board) 的方式来行使，而不是授权董事个人。尽管董事会部分权力可以在章程许可范围内授权给董事会下属的各个委员会或者经理行使，但所有下放的权力都是在董事会的监督下行使，并且可由董事会明示撤回。

(四) 董事会会议基本规则

1. 董事会会议形式与通知

一般来说，董事会会议分为年度会议和临时会议。《公司法》第 123 条规定，股份公司董事会每年度至少召开两次会议，每次会议应当于会议召开 10 日前通知全体董事和监事。代表 1/10 以上表决权的股东、1/3 以上董事或者监事会，可以提议召开临时董事会会议。董事长应当自接到提议后 10 日内，召集和主持董事会会议。董事会召开临时会议，可以另定召集董事会的通知方式和通知时限。有限公司董事会会议形式与通知，公司法没有具体规定，而是由章程规定。

2. 董事会召集、主持

董事会会议由董事长召集和主持；董事长不能履行职务或者不履行职务的，由副董事长召集和主持；副董事长不能履行职务或者不履行职务的，由过半数的董事共同推举一名董事召集和主持。

3. 出席及表决规则

公司法对董事会决议表决的规范，涉及两个方面的人数：一是出席董事会会议的人数，二是赞同董事会决议的人数。为了防止因出席会议的董事过少而导致极少数董事表决通过董事会决议的不合理结果的发生，法律必须对出席董事会会议的人数比例予以规定。根据《公司法》第 73 条、第 124 条规定，董事会会议应当有过半数的董事出席方可举行。董事会作出决议，应当经全体董事的过半数通过。董事会决议的表决，应当一人一票。董事会应当对所议事项的决定作成会议记录，出席会议的董事应当在会议记录上签名。

董事会会议，应当由董事本人出席；董事因故不能出席，可以书面委托其他董事代为出席，委托书应当载明授权范围。董事应当对董事会的决议承担责任。

二、董事

（一）董事概念

董事是公司股东选举出来的决策者及公司业务的管理者。董事为董事会集体机构的一部分，负责控制、管理和指导公司的事务。董事被认为是公司财产的受托人。

董事通常包含正式董事、事实董事和影子董事。正式董事是指依照公司法或公司章程规定的条件和程序选任的董事。事实董事是指那些没有经过合法的任命、任命有瑕疵或者在任命结束后，仍以公司董事的身份管理公司事务和执行公司业务的人。影子董事是指那些虽然名义上不是公司的董事，但是公司的董事通常都会听命于他们的指示或命令而行事的人。《公司法》第 183 条规定，公司的控股股东、实际控制人不担任公司董事，但是实际执行公司事务的，适用董事、监事、高级管理人员对公司负有的忠实义务和勤勉义务的规定。第 192 条规定，公司的控股股东、实际控制人指示董事、高级管理人员从事损害公司或者股东利益的行为的，与该董事、高级管理人员承担连带责任。这些条款实质上将控股股东、实际控制人作为影子董事予以规范。

因此，在法律上，董事的界定是根据他们所做的事情，而不是他们的实际职位。即使是没有被正式任命为董事会成员的人，如果其角色可以被认为相当于董事，或者如果他们已经像一个董事那样行为，也可以被视为董事。

（二）董事的选任与报酬

1. 股东会选举

公司设立时，董事由发起人选任或在成立大会上选举；公司设立之后，董事由股东会选任。

选任董事是股东会的法定权力，除法律另有规定外，公司章程或股东会决议不得排除或限制。股东会选举董事属于普通决议事项，可以采用累积投票制进行选举。

我国公司法未明确公司董事的提名权归属问题，因此大多在公司章程中规定。但是《公司法》第115条规定，单独或合计持有公司1%以上股份的股东享有临时提案权，因此其可以向公司董事会推荐董事候选人。但是公司法明确规定，股东会不得行使职工董事的选举或更换的职权。

2. 职工代表大会推选与出资人委派

公司董事会成员为3人以上，其成员中可以有公司职工代表。董事会中的职工代表由公司职工通过职工代表大会、职工大会或者其他形式民主选举产生。

国有独资公司的董事会成员中，应当过半数为外部董事，并应当有公司职工代表。董事会成员由履行出资人职责的机构委派，但是董事会成员中的职工代表由公司职工代表大会选举产生。

（三）董事的任期、空缺填补与辞任

1. 董事任期

各国公司法对董事任期一般均有限制性规定，但长短不一。我国《公司法》第70条、第120条规定，董事任期由公司章程规定，但每届任期不得超过3年。董事任期届满，连选可以连任。

2. 董事空缺填补

造成董事职位空缺的原因很多。如董事届满未及时改选、辞任、死亡、破产、精神疾病等。如果董事辞任或任期届满未及时改选导致空缺，则在任董事继续执行职务直至选出继任董事，这种董事被称为"延期董事"。我国《公司法》第70条第2款规定，董事任期届满未及时改选，或者董事在任期内辞任导致董事会成员低于法定人数的，在改选出的董事就任前，原董事仍应当依照法律、行政法规和公司章程的规定，履行董事职务。

若是公司董事死亡、破产、精神疾病等原因导致董事空缺，则根据《公司法》第113条规定，公司应当在两个月内召开临时股东会会议，解决空缺问题。

3. 董事辞任

董事可以自由辞任，但是应当书面通知公司，公司收到通知之日辞任生效。但如果董事在任期内辞任导致董事会成员低于法定人数，或者任期届满未及时改选的，董事应当继续履行职务。

4. 交错董事会董事任期

交错董事会是由不同类别、任期长短不同的董事组成的董事会。由于涉及不同的类别，交错董事会也被称为分类董事会，典型的交错董事会有3~5类职位，每一类职位的任期长短不一，允许交错选举。在每个选举任期内，只有一类职位对新成员开放，因此在任何时候，董事会中空缺的数量都是不一致的。例如，一家公司有9名董事会成员，分为3个类别——1类、2类和3类，每个类别将分配3名成员。第一类成员的任期为1年，第二类成员的任期为2年，第三类成员的任期为3年。这意味着，在任何一年里，董事会成员中只有1/3的人可以更换，因此，对于任何可能寻求获得董事会控制权的潜在敌意收购者而言，这是一个巨大的障碍。由于空缺职位的交错安排，不受欢迎的一方要想实现控制交错董事会的目标，要比控制非交错董事会花费更多的时间。交错董事会的设置通常是为了阻止潜在的恶意收购。

（四）董事报酬

董事报酬通常包括董事因出席董事会议所需费用、董事兼任公司高级管理人员所领取的薪酬和以认股权方式所获取的激励性额外报酬，如签订"金色降落伞"（Golden Parachute）等特别协议所获得的特别酬金等。我国《公司法》规定，公司董事的报酬由股东会决定，并且股份公司应当定期向股东披露董事、监事、高级管理人员从公司获得报酬的情况。

公司法上没有明确规定董事必须从公司获得报酬，但是实践中公司一般会与董事签订薪酬合同，也经常通过公司的股东会确定董事的报酬额。

（五）董事的解任与赔偿

1. 董事解任

董事解任是指在董事任期内解除其职务，包含罢免或并购等情况导致原有董事被解任，而不是指董事任期届满而进行的改选。董事解任主要涉及两个问题：解任董事的权力机关和解任董事是否需要说明理由。

董事由股东会选举产生，也由股东会罢免；股东会决议解任董事，决议作出之日解任生效。我国公司法规定解任董事不需要说明理由，不需要说明理由的罢免权，可以确保董事对股东忠诚，促使董事勤勉工作，从而改善公司经营绩效。但是公司无正当理由在任期届满前解任董事的，该董事可以要求公司予以赔偿。

2. 董事解任的赔偿

公司无正当理由解任董事的，该董事可以要求公司给予赔偿。该条款被认为是我国"金色降落伞"制度的依据。

董事和公司之间是委托合同关系，并不是劳动合同关系，因此股东会解任董事并不受《劳动法》《劳动合同法》等法律的约束。根据委托合同规定，无正当理由而被解任的董事可以要求获得赔偿，这有助于保护董事权益，使其更安心地为公司利益工作。

"金色降落伞"制度是指在兼并收购等情况完成后，收购方往往希望替换被收购方的人员，辞退原有董事，此时公司需要提供一笔丰厚的辞退费。对上述被辞退人员，相当于背着一个金子做的降落伞"着陆"而得名。公司被收购后可能导致董事的更换，影响其个人利益，因此公司董事有动力抵制对股东有利的收购，给予辞退费有助于减少公司收购时的阻力。但是过高的辞退费本身极有可能成为对公司收购的阻碍，收购者需要衡量公司在支付了高额辞退费后，剩余价值是否可以抵得上收购费用。因此，综合各方利益，合理的辞退费用才可以在董事、股东和收购方之间达成共赢的局面。

（六）董事的权力与权利、义务与责任

1. 董事的权力与权利

公司法上的重要原则之一就是董事会的权力必须集体以"会"的形式行使，董事个人不享有任何权力，公司经济管理权力授予的是董事会而非董事个人。但董事个人享有一定的权利，其中最重要的是董事的知情权。董事知情权是指为了解和熟悉公司业务和事务，董事享有查阅公司账簿、会计凭证及检查公司财产的权利。

具体而言，董事的个人权利包括：董事个人查阅账簿的权利，接收董事会会议通知的权利，获得传阅决议草案的权利，股东会上发言的权利，查阅董事会会议记录的权利，记录董事异议意见、参加董事会会议和表决的权利，报销旅行、住宿和其他费用的权利，召集董事会会议的权利，要求董事会更换董事的权利等。

董事在公司中的集体权利包括禁止股份转让、选举董事长、提名董事和总经理、投资审批权等。

2. 董事的义务与责任

(1) 董事的义务。董事作为公司的受托人,对公司负有忠实义务和勤勉义务,这要求公司的利益优于董事可能拥有的任何个人利益,董事应当随时了解公司的发展情况,并做出明智的决策。为了公司利益最大化,董事必须善意履行其职责,以其合理地认为符合公司最佳利益的方式,以处于类似职位的通常谨慎的人在类似情况下所应有的谨慎履行职责。

在履行其职责时,董事有权依赖下列人员准备或提交的信息、意见、报告或陈述:①董事合理地认为可靠和有能力的高级职员或雇员;②董事合理地认为在其专业或专家能力范围内的律师、会计师或其他人员;③董事合理地认为值得信任的委员会。

(2) 董事的责任。董事按照法定行为准则或其受托责任履行其职务,不承担责任。但如果不符合法定标准或违反其信义义务、违反法律或公司章程,则应对其行为造成的损害向公司承担责任。

我国《公司法》第125条规定,董事应当对董事会的决议承担责任。董事会的决议违反法律、行政法规或者公司章程、股东会决议,给公司造成严重损失的,参与决议的董事对公司负赔偿责任;经证明在表决时曾表明异议并记载于会议记录的,该董事可以免除责任。

公司可在公司章程中排除或限制董事的责任。但是一般情况下,章程不能排除或限制下列责任:违反忠实义务的责任、恶意行为或涉及故意不当行为或明知违法的行为,或董事从中获得不正当个人利益的任何交易。

三、高级管理人员

(一) 高级管理人员概述

高级管理人员是指公司的经理、副经理、财务负责人,上市公司董事会秘书和公司章程规定的其他人员;高级管理人员由董事会聘任,对内执行公司日常经营管理业务,对外代表公司。

一般而言,管理人员的职责由公司章程或者董事会规定。在英语中用C-suite,或C-level来描述公司高级管理人员和经理层。"C-suite"的名字来源于高级管理人员的头衔,他们的头衔往往以字母C开头,代表"首席",如首席执行官(CEO)、首席财务官(CFO)、首席运营官(COO)和首席信息官

（CIO）等。

（二）高级管理人员的责任

公司高级管理人员必须认真地履行其职责，以通常处于类似职位的审慎人士在类似情况下会采取的谨慎态度，并以他们合理地认为符合公司最佳利益的方式履行职责。

高级管理人员对公司负有忠实义务和勤勉义务，在其按照这些法律规定履行其职责时，则无须对其行动承担法律责任。

（三）经理

公司经理（manager）是公司的高级管理人员。我国公司法规定，有限公司和股份公司都可以设经理，由董事会决定聘任或者解聘。经理对董事会负责，根据公司章程的规定或者董事会的授权行使职权。经理列席董事会会议。

1. 聘任与解聘

根据《公司法》第 74 条和第 127 条规定，公司的经理由董事会聘任或解聘，董事会成员可以兼任经理。

2. 经理权及义务

经理的职权除依据章程或董事会授权，并根据委任合同或雇佣合同所确定。经理在公司章程或契约范围内，执行董事会的决议，为公司管理事务。经理因违反法律、章程、股东会决议以及董事会决议，致使公司受损害的，对公司负赔偿责任。

经理不得兼任其他营利组织的高级管理人员，并且不得自营或为他人经营同类的业务，但根据公司章程或董事会授权的除外。公司不得以其对经理职权的限制，对抗善意第三人。

第三节　监事会

一、监事会会议

（一）监事会概述

监事会（board of supervision）是公司的监督机关，对公司管理和经营独立行使监督权。监事会由监事组成，对股东会负责，并向其报告。

1. 监事会是公司的监督机构

各国法律依据自己国情，对公司监督机构采取的模式并不相同。公司治理主要有两种制度。一是单轨制，只设董事会，不设监事会，董事会负责管理和监督公司。这种制度下的董事会通常由高级管理人员和独立董事组成，而以独立董事制度、外部审计委员会等形式实施公司监督职能。美国和英国等国公司法多采用此种模式。二是双轨制，除了董事会，公司还有监事会；董事会负责管理公司的日常事务，而监事会则负责监察。通常情况下，高级管理人员不能担任监事。双轨制在德国、法国、日本及我国等较为流行。其中，德国监事会模式是纵向的，监事会产生董事会；日本监事会模式是横向的，与董事会并列。

以监督机构设置采取的组织形式不同，公司监督机构可以分为独任制和集体制。德国公司法规定应当设立监事会。有些国家公司法规定原则上采用独任制，股份公司采用集体制，如日本；有些国家公司法规定极为灵活，既可以采用独任制，也可以采用集体制，如法国。我国目前公司法较为灵活，既可以采用独任制，也可以采用集体制，可以不设立监事会，通过在董事会设立审计委员会来履行监事会的职能，也可以同时设立审计委员会。

我国公司原则上采用集体制，规模较小或者股东人数较少的公司，可以不设监事会，设1名监事，行使监事会的职权；经全体股东一致同意，也可以不设监事。另外，我国公司治理结构也可以采用单轨制治理模式，不设监事会而在董事会设立由董事组成的审计委员会行使监事会的职权。

2. 监事会对公司经营管理进行监督

监事会制度的起源，一般认为来自荷兰的东印度公司。1602年荷兰东印度公司的大股东受股东会的委托担任董事及监察人为其渊源，演变的结果是，各国为确立监察人塑造股东会、董事会与监察人的三权分立的机关。率先设立监事会制度的是德国，1861年德国《商法典》首次确立了股东大会、董事会和大股东会（股东委员会）的公司治理结构，但该规定属于任意性规定。1870年德国修改股份法，废除了股东委员会对公司的直接业务监督，将公司的业务监督权赋予了新设立的公司机关——监事会。这一法规修改标志着德国监事会制度的诞生。

监事会作为公司的机关，并不是随着公司的产生而自然产生的，而是由一定的社会政治及经济发展条件决定的，其产生和发展经历了一个较复杂的过程。在个体业主制和合伙制下，所有权和经营权高度统一，不存在所有者对经营者进行监督的问题。自公司制度产生后，受到有限责任的刺激，投资者众多，所有者从激励经营者出发，一方面赋予经营者较大的权力空间对公司事务进行决策，以尽其才；另一方面也防止经营者滥用其权力，损害所有者的利益，借助于相应的法律机制对经营者的权力进行监督。于是，监事会制度作为对经营者进行监督的专门机构便应运而生。

3. 监事会独立行使监督权

我国公司法上的监事会与董事会是独立并行的公司机构，由股东会产生，向股东会负责。因此，监事会的法律地位和职权源于法律的直接规定，监事会行使监督权不受董事会的影响与制约。

(二) 监事会的构成

公司监事会成员为3人以上。监事会成员应当包括股东代表和适当比例的公司职工代表，其中职工代表的比例不得低于1/3，具体比例由公司章程规定。

有限公司监事会设主席一人，由全体监事过半数选举产生。董事、高级管理人员不得兼任监事。股份公司监事会设主席1人，可以设副主席。监事会主席和副主席由全体监事过半数选举产生。监事会主席召集和主持监事会会议；监事会主席不能履行职务或者不履行职务的，由监事会副主席召集和主持监事会会议；监事会副主席不能履行职务或者不履行职务的，由过半数的监事共同推举一名监事召集和主持监事会会议。

国有独资公司不设监事会或监事，董事会中设置由董事组成的审计委员会行使监事会的职权。

(三) 监事会的职权

监事会的职能主要是对公司业务和财务进行监督。董事会及经理负责公司的业务经营和事务管理，公司监事会对董事、经理和高级管理人员的业务执行和事务管理进行监督，并向股东会负责。

监事会行使下列职权：①检查公司财务；②对董事、高级管理人员执行职务的行为进行监督，对违反法律、行政法规、公司章程或者股东会决议的董事、高级管理人员提出解任的建议；③当董事、高级管理人员的行为损害公司的利益时，要求董事、高级管理人员予以纠正；④提议召开临时股东会会议，在董事会不履行召集和主持股东会会议职责时召集和主持股东会会议；

⑤向股东会会议提出提案；⑥依照公司法的规定，对董事、高级管理人员提起诉讼；符合条件的股东书面请求监事向法院提起诉讼，或者监事认为公司董事等经营者确实存在侵犯公司利益行为的，可以在收到股东书面诉讼请求之后30日之内，或发现董事等经营者确实存在侵犯公司利益的行为30日内，以公司名义提起诉讼。监事为公司诉讼代表人时，诉讼结果应由公司承担[①]；⑦公司章程规定的其他职权。

监事可以列席董事会会议，并对董事会决议事项提出质询或者建议。监事会发现公司经营情况异常，可以进行调查；必要时，可以聘请会计师事务所等协助其工作，费用由公司承担。

监事会可以要求董事、高级管理人员提交执行职务的报告。董事、高级管理人员应当如实向监事会提供有关情况和资料，不得妨碍监事会或者监事行使职权。监事会行使职权所必需的费用，由公司承担。

（四）监事会的议事规则

有限公司与股份公司的监事会议事规则基本相同，但是召开次数不同；有限公司监事会每年度至少召开1次会议，而股份公司监事会每6个月至少召开1次会议。

监事可以提议召开临时监事会会议。监事会的议事方式和表决程序，除公司法有规定的外，由公司章程规定。监事会决议应当经全体监事的过半数通过。监事会决议的表决，应当一人一票。监事会应当对所议事项的决定作成会议记录，出席会议的监事应当在会议记录上签名。

二、监事

（一）监事的选任

公司监事会中的职工代表由公司职工通过职工代表大会、职工大会或者其他形式民主选举产生，其余监事由公司股东会选任。

（二）监事的任期

监事的任期每届3年。监事任期届满，连选可以连任。监事任期届满未

[①] 上海某实业有限公司诉周某等损害公司利益责任纠纷案，上海市黄浦区人民法院（2014）黄浦民二（商）初字第1166号。

及时改选，或者监事在任期内辞任导致监事会成员低于法定人数的，在改选出的监事就任前，原监事仍应当依照法律、行政法规和公司章程的规定，履行监事职务。

（三）监事的解任

监事的解任有两种情形：一是股东会决议解任，二是职工代表大会或职工大会或其他形式会议决议解任。

（四）监事的义务与责任

监事应当遵守法律、行政法规和公司章程，对公司负有忠实义务，应当采取措施避免自身利益与公司利益冲突，不得利用职权牟取不正当利益；对公司负有勤勉义务，执行职务应当为公司的最大利益尽到管理者通常应有的合理注意义务。

监事执行职务违反法律、行政法规或者公司章程的规定，给公司造成损失的，应当承担赔偿责任。监事负有检查公司财务及对董事、高级管理人员执行公司职务的行为进行监督的职权，当董事、高级管理人员的行为损害公司利益等时，监事应当要求董事、高级管理人员予以纠正等。在明知公司法定代表人实施损害公司利益的行为时，同时作为公司财务人员的监事，不仅未予以制止，还按照法定代表人的要求执行了损害公司利益行为的，应当认定其未尽到监事的勤勉义务，与该法定代表人对公司的损失承担连带赔偿责任。[①]

第四节　上市公司组织机构的特别规定

一、上市公司概述

（一）上市公司的概念

上市公司（listed company），是指其股票在证券交易所上市交易的股份公司，是公众公司的一种。

[①] 陕西某置业公司诉张某某、朱某某损害公司利益责任纠纷案，最高人民法院（2021）最高法民申 6621 号。

（二）上市公司的特征

（1）上市公司通过证券交易所向公众发行股票。

（2）上市公司股份发行后，公司流通股通过交易所交易。

（3）上市公司必须遵守交易所的规则和证监会的规定。

（4）一家公司退市可能是因为它不符合交易所的要求，或者因为该公司正在被另一家公司或私人投资者收购。

二、上市公司的特殊交易规则

（一）重大交易决议规则

上市公司在一年内购买、出售重大资产或者向他人提供担保的金额超过公司资产总额30%的，应当由股东会作出决议，并经出席会议的股东所持表决权的2/3以上通过。

（二）关联交易董事会决议规则

上市公司实施关联交易董事会决议回避制度，在董事与董事会会议决议事项所涉及的企业或者个人有关联关系时，该董事应当及时向董事会书面报告并予以回避，有关联关系的董事不得对该项决议行使表决权，也不得代理其他董事行使表决权。

三、独立董事、专门委员会与董事会秘书

（一）独立董事

1. 独立董事的概念

独立董事（independent director）是指不在上市公司担任除董事外的其他职务，并与其所受聘的上市公司及其主要股东、实际控制人不存在直接或者间接利害关系，或者其他可能影响其进行独立客观判断关系的董事。独立董事应当独立履行职责，不受上市公司及其主要股东、实际控制人等单位或者个人的影响。

2. 我国上市公司独立董事制度的演变

2001年8月16日，我国证监会颁布《关于上市公司建立独立董事制度的指导意见》，要求上市公司的董事会必须存在一定比例的独立董事。证监会强

制性地把独立董事引入上市公司董事会。我国在2005年《公司法》中规定上市公司设独立董事制度，第一次以法律的形式确立独立董事的地位。2023年4月14日，国务院办公厅发布《关于上市公司独立董事制度改革的意见》。2023年8月，证监会发布《上市公司独立董事管理办法》（以下简称《独立董事管理办法》），自2023年9月4日起施行。

3. 独立董事的角色定位

《独立董事管理办法》第3条规定，独立董事对上市公司及全体股东负有忠实与勤勉义务，应当按照法律、行政法规、中国证券监督管理委员会规定、证券交易所业务规则和公司章程的规定，认真履行职责，在董事会中发挥参与决策、监督制衡、专业咨询作用，维护上市公司整体利益，保护中小股东合法权益。

4. 独立董事的职责与职权

《独立董事管理办法》第17条规定，独立董事履行下列职责：①参与董事会决策并对所议事项发表明确意见；②对上市公司与其控股股东、实际控制人、董事、高级管理人员之间的潜在重大利益冲突事项进行监督，促使董事会决策符合上市公司整体利益，保护中小股东合法权益；③对上市公司经营发展提供专业、客观的建议，促进提升董事会决策水平；④法律、行政法规、中国证监会规定和公司章程规定的其他职责。

《独立董事管理办法》第18条规定，独立董事行使下列特别职权：①独立聘请中介机构，对上市公司具体事项进行审计、咨询或者核查；②向董事会提议召开临时股东会；③提议召开董事会会议；④依法公开向股东征集股东权利；⑤对可能损害上市公司或者中小股东权益的事项发表独立意见；⑥法律、行政法规、中国证监会规定和公司章程规定的其他职权。

(二) 专门委员会

1. 专门委员会的设置与构成

上市公司专门委员会作为董事会下设的工作机构，是公司治理的重要机构。根据证监会及沪、深交所的相关规则，上市公司应当设立审计委员会，可以根据需要设立其他专门委员会。北交所则鼓励上市公司根据需要设立审计、战略、提名、薪酬与考核等专门委员会，但并未强制设立审计委员会。上市公司设置专门委员会的，应当在公司章程中载明董事会专门委员会的组成、职权以及董事、监事、高级管理人员薪酬考核机制等事项。

各专门委员会人员全部由董事组成,而且独立董事占多数(战略委员会除外)。

2. 审计委员会

上市公司应当设立审计委员会。上市公司在董事会中设置审计委员会的,董事会对下列事项作出决议前应当经审计委员会全体成员过半数通过:①聘用、解聘承办公司审计业务的会计师事务所;②聘任、解聘财务负责人;③披露财务会计报告;④国务院证券监督管理机构规定的其他事项。

(三) 董事会秘书

1. 董事会秘书及职责

上市公司设董事会秘书,负责公司股东会和董事会会议的筹备、文件保管以及公司股东资料的管理,办理信息披露事务等事宜。董事会秘书是上市公司的高级管理人员,承担法律、行政法规以及公司章程对公司高级管理人员所要求的义务,享有相应的工作职权,并获取相应的报酬。

董事会秘书应该具备一定的专业知识,不仅需要掌握公司法、证券法、上市规则等有关法律法规,还要熟悉公司章程、信息披露规则,掌握财务及行政管理等方面的知识。

2. 董事会秘书的选任与解任

董事会秘书由董事长提名,董事会聘任,并向股东会报告。董事长有提名权,董事会有聘任权,而股东会则拥有否决权。

公司股东会通过董事会秘书人选后,必须将已确定的人选向社会公众披露。这一披露包含三层含义:一是向社会公告董事会秘书拥有所在的上市公司发言人的权力,其正式言论代表该上市公司;二是向社会公告其是股票内幕的知情人,不得参加股票交易或操纵股票交易;三是提醒社会各方面对其进行监督。

董事会秘书必须进行备案,公司要将董事会秘书的品德、工作能力及表现、履历、学历证明、相关工作经历,由证券交易所颁发的董事会秘书培训证书、董事会出具的聘书、通信方式,及董事会秘书的合格替任人等报中国证监会、地方证券管理部门和证券交易所备案。

四、上市公司股权代持

（一）非上市公司的股权代持

我国法律对于非上市公司的股权代持没有规定，但因为代持不是真正的股权转让，股权结构和股东的身份不会发生改变，股东不会因代持免除股东责任，所以一般情况下股权代持合同有效。但是，股权代持合同如果违反法律的强制性规定或者违反公序良俗，则无效。

（二）上市公司的股权代持透明度原则

上市公司股权清晰是资本市场的普遍共识，上市公司是否存在股权代持行为是证券监管机构重要的监管内容。《证券法》第78条规定，发行人及法律、行政法规和国务院证券监督管理机构规定的其他信息披露义务人，应当及时依法履行信息披露义务。信息披露义务人披露的信息，应当真实、准确、完整，简明清晰，通俗易懂，不得有虚假记载、误导性陈述或者重大遗漏。《公司法》第140条也规定，上市公司应当依法披露股东、实际控制人的信息，相关信息应当真实、准确、完整。禁止违反法律、行政法规的规定代持上市公司股票。

因此，虽然股权代持属于双方意思自治的合同行为，但因上市公司股权代持涉及金融安全和市场秩序，关系到不特定的多数投资者的切身利益和社会公共利益，故代持上市公司股权协议无效。

五、上市公司交叉持股的禁止与表决权限制

交叉持股又称为相互持股或相互参股，是指两个或两个以上的公司之间为实现某种特定目的相互持有对方的股权，从而形成彼此互为投资者的一种经济现象或组织形式。交叉持股虽然有稳定股权结构，防止恶意收购，稳定经营，以较少的资金加强联系和发展以及优势互补与协同发展等积极作用，但是也存在虚增实收资本、出资义务不明确、损害其他股东的合法权益、扰乱公司治理结构、引发法人人格混同等风险，因此我国《公司法》明确上市公司交叉持股的禁止与表决权限制。该法第141条规定，上市公司控股子公司不得取得该上市公司的股份。上市公司控股子公司因公司合并、质权行使等原因持有上市公司股份的，不得行使所持股份对应的表决权，并应当及时处分相关上市公司股份。

第五节　董事、监事与高级管理人员的资格

一、董事、监事、高级管理人员的积极资格

(一) 董事的积极资格

在公司立法史上，曾经有过对董事的积极任职资格的限制，例如对董事住所和持股的要求，尤其是要求董事必须由股东充任，即董事必须持有一定的股份，称为"资格股"。这在实践中导致公司不得不象征性地出售一些股份给将要担任董事的人。

除商业银行、国家出资公司等特殊类型的公司外，对于普通商事公司，现代公司法原则上对董事的积极资格不进行限制，而是留给公司章程去规定。从理论上看，任何主体，只要具有民事行为能力，均可担任董事，包括股东董事、职工董事和独立董事。

董事是否只有自然人可以担任，存有不同的立法例。我国公司法要求董事具有民事行为能力，因此董事似宜于自然人担任。从董事履职来看，法人或者其他实体似不宜担任董事。这是因为董事是实际参与公司业务执行的自然人，应当具有亲自履行职能的能力。如果允许法人或者其他实体担任董事，董事的行为必然需要他人代理。董事本身就具有"代理人"或"受托人"的身份，若是董事在履行职务时再行委托或者指派他人代理，则不利于公司的业务执行和经营稳定。

(二) 监事的积极资格

现代公司法对监事的积极资格几乎无限制。任何人只要具有民事行为能力，均可担任监事。可见，监事不必具有股东资格。从我国公司法规定来看，监事包括三种类型：股东监事、职工监事和外部监事。

法人可否担任监事也存在不同的立法例。我国公司法要求监事具有民事行为能力，因此监事应当由自然人担任。

(三) 高级管理人员的积极资格

除国家出资公司、商业银行等特殊公司外，对于普通商事公司，现代公

司法不对公司高级管理人员的积极资格进行限制，一般也不限制一个人同时担任数个职务。因此，高级管理人员可以是股东，也可以是董事，还可以是任何其他人，如职业经理人。高级管理人员需要具备民事行为能力，至于其是否应具备相应的管理知识和经验，则属于商业决策问题，应由董事会考核。

二、董事、监事、高级管理人员的消极资格

《公司法》第178条规定，有下列情形之一的，不得担任公司的董事、监事、高级管理人员：①无民事行为能力或者限制民事行为能力；②因贪污、贿赂、侵占财产、挪用财产或者破坏社会主义市场经济秩序，被判处刑罚，或者因犯罪被剥夺政治权利，执行期满未逾5年，被宣告缓刑的，自缓刑考验期满之日起未逾2年；③担任破产清算的公司、企业的董事或者厂长、经理，对该公司、企业的破产负有个人责任的，自该公司、企业破产清算完结之日起未逾3年；④担任因违法被吊销营业执照、责令关闭的公司、企业的法定代表人，并负有个人责任的，自该公司、企业被吊销营业执照、责令关闭之日起未逾3年；⑤个人因所负数额较大的债务到期未清偿被人民法院列为失信被执行人。违反规定选举、委派董事、监事或者聘任高级管理人员的，该选举、委派或者聘任无效。董事、监事、高级管理人员在任职期间出现上述五种情形之一的，公司应当解除其职务。

第六节　公司决议的瑕疵及救济

一、公司决议的范围

根据《公司法》第25～27条规定，公司决议瑕疵诉讼中的公司决议是指公司股东会决议和公司董事会决议，不包括监事会决议。公司的股东会决议和董事会决议，必须是股东会或者董事会根据法律或者公司章程规定的权限和表决程序，就审议事项表决形成的反映股东会、董事会商业判断和独立意志的决议文件。对于不体现股东会、董事会的独立意志，不构成公司法意义上的股东会、董事会决议，比如董事会对于股东一方根据法律规定委派和撤换董事等事项所做的记录性文件，因不体现董事会的独立意志，不能成为公

司决议效力确认或撤销之诉的对象。[1]

二、公司决议瑕疵类型

我国公司法对公司决议瑕疵采取三分法，即公司决议无效、公司决议可撤销、公司决议不成立三种情形。

（一）决议无效

《公司法》第 25 条规定，公司股东会、董事会的决议内容违反法律、行政法规的无效。确认股东会决议无效应严格限于法律规定的原因，因为公司决议行为带有团体法特征，不仅约束在决议行为作出过程中赞成的民事主体，同时也约束在决议行为作出时不赞成的民事主体及整个团体，不能完全适用普通民事法律行为的法律规定。一般而言，下列股东会决议因内容违法而无效：无权处分股权、侵犯股东优先购买权、违法修改公司章程条款、超越股东会职权、违法解除股东资格、剥夺股东知情权和决策权、违反禁售期转让股权、违法向股东分配利润、损害债权人利益、滥用资本多数决等。如有限责任公司章程或股东出资协议确定的股东出资期限系股东之间达成的合意，除法律规定或存在其他合理性、紧迫性事由需要修改出资期限的情形外，股东会会议作出修改出资期限的决议应经全体股东一致通过。公司股东滥用控股地位，以多数决方式修改出资期限的决议无效。[2] 股东会决议涉及多项事项的，可能会发生部分决议无效、部分决议有效的情形，比如公司任命的监事并非本公司职工，或者该监事的产生程序、代表比例违反法律规定的，则仅该部分决议内容无效。[3]

公司决议无效的法定理由只能是决议的内容违反法律或行政法规或公共政策或公序良俗，不能以其他理由主张决议无效。比如股东未在股东会决议上签字，但实际履行决议内容，以行为表明其已对决议中的相关事实予以认可，该股东不可主张决议无效。[4] 股东成员签名是否完备也并不必然影响股东

---

[1] 许某宏与泉州某置业有限公司、林某哲与公司有关的纠纷案，最高人民法院（2017）最高法民终 18 号，《中华人民共和国最高人民法院公报·裁判文书选登》2019 年第 7 期。
[2] 姚某城与鸿大（上海）某管理有限公司、章某等公司决议纠纷案，最高人民法院办公厅主办：《中华人民共和国最高人民法院公报·案例》2021 年第 3 期。
[3] 上海保翔某有限公司诉上海长翔某物流有限公司公司决议效力确认纠纷案，最高人民法院办公厅主办：《中华人民共和国最高人民法院公报·案例》2019 年第 11 期。
[4] 陈某海诉浙江某科技股份有限公司等公司决议纠纷案，最高人民法院（2015）民申字第 2724 号。

会决议的效力。①

(二) 决议可撤销

1. 持续性瑕疵和决议内容违反章程

公司股东会、董事会的会议召集程序、表决方式违反法律、行政法规或者公司章程，或者决议内容违反公司章程的，股东可以请求人民法院撤销。股东会、董事会决议瑕疵可撤销主要有以下三种情形：

(1) 召集程序瑕疵。股东会、董事会召集程序瑕疵主要是指会议的召集程序违反法律、行政法规或者公司章程的规定，如会议通知瑕疵，未按规定时间和方法进行通知及通知的事项不全、未向部分股东发出召集会议的通知等。

(2) 决议方法瑕疵。股东会、董事会决议方法瑕疵主要表现为被限制表决权的股东行使了表决权或者股东会决议违反决议要件等。

(3) 决议内容瑕疵。决议内容瑕疵是指决议的内容违反公司章程的规定。

人民法院在审理公司决议撤销纠纷案件中应当审查的事项为：会议召集程序、表决方式是否违反法律、行政法规或者公司章程，以及决议内容是否违反公司章程。在审查封闭公司的董事会决议应否撤销时，如果结合公司法及公司章程的规定判断出决议内容构成对公司章程的实质性修改，则相关决议应属股东会而非董事会的职权范围，应撤销董事会决议。② 而对于不属于司法审查范围的事实，比如董事会解聘总经理职务的决议所依据的事实是否属实，理由是否成立，法院不予审查。③

2. 程序性轻微瑕疵的决议不予撤销

并非所有程序瑕疵均可撤销，满足下列三个条件，召集和表决方式仅有轻微瑕疵且对决议未产生实质性影响的决议有效，法院不予撤销：①召集程序或者表决方式瑕疵；②该瑕疵轻微，是否轻微以是否会导致股东无法公平地参与多数意思的形成以及获取对此所需的信息为判定标准；③该瑕疵对决

---

① 赵某菊诉孙某芬、广州某文具有限公司公司决议效力确认纠纷案：《人民法院案例选》2017年第8辑。

② 上海某某企业管理咨询有限公司诉上海某某企业管理有限公司公司决议撤销纠纷案，上海市第二中级人民法院 (2019) 沪02民终4260号。

③ 指导案例10号：李某军诉上海某环保科技有限公司公司决议撤销纠纷案，上海市第二中级人民法院 (2010) 沪二中民四 (商) 终字第436号。

议未产生实质影响。

轻微瑕疵的具体情形包括：召开股东会的通知晚于法定提前的15天通知（晚1天或几小时）而作出；股东会召集未通知到某小股东，除去该表决权之后不影响多数决的达成且对其利益影响不大；股东会议的召集通知以公司名义而非董事会名义发出；出席会议的表决权人未在会议记录上签名等。

（三）决议不成立诉讼

有下列情形之一的，公司股东会、董事会的决议不成立：①未召开股东会、董事会会议作出的决议；②股东会、董事会会议未对决议事项进行表决；③出席会议的人数或者所持表决权数未达到法律或者公司章程规定的人数或者所持表决权数；④同意决议事项的人数或者所持表决权数未达到法律或者公司章程规定的人数或者所持表决权数。

（四）股东会决议成立、决议无效、可撤销和不成立的关系

1. 股东会决议的成立是判断其效力的前提和基础

股东会决议的成立是判断股东会决议有效、无效、可撤销的前提和基础。

一般而言，先有股东会决议的成立，才能评判股东会决议是否有效或存在可撤销事由。判断股东会决议行为是否成立，应当从形式上予以判断，即决议不成立是一个事实判断问题，属于有无的范畴，只需查明公司召开会议并作出决议即可。相反，决议效力判断是一个价值判断问题，需要在决议成立的基础上，查明决议是否满足生效要件，两者存在着时间上的先后顺序。

2. 决议不成立不等同于决议可撤销

股东会决议不成立与可撤销的理由都是程序瑕疵，但二者有着明显差异。就瑕疵程度来说，前者属于严重瑕疵，导致无法承认决议存在；后者属于轻微瑕疵，不会影响股东会决议的存在，只会在效力上影响决议的生效。

从瑕疵出现的阶段来看，严重瑕疵出现在判定决议的成立阶段，轻微瑕疵出现在决议成立之后的效力评价阶段，存在先后的关系，一旦出现严重瑕疵，则无须进行后者的判定。

决议不成立也就从根本上否定了决议存在，不存在补正的可能。任何人均可主张不成立，属于形成权之诉；而决议可撤销之诉适用除斥期间的相关规定，只要经过60日的除斥期间后无人行使撤销权，或自决议作出之日起一年内没有行使撤销权的，该瑕疵决议即确定有效。

3. 决议不成立不等同于决议无效

决议不成立是指形成决议的法律程序未齐备，不符合法律或者章程的规定，以致决议本身无法形成。决议无效是指决议内容违反法律，不能形成有效的公司意思，无法对股东、其他公司机关产生法律约束力，为法律明令禁止。因此，虽然股东会决议不成立与决议无效均属于自始无法律约束力，但是两者差别明显——法律含义不同。

4. 原告的请求事项决定着瑕疵决议诉讼的类型

公司所作决议的效力是属于无效、可撤销还是不成立，需要根据当事人具体的请求事项，即着重关注股东会召集程序或决议内容，来判断属于程序违法还是内容违法。

属于程序严重违法的，如未召开会议就作出决议的，且不属于可以不召开会议情形的，则决议事项不成立。属于侵害其他股东或公司法人实体权利的，如被伪造签名的股东股权被决议转让的，应该认定为无效。

属于召集程序、表决方式违反法律、行政法规或者公司章程，或者决议内容违反公司章程的，属于可撤销范畴；如属于股东会职权范围内的事项，按照股东会的议事规则和表决程序，如决议事项已达到公司法和章程规定的表决权比例的股东同意，仅程序有轻微瑕疵，则该股东会决议的决议事项仍有效。

三、公司决议效力的诉讼程序

公司决议无效、可撤销以及不成立必须以诉讼的方式裁判。诉讼程序相关的法律问题主要涉及原告、被告、诉讼期间及诉讼效力。

(一) 原告、被告和诉讼期间

股东有资格提起撤销决议的诉讼，公司股东、董事、监事等有资格请求确认股东会、董事会决议无效或者不成立。如果拟起诉的决议是剥夺股东资格或解除董事、监事职务的决议，已被剥夺股东资格的股东、被解除职务的董事、监事也可以请求确认决议无效或不成立之诉。

公司股东会决议的撤销，股东自决议作出之日起 60 日内，可以请求人民法院撤销。未被通知参加股东会会议的股东自知道或者应当知道股东会决议作出之日起 60 日内，可以请求人民法院撤销；自决议作出之日起一年内没有行使撤销权的，撤销权消灭。

公司决议为公司内部决议，仅具有内部效力，不具有对外效力。公司债权人作为公司外部人，一般不受公司内部决议的约束。通常情形下，公司决议对债权人不直接发生法律关系，债权人并非公司决议的直接利害关系人，债权人对介入公司决议效力的纷争并无现实法益，并非公司决议纠纷的适格原告。[①]

请求确认股东会、董事会决议不成立、无效或者可撤销决议的案件，应当列公司为被告。对决议涉及的其他利害关系人，可以依法列为第三人。一审法庭辩论终结前，其他具有原告资格的人以相同的诉讼请求申请参加前款规定诉讼的，可以列为共同原告。

对股东会决议效力的审查，不仅需要审查程序的合法性，还需要审查决议内容的合法性。公司股东会决议以"补偿金"名义对股东发放巨额款项，在公司并无实际补偿事由，且无法明确款项来源的情形下，此类"补偿金"不符合公司法的"分红"程序，也超出"福利"的一般数额标准，属于变相分配公司资产，损害部分股东的利益，更有可能影响债权人的利益，应依法认定为决议无效。[②]

（二）判决的效力

公司决议无效确认之诉的判决效力具有对世性，效力及于第三人，具有绝对的溯及力，但是善意第三人根据无效决议而取得的利益应当予以保护，因此，应当区分内部人和外部人来确定判决的溯及力。

判决对于公司内部人具有溯及力。涉及董事责任的免除，董事、监事、高级管理人员的报酬，股利分配等决议，法院判决具有溯及力，否则法院的判决就丧失了意义，并且容易导致即使在决议诉讼中胜诉也无益的后果，不利于对当事人利益的保护。

对外部人来说，判决仅向未来发生效力，但仅限于善意第三人或善意相对人的情形。为了交易的稳定性，应当尽量尊重过去已发生的事实关系，公

[①] 中国信达资产管理股份有限公司广东省分公司诉广州大广高速公路有限公司等公司决议效力确认纠纷案，广东省广州市中级人民法院（2021）粤01民终4167号，肖少珍：《中国信达资产管理股份有限公司广东省分公司诉广州大广高速公路有限公司等公司决议效力确认纠纷案——公司决议效力确认之诉的原告主体资格认定》，载最高人民法院中国应用法学研究所编：《人民法院案例选》2021年第11辑。

[②] 谢某、刘某诉安徽某化工有限责任公司公司决议纠纷案，安徽省合肥市中级人民法院（2014）合民二终字第00036号。

司决议被确认无效、可撤销或不成立后，应当视具体情况作出处理，不影响善意第三人的利益。《公司法》第 28 条第 2 款规定，股东会、董事会决议被人民法院宣告无效、撤销或者确认不成立的，公司根据该决议与善意相对人形成的民事法律关系不受影响。

（三）公司决议变更登记的撤销

公司股东会、董事会决议被人民法院宣告无效、撤销或者确认不成立的，公司应当向公司登记机关申请撤销根据该决议已办理的登记。

第十八章

受信义务

第一节 受信义务概述

一、受信义务的概念

《布莱克法律词典》认为,"受信义务是一种由受信人对受益人承担的具有最大诚信、忠诚、信任和正直的义务。该种义务要求义务人必须具备绝对诚实、忠实以及为受益人的最大利益奉献的最高标准品质"。[①] 公司法中受信义务分为两种具体义务:一是注意义务（duties of care）,我国公司法将其称为勤勉义务;二是忠实义务（duties of loyalty）。前者是指公司中的管理者应当以适当的注意管理公司,以避免公司利益受到损害;后者是指公司的管理者应当将公司利益置于自己利益之上。

公司信义义务规则在公司法中处于核心地位,是调整公司与其受信人之间关系的法律。受信人是指对公司负有受托责任的人,这些人包括董事、其他管理人员（如经理）、控股股东和其他人。

信义义务规则适用于各种各样的法律关系,在因其内在的权力与信息不对称,使得一方当事人（即受益人）完全依赖于另一方当事人（即受信人）的行为时即适用信义义务规则,例如律师与客户、医生与病人、监护人与被监护人以及受信人与受益人之间的关系。

就受信义务关系来说,"谁负有受信义务?""对谁负有受信义务?"是信义义务关系中的两个基本问题。

[①] Bryan A. Garner Editor in Chief, Black's Law Dictionary, West Group Published, Seventh edition, 1999, p523.

二、受信义务人

(一) 董事、监事、高级管理人员的受信义务

《公司法》第 179 条规定，董事、监事、高级管理人员应当遵守法律、行政法规和公司章程。遵守法律、行政法规和公司章程是董事、监事、高级管理人员履职的基本要求，也是最基本的诚信义务，是受信义务的一个附属的前提要素。这是公司法对董事、监事、高级管理人员受信义务的共通性规则和前提性规定。

董事、监事、高级管理人员对公司的忠实、勤勉义务作为公司治理中的重点问题，核心是解决董事、监事、高级管理人员与公司的利益冲突，实现公司与个人之间的利益平衡。董事、监事、高级管理人员在执行公司职务时，应最大限度地为公司的最佳利益努力工作，不得在履行职责时掺杂个人私利或为第三人谋取利益，即不得在公司不知道或未授权的情况下取得不属于自己的有形利益（诸如资金）及无形利益（诸如商业机会、知识产权等）。违反信义义务，应当向公司承担赔偿责任。[①]

董事对公司负有勤勉义务和忠实义务。传统公司法上，董事是公司或股东的受托人或代理人，处于公司管理者的地位，公司的权力由董事会行使，董事会负责公司的业务和事务。现代公司法因应市场经济的发展要求，公司治理出现单轨制，董事会又承担了监督（管理层）的职责。因此，董事在公司治理结构或信义义务关系中处于重要的地位，他们在业务执行、事务管理和监督管理层时负有高度的勤勉义务和忠实义务。

董事的受信义务与信托关系中的受托人的地位类似，董事、受托人、代理人都是广义信义法（代理法、信托法、委任法等）中的受托人一方，都负有广义的信义义务。但是董事不是严格意义上的受托人，因为信托关系中的受托人负有被动管理财产的责任，按照委托人的指示进行管理，勤勉义务相对较低。而董事作为受信人，主动管理公司的财产，具有相当大的自由裁量权。董事的权力是法定的，而信托关系中受托人的权力来自委托人的授权。董事负有的忠实义务，不仅包括消极的忠实义务即要求个人利益不得与公司利益产生冲突，还包括积极的忠实义务即实现公司利益的最大化；而信托关

[①] W 媒体网络有限公司诉吴某等损害公司利益责任纠纷案，上海市第二中级人民法院（2016）沪 02 民终 1156 号。

系中受托人的忠实义务是消极的，受托人的个人利益不能与公司利益相冲突。

监事作为受信人，也负有对公司的勤勉义务和忠实义务。监事作为公司的监督者，因为有机会获知公司的业务和事务，所以应该对公司负有忠实义务和勤勉义务。

高级管理人员对公司负有受信义务，是董事受信义务的扩张。从公司的内部治理架构中确定的权力机关来看，董事和监事一般由公司股东会依据章程选举或委派产生，董事组成董事会享有经营权，监事组成监事会享有监督权，这种权力自然均需受到信义义务的约束。公司高级管理人员由公司董事会聘任产生，既是公司的代理人，也是董事会决策的具体执行人。董事会通过授权程序将自己的部分权力授权高级管理人员，因而高级管理人员事实上是公司业务和事务的直接执行者，只不过其管理公司的权力来自公司董事会，所以高级管理人员也应该同样受到信义义务的约束。

(二) 股东、控股股东和实际控制人的受信义务

公司中不存在一般的股东受信义务，股东对公司或其他股东没有受信义务；股东受信义务主要是指控股股东负有受信义务，即只有处于控制和支配地位而又事实上实施了控制和支配行为的控股股东、实际控制人，才承担受信义务。股东承担受信义务的情形主要发生在控股股东、实际控制人滥用多数决，压榨少数股东或损害公司利益或者从事其他欺诈行为。

我国公司存在股权分散和股权结构高度集中两种形态。在股权结构高度集中的情况下，所有权和经营权无法彻底分离，控股股东、实际控制人实际控制着或者制约着经营者，此类公司治理中的主要矛盾为股东之间的矛盾，为防止控股股东、实际控制人滥用控制地位损害公司及小股东利益，公司法规定，公司股东应当遵守法律、行政法规和公司章程，依法行使股东权利，不得滥用股东权利损害公司或者其他股东的利益。公司股东滥用股东权利给公司或者其他股东造成损失的，应当承担赔偿责任，公司的控股股东、实际控制人在关联交易中对公司负有受信义务。

(三) 结论

公司法将股东、控股股东、实际控制人纳入了受信义务主体的范围，但受信义务最主要的主体是董事和高级管理人员，他们是受信义务的核心主体。相对来说，监事和股东的受信义务仅限于特殊情形或特定领域。

三、受信人

受信人对公司负有受信义务。我国《公司法》第180条规定,董事、监事、高级管理人员对公司负有受信义务,而不是对其他人,比如股东、利益相关者。这也意味着,一般而言,受信人没有义务以股东、利益相关者或作为整体的社会的最大利益作为行动的目标;他们没有法律义务采取最有效率的或提高公共福利的行动。换言之,他们是私法关系的参与者,他们只对另一个特定的、具体的人负有忠实义务。

对于股东来说,其权利来自他们与公司的衡平法律关系,即基于股份而有股权并分享利益;而对于利益相关者来说,他们的权利来自非公司法律。

四、违反受信义务的责任

(一)违信责任的构成

公司法上的受信义务是一种法定义务,董事、监事、高级管理人员应当遵守。违反受信义务的责任是侵权责任在公司法上的特殊体现和运用,实质是一种商事侵权责任。侵权行为四要件说认为,在过错责任归责原则下,违法行为、损害事实、两者之间的因果关系和过错,缺一不可。

1. 违法行为

董事、监事、高级管理人员的受信义务主要表现为违反勤勉义务和忠实义务。董事在执行职务的过程中存在滥用职权等违法、违反章程、违背忠实义务或者勤勉义务的行为。

2. 主观过错

违反忠实义务的,主观上只能是故意;违反勤勉义务的主观上的过错,各国一般采用重大过失标准。

3. 损害事实

董事、监事、高级管理人员违信责任的损害主要表现为财产损失,而非人身损害。这是因为受信义务是一种对公司负有的义务,这种义务的内容就是财产的管理与运营。如果董事、监事、高级管理人员违反受信义务实施了错误管理导致公司受到损害,则应当承担赔偿责任。

4. 因果关系

董事的违法行为必须与损害后果之间存在因果关系,董事才需要为此承担责任。关于对公司的违法事项并不知情或决议过程中提出异议的董事，由于其与公司的损害后果之间不存在因果关系，所以应该予以免责。此处的"不知情"是指董事对相关事项并不知情，而且处于类似情形的一般董事即使尽到了勤勉义务，也无法得知相关情形，由此董事才能援引自己不知情而得到免责，而不是董事一旦主张自己不知情，就可以不承担任何责任。

（二）违信责任的形式

（1）确认行为无效。对于董事、监事、高级管理人员违反受信义务作出的决议或行为，公司、股东有权请求法院确认该行为无效。

（2）损害赔偿。受信义务人造成公司损害的，应当向公司承担赔偿责任。

（3）归入责任。董事、监事、高级管理人员违反《公司法》第181~184条（即自我交易、关联交易、公司机会以及竞业禁止）的规定，所得的收入应当归公司所有。

违反受信义务的行为人可能同时承担赔偿损失和归入责任两种责任。如果未经允许进行竞业禁止行为，那么应将其竞业禁止的收入归入公司所有；若是造成公司损失的，则还应当赔偿损失。

（三）违信责任的免除与限制

1. 立法授权公司免除或限制

公司法上对董事的免责或限制主要体现为立法授权公司通过公司章程条款或发起人协议约定、放宽违反勤勉义务认定标准、设定最高赔偿额等方式免除董事全部或部分赔偿责任，这是董事责任限制或免除的主要渠道。对此主要有三种规制模式：

（1）法律允许或授权公司在章程中免除或限制董事的责任。公司章程可以设定限制或免除董事基于董事身份采取的行动或未能采取行动而对公司或股东承担的金钱损失赔偿责任条款，但这种免除或限制仅涉及董事的责任，不包括高级管理人员。

公司章程中记载免除或限制董事责任的条款必须征得股东会的同意。通常在章程中约定免除或限制董事违反信义义务对公司或公司股东承担的金钱损失责任，但此类条款不能免除或限制董事对下列事项的责任：①因违反了对公司或股东应履行的忠诚义务（duty of loyalty）而产生的责任；②由于非善意的错误行为（intentional misconduct）或者故意的不当行为、明知故犯的行为而产生的责任；③因董事非法取得、赎回本公司的股份而产生的责任；④因董事在得到不正当个人利益的交易中产生的责任。

（2）立法放宽违反勤勉义务或过失程度的认定标准。公司法规定，除非故意的错误行为或无依据的冒险行为（willful misconduct or recklessness），对董事违反或未能履行法定的勤勉义务的行为不承担责任。该规定放宽了对"注意"的判定标准，只有董事在具有故意或重大过失时才会承担赔偿责任。此种限制方式随着法律施行而自动运行，本质是提高责任构成要件中"违反勤勉义务"认定的门槛，使董事可以免于轻微过失被追究赔偿责任的情形。

（3）法律规定最高赔偿限额。美国有些州公司法对董事或管理者违反勤勉义务时应当承担的损害赔偿金额作出最高赔偿限额的规定。例如，弗吉尼亚州《股份公司法》第13.1-692.1条即对赔偿限额做出了明确的认定标准。首先，该条第1款确定了赔偿限额的确定标准，主要有三个衡量指标：公司章程或股东会通过的责任免除限额、10万美元、董事被追责前12个月的报酬总额。后两个指标中的较高者与第一个指标比较，取较低者作为最高赔偿额的标准。其次，该条第2款将诸如具有主观故意、违反刑法、证券法等情形明确排除在免责范围之外，实质上是对第1款的限制。

美国法协会的《公司治理准则》第7.19条同样设定了相似的条款，规定公司可以要求董事返还违反勤勉义务期间受领的报酬，数额以实际损失额为限，违反义务的期间可以是1周或者1个月，报酬一般是以年为单位支付的，因而返还额采用年薪的标准计算。

日本《公司法》第425条中的免责限度，采用的是2年（独立董事）、4年（一般董事）、6年（董事长）的报酬额标准确定最高赔偿限额。

2. 司法上的免除或限制

除了立法上免除或限制董事责任外，还有董事责任的司法免除，即法院在代表诉讼审理过程中，根据法律规定或商业判断规则，免除或部分免除董事违反勤勉义务时应当承担的民事赔偿责任。

3. 公司决议免除

公司决议免除是指通过公司权力机关决议的方式免除董事全部或部分赔偿责任。公司决议免除与立法授权免除、司法免除的差异在于：第一，立法授权免除主要是通过法律直接规定或授权公司改变章程条款的方式免除董事责任，是一种事先的免除。公司决议免除主要是在损害结果发生、董事责任产生之后通过内部决议进行的免除，是一种事后的免除。此外，立法授权免除往往需要具体到法律条款、公司章程或协议的具体条文，需要对免除责任的情形做出具体、详细的规定；而公司决议免除则属于意思自治范围，只要不违反法律、法规的强制性规定或经过内部表决一致同意，均可通过此种方式免除特定情形的董事责任。第二，与司法免除通过法院主动适用商业判断规则确认董事是否违反勤勉义务不同，公司决议免除主要是通过内部决议程序进行表决的方式确定董事是否应当承担责任，二者在适用主体、适用程序、救济方式等方面均有不同。

公司决议免除董事责任通常由股东会做出给予董事免责的决定，通过对董事不当行为的追认而免除其应承担的民事责任。但是各国公司法对于免除董事责任并非没有条件，只有具备特定的条件，才能免除董事责任；而且只能免除董事对公司的责任，董事对债权人的赔偿义务，不因公司的放弃或和解、基于股东会的决议而被废止。

(四) 董事责任保险

《公司法》第 193 条规定，公司可以在董事任职期间为董事因执行公司职务承担的赔偿责任投保责任保险。公司为董事投保责任保险或者续保后，董事会应当向股东会报告责任保险的投保金额、承保范围及保险费率等内容。

第二节　忠实义务

一、忠实义务概述

忠实义务是指董事、监事和高级管理人员在管理经营公司业务和履行职责时，为实现公司利益最大化，应当忠实地履行自身义务，避免个人利益和公司利益之间发生冲突。忠实义务是公司利益至上原则的直接要求，通常要求董事、监事和高级管理人员等义务主体不得自我交易或关联交易，不得盗用公司的财产，不得剥夺公司的商业机会或披露公司秘密等。

我国《公司法》第 181 条规定，董事、监事、高级管理人员不得有下列行为：①侵占公司财产、挪用公司资金；②将公司资金以其个人名义或者以其他个人名义开立账户存储；③利用职权贿赂或者收受其他非法收入；④接受他人与公司交易的佣金归为己有；⑤擅自披露公司秘密；⑥违反对公司忠实义务的其他行为。《公司法》第 181~184 条对自我交易、关联交易、公

机会和竞业禁止四种特殊行为予以了特别规定。

二、自我交易

(一) 自我交易概述

1. 自我交易的概念与特征

自我交易（self-dealing）是指董事、监事、高级管理人员在为公司实施行为时，知道自己或其关联人与该交易的另一方当事人或与该交易存在经济利益，或者与该交易存在密切的关系，并且使人们有理由相信该种利益的存在会对该董事、高级管理人员的判断产生实质性影响。自我交易是公司中利益冲突的一种典型形式，是基于董事、监事、高级管理人员所处的特定地位及其所持有的控制权而产生的，并且极易引发损害公司利益的不公正后果的特殊关联交易。

根据上述规定，可知自我交易具有如下特征：

第一，董事、监事、高级管理人员直接或者间接与本公司订立合同或者进行交易。

按董事、监事、高级管理人员是否直接作为一方当事人而区分为直接自我交易和间接自我交易。大多数交易发生在董事、监事、高级管理人员与公司之间，这种交易为直接自我交易。例如，董事、监事、高级管理人员与公司订立合同，或者从公司购买财产；或董事、监事、高级管理人员贷款给公司或公司向董事、监事、高级管理人员贷款等。

自我交易不仅发生在董事、监事、高级管理人员本人与公司之间，还包括下列间接自我交易：①董事、监事、高级管理人员的关联人与公司之间的自我交易。关联人是指董事、监事、高级管理人员的父母、配偶、子女、孙子女、兄弟姐妹以及任何该董事、监事、高级管理人员担任受托人的信托。②关联公司之间的自我交易。主要表现为母子公司之间的交易。当子公司存在少数股东时，母子公司之间的交易可能会损害子公司中的少数股东利益并构成自我交易。③同时担任交易双方的董事、监事、高级管理人员的自我交易。此种交易发生在两个公司之间，但是董事、监事、高级管理人员同时在两个公司中任职。此种情形下，自我交易不是发生在公司与其董事、监事、高级管理人员之间，而是发生在董事、监事、高级管理人员存在经济利益的两个公司（或其他实体）之间并构成竞争关系。④董事、监事、高级管理人员的合伙人、委托人或雇主与公司之间的自我交易。

第二，董事、监事、高级管理人员直接或间接地与该交易存在经济利益关系。若不存经济利益关系，就不构成自我交易。

第三，自我交易将导致利益冲突。自我交易表面上发生在两个或两个以上当事人之间，实质上却只由一方决定。公司是无法自己作出意思表示的，必须经过董事、监事、高级管理人员作出，于是董事、监事、高级管理人员就面临着冲突：既要在交易中为自己争取最佳利益，又要为公司争取最佳利益。这必然产生利益冲突，并且该利益冲突又会影响到公司的正确商业决策，因此被称为"利益冲突交易"。

第四，自我交易须具有重要性。也就是说，某一交易即使可能存在利益冲突，但如果其尚未达到需要获得批准的重要程度，也不能构成自我交易。对于董事、监事、高级管理人员自我交易，实际是一柄"双刃剑"，既可以增加公司交易机会、节约交易成本、提高交易效率，又可能因为存在利益冲突而导致公司利益受损。

2. 法律对自我交易的态度

自我交易的危险在于公司在交易中可能得不到公平的对待，因为行为人的自我利益可能会压倒其对公司的忠诚度。

早期法律绝对禁止自我交易或者使其无效或可撤销。即所有的自我交易均可以根据公司的选择撤销，法院根本不考虑交易公平与否。自20世纪初，实行程序公正与实质公平并重原则，即经过无利害关系董事的多数同意，并且交易本身公平，自我交易才有效。20世纪70年代以来，进入倚重程序公平、兼顾实质公平的阶段，通过成文法对程序公正的设计，力图达至"实质公平"。到21世纪时，这种态度发生了根本性变化，法律开始承认这种交易，抛弃了简单禁止的规则。这是因为：第一，如果处理得当，公司也会从该交易中得到好处，如董事、监事、高级管理人员贷款给公司用于运营，尤其是当公司无法以低廉的成本进行融资时，这种自我交易较为常见，当公司无法从其他地方获取融资或融资价格昂贵时，从董事、监事、高级管理人员中融资的自我交易就值得鼓励；第二，利益冲突无法避免，如某股东以知识产权出资，同时又担任董事，通常情况下由董事会确定该知识产权的价格，这种情形下利益冲突就不可避免。

3. 自我交易的评价

自我交易本身是一种常见的经济现象，一方面，董事、监事、高级管理人员的自我交易对公司利益有着积极的影响，可以减少交易的中间环节，降低公司成本，提高经济效益，实现公司利润最大化；另一方面，董事、监事、高级管理人员的自我交易对公司利益也有消极的影响。董事、监事、高级管理人员作为公司的经营管理者，对公司负有忠实义务，不能损害公司利益，而在自我交易中由于董事、监事、高级管理人员或其利害关系人属于与公司交易的一方当事人，极易为了一己私利而损害公司的利益，导致董事、监事、高级管理人员与公司之间的利益冲突。自我交易对公司而言是一把双刃剑，通过市场机制无法允分发挥自我交易对公司的积极作用，而规避其对公司的消极影响，因此现代两大法系国家的法律均对董事、监事、高级管理人员的自我交易进行了规制。

（二）公平标准

在董事、监事、高级管理人员的自我利益与公司利益发生冲突时，解决自我交易的"公平标准"主要有三种模式：一是经过非利害关系董事的同意（approved by interested directors）；二是取得股东会的同意（approved by the shareholders）；三是证明该交易是公平的（proof that the transaction is fair）。但需要注意的是，非利害关系董事的同意或者股东会的同意，必须有利害关系董事真实、准确、完整的信息披露，将其知道的有关交易的所有重要事实进行报告。至于非利害关系董事会与股东会同意职权的划分，有些国家采取类型划分方法，比如英国公司法规定，董事在和公司从事特定类型的交易时，即董事的服务契约、重大的财产交易以及贷款、准贷款和信用交易，必须经过公司股东会的批准，其他的董事自我交易则可以交由董事会批准；[1] 有些国家采取由公司章程决定的方法。

但是，即使经过信息披露和无利害关系董事的批准，自我交易仍然可能需要接受"合理公平"标准的审查。在有人以其有损于公司并且不必要地优惠于有关的董事为由进行质疑时，法院需要以"合理公平"标准对自我交易进行审查。进行自我交易的董事负有举证责任，举证证明其与公司交易的公平性，否则承担举证不能的不利后果。若是利害关系董事能够证明该交易是公平的，法院就支持该自我交易。但是在代表诉讼的情况下，拥有原告资格的股东应当是在股东会上持反对意见或弃权的股东，赞成股东除非能够证明其意思表示不真实，否则被排除在适格原告之外。如果决策经全体无利害关

---

[1] 参见英国2006年《公司法》第188条、第190条、第197条、第198条、第200条和第201条的规定。

系股东一致同意，则公司与股东均不得提出异议。

(三) 我国公司法关于自我交易的规定

我国公司法不绝对禁止自我交易，而是采用批准交易的方式。根据《公司法》第182条第1款的规定，董事、监事、高级管理人员，直接或者间接与本公司订立合同或者进行交易，就与订立合同或者进行交易有关的事项向董事会或者股东会报告，并按照公司章程的规定经董事会或者股东会决议通过，董事会或股东会表决时，存在关联关系的股东、董事回避表决，其表决权不计入股东会或董事会的出席数与表决数的计算中，批准后该自我交易有效。

事后披露和经董事会追认的自我交易，应由利害关系董事承担举证责任，并以"完全公平"标准对交易进行审查。因此，对于事后披露和经股东会追认的自我交易，可以发生与事先同意相同的效力。若有人提出异议，则该种自我交易也需要经过法院司法审查。

三、关联交易

(一) 关联交易的概念

关联交易是指具有关联关系的主体之间的交易（转移资源、劳务或义务的行为），是公司运行中经常出现的而又容易发生不公平结果的交易。其中，关联关系是指公司控股股东、实际控制人、董事、监事、高级管理人员与其直接或者间接控制的企业之间的关系，以及可能导致公司利益转移的其他关系。但是，国家控股的企业之间不仅因为同受国家控股而具有关联关系。

关联交易的危害主要源于关联方之间的利益冲突，交易的出发点和目的是利益的不正当转移。因此，关联关系的基本界定要强调利益转移的实质。

(二) 法律对关联交易的规制

法律对于关联交易的规制并非绝对禁止，而是采用一定的方法规制不公平的关联交易。我国公司法并不禁止关联交易本身，而在于防止因关联交易导致公司利益受损，侧重于交易的公正性。

有限公司和非上市股份公司董事、监事、高级管理人员的近亲属，董事、监事、高级管理人员或者其近亲属直接或者间接控制的企业，以及与董事、监事、高级管理人员有其他关联关系的关联人，与公司订立合同或者进行交易，董事会对关联交易的事项进行表决时，关联董事不得参与表决，其表决权不计入表决权总数。出席董事会会议的无关联关系董事人数不足3人的，应当将该事项提交股东会审议。

公司的控股股东、实际控制人、董事、监事、高级管理人员不得利用其关联关系损害公司利益。关联方所获利益应当归公司所有。关联交易损害公司利益为侵权责任纠纷，[1] 应从知道或应当知道公司利益受损之日起3年内行使诉讼权利。

四、利用公司机会

（一）利用公司机会概述

禁止篡夺公司机会是指禁止公司受信义务人将公司拥有的期待利益、财产利益或财产权利的交易机会，或从公平角度而言将应属于公司的交易机会予以篡夺自用。当董事、监事、高级管理人员利用公司机会谋取私利时，就会违反对公司的忠实义务。

《公司法》第183条规定，董事、监事、高级管理人员，不得利用职务便利为自己或者他人谋取属于公司的商业机会。但是，有下列情形之一的除外：①向董事会或者股东会报告，并按照公司章程的规定经董事会或者股东会决议通过；②根据法律、行政法规或者公司章程的规定，公司不能利用该商业机会。据此，董事、监事、高级管理人员有义务维护公司利益，不能借职务便利私下利用本应属于公司的商业机会，除非事先经过股东会或董事会的同意或事后经过追认，或公司无法利用该商业机会。

（二）公司机会的界定与判断

适用"禁止篡夺公司机会原则"首先应判定什么是公司机会。我国《公司法》第183条在规定"禁止篡夺公司机会原则"时，并没有界定公司机会的内涵与外延。

对"禁止篡夺公司机会原则"中公司机会的判断主要有三种标准：①利益或期待利益标准。依据该标准，属于公司的商业机会必须是公司既得利益的财产，或者是公司未来确定能够取得的期待利益，其侧重点在于，董事和

---

[1] 某甲公司诉高某某、程某公司关联交易损害公司利益纠纷案，最高人民法院（2021）最高法民再181号。

高级管理人员作为其公司的受信人,不得故意损害公司既得或期待利益。②经营范围标准。依据该标准,如果某种商业机会在性质上属于公司的经营范围之内,并可能因此而获得一定的实际利益,公司也有足够的财力,那么公司的董事和高级管理人员就不能把这个商业机会据为己有。此外,公司经营范围不局限于公司现在正在从事的业务范围,也包括了公司将来有可能涉及的业务范围。③公平标准。根据此标准,在判定某一商业机会是否属于公司商业机会时,应当按照公平、公正等道德的视角加以衡量,不应该在公司既得利益或可期待利益方面去把握,而是遵循公平标准;若某一商业机会被董事或高级管理人员加以利用会导致对其所属公司不公平的结果,那么该商业机会就构成公司的商业机会。这一标准需要依据具体情况来运用公平或公正这一道德伦理标准。

上述三个标准各有优缺点。在我国司法实务中,对商业机会的归属,坚持以公平为原则,着重从公司的经营活动范围、公司对商业机会的实质性努力等方面综合判断。在明确当事人职务身份的基础上,采用客观化的要素分析考量商业机会的归属。

首先,通过公司的经营活动范围确定公司商业机会的保护边界,在司法审查中从形式和实质两个层面进行把握:形式上对公司登记的经营范围进行审查,若该商业机会不在注册的范围内,则需要进一步从实质方面进行审查,即公司实际的经营活动范围。其次,属于公司的商业机会的产生离不开公司的实质性努力。实质性努力是公司董事、高级管理人员等具有特定身份的人实施的营运行为,这种营运行为一般表现为公司为获取该商业机会而投入的人力、财力等资源,或者是在以往经营中逐渐形成的,在案件审理过程中需要明确商业机会来源的核心资源,对于核心资源的判断应以对商业机会生成起到关键作用为标准,比如人力资本、财力、信息、渠道、资料等。最后,对商业机会归属的判断,也应考量机会提供者对交易相对人的预期。

对董事、高级管理人员的行为是否构成"篡夺",应以善意为标准,重点审查披露的及时性、完全性、有效性。审查公司是否在事实上同意,而公司同意的前置条件在于高级管理人员对公司尽到了如实的披露义务,甄别高级管理人员的披露动机是否善意,以判断其是否履行忠实义务。在披露时间的及时性上,从理性管理人的角度考虑,审查高级管理人员是否在利用公司机会之前就将商业机会披露给公司,除非在诉讼中能够承担其行为对公司公平的举证责任;在披露内容的完全性上,高级管理人员应向公司真实、准确以及完整地披露包括交易相对方、性质及标的等与机会本身有关的事实、与公司利益有关联的信息，不得故意陈述虚伪事实或者隐瞒真实情况，具体认定上从正常、合理的角度去考量，高级管理人员应做出一个普通谨慎的人在同等情形下应做出的勤勉和公正；在披露效果的有效性上，需要确保公司决定已及时、充分了解商业机会相关的所有内容，而非基于瑕疵披露的"引诱"而做出错误的决定。[①]

（三）剥夺公司机会的救济与辩护

公司机会的合理利用，目的在于将公司机会的便宜利用与董事、监事、高级管理人员的忠实义务的全面履行相结合，既维持商业道德，又促进商业效率。因此，公司机会的合理利用是"禁止篡夺公司机会原则"司法适用的重要内容。实践中公司机会的合理利用也是诉讼中被告的抗辩理由。几种常见的抗辩理由是：公司得知受托人的行为，并对此表示同意；充分披露信息可能足以支持受托人获得一个公司机会；在没有信息披露的情况下，如果公司先前允许当事人利用过与该业务一致的机会。除此之外，还有如下抗辩理由。

1. 公司拒绝

公司拒绝利用这个机会，或者该公司没有因受信义务人获得了这个机会而受到损害。但是必须符合以下条件：①董事、监事、高级管理人员应该首先将公司机会提供给公司，并向公司披露了关于利益冲突和公司机会的事实；②公司拒绝了该公司机会，并否认该公司机会符合公司利益；③经公司董事会或股东会批准。

2. 公司不能

公司不能是指根据法律、行政法规或者公司章程的规定，公司不能利用该商业机会，董事、监事、高级管理人员就可以利用该机会。

五、竞业禁止

（一）竞业禁止概述

1. 竞业禁止的概念

竞业禁止是指董事、监事、高级管理人员不得自营或者为他人经营与其

[①] 上海某流体设备技术有限公司诉施某某损害公司利益责任纠纷案，上海市青浦区人民法院（2019）沪0118民初17485号。

任职公司同类的业务。董事、监事、高级管理人员未经董事会或股东会同意，自营或者为他人经营与所任职公司同类的业务的行为属于违法行为，即便是不考虑是否构成同业竞争，也构成 IPO 上市的实质性障碍。

2. 竞业禁止与同业禁止

证券法上的同业竞争是指直接或间接地控制公司或有重大影响的自然人或法人及其控制的法人单位与公司从事相同、相似的业务。

公司法规定董事、高级管理人员具有法定竞业禁止的义务，但没有股东竞业禁止的规定，限制的是董事、监事、高级管理人员与公司竞业。因此，同业竞争和竞业禁止是两个法律概念。同业竞争规制的重点是股东（及其关联人）滥用控制权损害公司独立性的行为，而竞业禁止规制的重点是董事、监事、高级管理人员违反对公司忠实义务的行为，两者之间存在根本性区别。

3. 公司法对竞业禁止的规制

法律对竞业问题主要有三种立法例：竞业禁止、竞业限制和竞业自由。

竞业禁止是指法律绝对禁止自营或者为他人经营与其任职公司同类的业务。采取此立法例的理由是，董事、监事、高级管理人员自营或者为他人经营与其任职公司同类的业务构成对公司的不正当竞争，损害公司利益。竞业禁止原则是大陆法系的传统规则。

竞业限制是指虽然法律不绝对禁止董事、监事、高级管理人员自营或者为他人经营与其任职公司同类的业务，但是设置了一定的限制条件。采取该立法例的理由是，董事、监事、高级管理人员自营或者为他人经营与其任职公司同类的业务是否构成对公司不正当竞争，取决于是否违反了法律设置的限定条件。若违反了限定条件，就构成不正当竞争；否则就不构成不正当竞争。

竞业自由是指法律不禁止董事、监事、高级管理人员自营或者为他人经营与其任职公司同类的业务。采取该立法例的理由是，自由竞争是市场经济的"灵魂"，任何人均享有营商的自由，董事、监事、高级管理人员自营或者为他人经营与其任职公司同类的业务不构成不正当竞争。当然，虽然法律不禁止竞业竞争，但允许公司章程加以限制，公司享有自治的空间。

(二) 我国公司法对于竞业禁止的态度

《公司法》第 184 条规定，董事、监事、高级管理人员未向董事会或者股东会报告，并按照公司章程的规定经董事会或者股东会决议通过，不得自营或者为他人经营与其任职公司同类的业务。据此可知，我国公司法采取的是竞业限制的态度。

我国《刑法修正案（十二）》第 1 条规定："国有公司、企业的董事、监事、高级管理人员，利用职务便利，自己经营或者为他人经营与其所任职公司、企业同类的营业，获取非法利益，数额巨大的，处三年以下有期徒刑或者拘役，并处或者单处罚金；数额特别巨大的，处三年以上七年以下有期徒刑，并处罚金。""其他公司、企业的董事、监事、高级管理人员违反法律、行政法规规定，实施前款行为，致使公司、企业利益遭受重大损失的，依照前款的规定处罚。"本条款的罪名为"非法经营同类营业罪"，扩大了犯罪主体范围，涵盖了民营企业的董事、监事、高级管理人员自营或者为他人经营与其任职公司同类业务的情形。

据此，董事、监事、高级管理人员违反竞业禁止的规定，不仅要承担民事责任，还可能承担刑事责任。

第三节 勤勉义务

一、勤勉义务概述

（一）勤勉义务的概念

勤勉义务，又称为注意义务，是指董事、监事、高级管理人员在执行职务时，应当为公司的最大利益尽到管理者通常应有的合理注意义务。

（二）勤勉义务的一般标准

判定董事、监事、高级管理人员是否违反勤勉义务，通常需要从三个方面进行认定：①是否出于善意（in good faith）实施职务行为；②是否尽到普通人在类似情况下应尽到的注意义务；③能否合理地相信其行为是为了公司的最佳利益而履行职责。若符合上述三个要求，则可以免除责任。

1. 善意或诚信

善意或者诚信的含义通常由法院决定，但是这一标准主要针对行为的正当性。该标准要求公司董事、监事、高级管理人员在以公司受信人的身份做出决定时，必须有意识地考虑到他们在这一角色中的责任。如果董事等在内心对经营决策及其后果尽到了适当的注意义务,则为善意;反之,如果董事明知其行为会对公司产生不利后果而故意放任,或者因为疏忽没有引起足够注意而使其后果发生,则为恶意。违反诚信义务通常包括故意忽视董事、监事或高级管理人员的通常职责,故意为公司利益以外的目的行事,或故意违反法律。

2. 注意

董事、监事、高级管理人员的行为应参照正常谨慎的人在类似职位、处于相似场合所应具有的勤勉、注意和技能。这一标准为客观标准,通过与合理的第三人进行比较来考察受信人行为的适当性。

(1) 勤勉尽责。注意是行为人对其行为后果的注意程度的评判。要求董事、监事、高级管理人员在执行职务时,应当恪尽职守,尽到适当的注意、勤勉和能力方面的义务;要求必须以谨慎的普通人在类似决策条件下,充分运用自身能力和经验来履行注意、勤勉义务。这相当于大陆法系中的"善良管理人的勤勉义务"。

(2) 不履行职责。董事、监事、高级管理人员根本不履行职责或漠不关心,放任公司错误行为发生,也会构成对勤勉义务的违反。

3. 合理地相信其行为符合公司最佳利益

董事、监事、高级管理人员在商业决策时应合理地相信其行为符合公司的最佳利益。管理他人的财产和事务必须以基于自己的判断、以其认为符合公司利益的方式执行职务。原则上要求董事、监事、高级管理人员在决策时知悉决策事项的信息,以便作出最佳判断和决策。

二、商业判断规则

勤勉义务的认定标准具有很强的主观性和抽象性,在实践中难以把握。特别是董事、监事、高级管理人员在公司决策上发生错误时,更难以判定。为了克服判断上的困难,法院在司法适用时借助于"商业判断规则"(business judgement rule,BJR)辅助实施上述标准。

(一) BJR 的概念

BJR 是指董事等受信义务人在善意且充分了解相关信息的情况下,为公司的最佳利益作出了商业决策,即使事后看来这一决策是错误的或者给公司造成了损害,法院也不应追究董事等人员的责任。实际上,BJR 是一种有利于董事、监事、高级管理人员的推定。因此，它有时被称为"商业判断推定"。美国法学会的《公司治理原则：分析与建议》第4.01条（c）的界定被认为是BJR的经典表述。根据该条款，符合下列三个条件时，即使董事决策失误导致公司损失，也不用承担责任。

（1）与决策事项无利害关系。这是适用BJR的前提条件。如果董事与某项交易存在利害关系，则属于忠实义务的适用问题，不受BJR的保护。只有董事、监事、高级管理人员作出一项商业决策时与该项交易不存在利害关系，才会受到BJR的保护。当所有的董事与该交易具有利益冲突时，应该由专门委员会或股东会对该交易进行审查。

（2）充分的信息和充分的决策程序。这是对程序审查的要求，要求董事作为一个谨慎的理性人在最低限度上对公司业务有一个基本了解，在做出决定前必须采取一切必要的手段充分地了解情况，知晓该决策内容。当然，董事依赖公司其他内部人提供的信息，只要其所依赖的信息源可信赖、靠得住，其将受到BJR的保护。

（3）理性地相信其行为符合公司的最佳利益。这是对实质审查的要求，要求董事决策时运用本身所具有的知识、经验和技能进行判断，并理性地相信其决定符合公司的最佳利益。

（二）BJR的特点

（1）BJR只有在决策已经作出并且失败后才能适用。勤勉义务包含作为和不作为两种情形，BJR仅适用于积极作出商业决策的情形，而不适用于不作为的情形。董事、监事、高级管理人员消极地不履行职务，不能适用于BJR，而只能依据一般注意标准来衡量。董事、监事、高级管理人员违反忠实义务，也不适用于BJR，而是适用公平标准判断。若该商业决策是违法的，也不适用于BJR。当然，如果该决策是成功的，公司、股东利益没有遭受损失，那么也不适用于BJR。

（2）BJR适用的是重大过失标准。

（3）BJR区分实质审查和形式审查。在原告证明被告程序违法或实质内容违法，即对决策本身的司法审查程度和董事作出决策的过程的审查程度进行了区分。在审查过程中，程序的审查起着决定性的作用：当过程合理时，无论决策内容是否合理，均认定董事、监事、高级管理人员无责；当过程不合理时，不论内容合理与否，董事、监事、高级管理人员均需担责。

第四节 股东代表诉讼

一、股东代表诉讼概述

(一) 股东代表诉讼概念和现实动因

1. 股东代表诉讼的概念

股东代表诉讼是指一个股东或一群股东代表公司对违反受信义务的公司董事、监事、高级管理人员或其他第三方提起的诉讼。诉讼的请求权不属于个人，而属于公司。股东只有在公司的利益受到损害而公司不能或怠于起诉时，股东为了公司的利益以自己的名义代表公司提起诉讼。

2. 股东代表诉讼的现实动因

公司具有与其股东不同的法人资格。公司的权利只能由公司单独执行。董事、监事、高级管理人员对公司负有信义义务，若违反信义义务，则应该承担违信责任。当基于错误的决策、进行自我交易而有失公平或者其他错误行为导致公司遭受损失时，董事、监事、高级管理人员应当承担赔偿责任。但是，作为责任承担人的董事、监事、高级管理人员等属于公司内部人（insiders），公司起诉与否又由他们来决定，让他们决定公司起诉自己，可能性显然较小。因此，公司不能或者怠于追究其责任，完全可能是出于他们的意志。为了解决这一问题，公司法上发展出一种替代救济措施，即股东代表诉讼。

(二) 代表诉讼的历史发展

股东代表诉讼始于19世纪，目的在于使法院可以保护公司和少数股东免受居于管理地位的董事、监事、高级管理人员等内部人员或第三方的欺诈或侵权行为的损害。代表诉讼源自英国的普通法，即福斯诉哈尔波特（Foss v. Harbottle）案，在该案基础上创立了著名的"Harbottle 规则"及其例外，成为普通法上代表诉讼的基本规则。Harbottle 规则确立了两种重要原则：一是适格原告原则，二是多数决原则。前者是指当公司受不当行为侵害时，只有公司具有提起诉讼的独立资格。尽管侵权行为间接地损害了股东利益，但是个人股东或少数股东不能起诉。后者是指公司事务应该召集股东会作出决议，并且股东会遵循多数决原则。

然而，依据多数决原则本质上保护了大股东利益，严重忽视了小股东利益。由于 Harbottle 规则过于严格和机械，为了解决司法危机，福斯案几经修正，创设了四种例外情形，允许股东代表公司提起追究董事或其他控制人责任的诉讼。这四个例外包括：一是多数股东控制股东会对少数股东进行了交易欺诈；二是公司行为违法或越权；三是股东会程式不符合法律或章程规定的程序，如会议的通知有瑕疵、表决方式有瑕疵等；四是基于公平考虑，股东可以提起诉讼。上述司法实践中的例外使得股东代表诉讼制度得以最终确立。

英国早期判例中，股东为了公司利益提起的诉讼表述为"少数股东诉讼"、"股东诉讼"或者"股东救济"等。"代表诉讼"作为一个特定诉讼的法律概念，是由美国判例法创造的。股东代表诉讼流行于英美法系普通法国家，后来大陆法系也逐渐采用，如德国、法国、日本等。我国公司法也引入了股东代表诉讼制度。

(三) 股东代表诉讼与股东直接诉讼

股东直接诉讼是指股东在自身利益受到公司、其他股东、管理层侵害时，以自己的名义对侵害者提起的诉讼。股东直接诉讼是公司法、民事诉讼法赋予股东的权利。两种诉讼制度存在以下不同之处。

1. 两种诉讼制度设计的理念不同

直接诉讼中，原告必须提出自己受到的损害。股东代表诉讼主要是中小股东对那些在大股东庇护之下侵犯公司利益的董事、监事、高级管理人员或者第三人提起的诉讼，其根本理念在于对中小股东权益实施公平保护。

2. 产生原因不同

股东直接诉讼基于自益权提出，即股东自己利益受到侵犯而提起。代表诉讼是股东为了公司利益，基于共益权提出，即公司利益受到损害；股东代表诉讼中原告的诉权源于公司的诉权。

3. 诉讼限制不同

提起股东代表诉讼需要先履行前置程序，这样设计的目的在于维护董事会的地位，但股东直接诉讼则无此限制。

4. 诉讼中的当事人地位不同

在直接诉讼中，原告是股东，被告是损害股东利益的董事、监事、高级管理人员，各自享有不同的诉讼权利。股东代表诉讼的被告是侵害公司利益的董事、监事、高级管理人员及其他人。股东代表诉讼一般可以被视为一个双重诉讼，即由公司对造成公司损害的第三人提起损害赔偿或其他补偿的诉讼和原告股东基于公平对公司提起诉讼，要求法院发布命令迫使公司提起前述诉讼的合并。

5. 结果归属不同

股东代表诉讼的结果对全体股东有效，其他股东不得基于此事再提起诉讼。股东代表诉讼的诉讼请求部分或者全部得到人民法院支持的，公司应当承担股东因参加诉讼支付的合理费用。股东直接诉讼的结果只对本人有效，所有的诉讼费用均由股东自己承担。

（四）股东代表诉讼的评价

1. 股东代表诉讼的积极意义

一是事先的抑制作用，即威吓董事、监事、高级管理人员错误行为的作用，如果其行为直接或间接地侵害了公司利益，利用股东代表诉讼起诉他们，在一定程度上威吓或抑制了公司内部人的不当行为。

二是事后的救济功能。股东代表诉讼制度的建立，为少数股东提供了一种监督公司受信人行为的机制。

2. 股东代表诉讼的消极作用

赋予中小股东提起股东代表诉讼也会带来消极的影响，比如可能引发投机诉讼、干扰董事会的正常经营工作、增加公司的运营成本。

二、股东代表诉讼当事人

股东代表诉讼一旦发动，对公司的正常运营及管理都将带来负担，也会给公司的形象和声誉带来消极影响。因此，在赋予中小股东代表诉讼权利的同时，也需要从股东与公司之间利益联系的密切度上设定适当的限制条件，防止无意义或恶意诉讼。确定适格原告成为股东代表诉讼能否成立并继续进行的关键一环。

（一）原告

代表诉讼的适格原告股东主要条件有两个：一是要求股东必须享有股权，二是能够充分地代表公司的利益。若股东不具备这两个条件，就不能提起诉讼或维持诉讼。

1. 股权享有规则

股权享有规则是指提起代表诉讼的原告股东从针对公司的不法行为发生时起直到诉讼判决时止，必须持续持有公司的股票。

第一，错误行为发生时已经是股东。若原告股东是在错误发生之后取得股份的，则不能成为代表诉讼的原告。

第二，诉讼发生之后继受取得的股份成为股东。依法从诉讼发生之后的股东处受让股份的，也可以成为适格的原告。

第三，在代表诉讼待决期间出售或者处分其股份的原告股东失去其维持或继续代表诉讼的权利。

2. 公正且充分地代表公司利益

股东代表诉讼中股东代行公司诉权，诉讼结果将关系公司和其他股东的切身利益，并对公司与其他股东具有既判力，因此原告股东应既能公正、充分地代表公司利益，又能公正、充分地代表除实施过错行为的被告之外的其他股东的利益。

根据我国《公司法》第189条、《证券法》第44条的规定，原告分为三类：①在有限公司中，为任一股东；②在股份公司中，为持股时间连续180日以上、单独或者合计持股1%以上的股东；③上市公司、股票在国务院批准的其他全国性证券交易场所交易的公司的"短线交易"归入权代表诉讼中，为任一股东。

全资子公司股东双重代表诉讼的原告资格，与上述资格条件一致。

（二）被告

股东代表诉讼的被告是任何损害公司利益的第三人。股东代表诉讼发展初期，被告主要是董事，后来扩展至董事、监事、高级管理人员、实际控制人、控股股东。在我国，《证券法》第44条规定的被告为上市公司、股票在国务院批准的其他全国性证券交易场所交易的公司持股5%以上的股东、董事、监事、高级管理人员；《公司法》第189条规定的被告为董事、监事、高级管理人员和他人。

（三）公司的诉讼地位

公司在股东代表诉讼中的地位非常微妙。域外公司法有三种做法：原告、被告、第三人。我国公司法对公司在代表诉讼中的地位未予以明确,司法实践和司法解释将公司列为第三人。

(四) 其他股东的诉讼地位

在股东提起诉讼之后,除作为被告的股东外,后来的股东以相同的诉讼请求申请参加诉讼的,将其作为共同原告。在公司已经清算完毕并注销的情形下,其他股东为第三人。

三、先诉请求——代表诉讼的诉前程序(Pre-suit Requirement)

(一) 先诉请求的概念及理由

在代表诉讼中,有资格的股东并不可以直接发动代表诉讼,而是必须先履行代表诉讼的诉前程序,又称为前置程序。诉前程序是指原告股东在提起代表诉讼之前,要求股东向公司机关提出,请求公司就所诉称的错误行为提起诉讼,除非公司通知该股东拒绝起诉或在法定期限内公司未提起诉讼时,才允许股东提起本应由公司提起的诉讼。在美国,这一程序也被称为竭尽公司内部救济(exhaustion of internal remedies)。诉前程序的设计可以使公司董事会发现和了解公司管理中存在的问题,对股东所提的问题加以研究,做出适当的决策,甚至通过董事会与股东之间的沟通可以消解误会,从而过滤掉某些不必要的代表诉讼并阻止某些敲诈性的袭击诉讼,强化董事会的权威。

要求股东在提起代表诉讼之前首先向公司股东会或董事会或监事会提出相应请求,主要基于四点理由:

(1) 依据现代公司所有权与经营权相分离的理念,由公司董事会集中行使公司事务的经营决策权,而决定是否对他人提起诉讼则属于董事业务判断(business judgment)的事项。

(2) 符合诉讼成本节约原则。一方面,经股东请求,董事会有可能采取诉讼之外的其他救济措施来达到与诉讼相似的效果,以避免不必要的诉讼;另一方面,如果董事会关于决定不予起诉的业务判断具有法定约束力,那么法院就避免了对董事业务判断权力范围内的事项进行不必要的审查。

(3) 使董事免受有诉讼癖好的股东的滋扰。

(4) 有利于避免和阻却袭击诉讼。

（二）先诉请求的对象

因各国公司治理结构不同，原告股东在行使代表诉讼提起先诉请求的机构也不同。美国大多数州为公司董事会，部分州为股东会。在设立单独监督机构的大陆法系国家和地区，为监事会（监察人）。另外，在特定情形下可以豁免先诉请求。

根据我国《公司法》第189条、《证券法》第44条，我国股东代表诉讼的前置程序是：

（1）通常情况：以董事、高级管理人员为被告的，由股东向监督机构——监事（会）或者审计委员会提起书面请求，请求其起诉；以监事、他人为被告的，则书面请求董事会、董事起诉。上述机关收到股东书面请求后拒绝提起诉讼，或者自收到请求之日起30日内未提起诉讼，视为公司拒绝股东的先诉请求，股东可以提起代表诉讼。

（2）特殊情况：情况紧急、不立即提起诉讼将使公司利益受到难以弥补的损害的，股东有权为公司利益以自己的名义直接向人民法院提起诉讼。实践中，由法院根据实际情况判断可以认定为情况紧急的情形有：①股东不立即提起诉讼会导致诉讼时效失效；②侵权人转移公司财产，其损害公司利益的行为正在持续，不立即提起诉讼将使公司利益受到难以弥补的损害；③已经存在股权纠纷，因为股权纠纷引发多案诉讼，导致公司陷入僵局，股东若不立即提起诉讼，将会使公司利益持续受到损害。

（3）上市公司"短线交易"归入权的代表诉讼，其前置程序是，要求董事会在30日内行使归入权。

如果公司客观上已经缺乏履行前置程序的可能性，那么股东也可以直接提起诉讼。在下列情形中，公司属于不存在履行可能，可以由股东提起诉讼：①公司相关机关不存在或者因公司陷入经营僵局中，相应的公司机构或者有关人员已不在其位或不司其职，股东无从提起诉讼，公司不存在董事会、监事会及董事、监事均为被告的情况下，股东无法履行前置程序；②公司董事与监事或高级管理人员受同一名股东或者实际控制人控制，监事不可能起诉董事或者高级管理人员；③应当向其进行先诉请求的董事或者监事本身为被告；④董事会多数成员或者执行董事与他人损害公司利益的行为有利害关系。

四、双重代表诉讼

双重代表诉讼存在于母子公司或者存在控制与被控制关系的企业集团之

间。在子公司（或者被控制公司）利益受到损害的情况下，有权提起直接诉讼的应该是子公司（被控制公司），而有权提起股东代表诉讼的，则应该是包括母公司（控制公司）在内的所有子公司（被控制公司）的股东。

此时如果母公司（控制公司）不愿意提起股东代表诉讼，则基于股东代表诉讼的立法目的，母公司（控制公司）的股东有权提起第二层次的股东代表诉讼——因为启动股东代表诉讼的前提是公司不行使诉权——此为"双重代表诉讼"。双重代表诉讼可以形象地表述为股东的股东提出的代表诉讼。双重代表诉讼是企业集团法的重要制度设计之一，美国和日本等国家都明确支持双重代表诉讼，甚至某些国家有条件允许提出更多层次的股东代表诉讼。

我国《公司法》规定了双重代表诉讼制度，该法第189条第4款规定，公司全资子公司的董事、监事、高级管理人员侵害公司利益，或者他人侵犯公司全资子公司合法权益造成损失的，有限公司的股东、股份公司连续180日以上单独或者合计持有公司1%以上股份的股东，可以依法书面请求全资子公司的监事会、董事会向人民法院提起诉讼或者以自己的名义直接向人民法院提起诉讼。

第六编

公司变更、合并、分立、解散与清算

第十九章

公司变更、合并和分立

第一节 公司组织形态变更

一、公司组织形态变更的概念和特征

公司组织形态变更，又称为公司形式变更，是指公司在不中断其法人资格的前提下，依据法定的程序将原公司形式变更为法律上允许的公司形式，成为其他种类的公司。公司形态不同，其组织形式及责任形式也不相同，因此现在各国公司法普遍对公司变更后的法定形态作一定的限制，通常要求公司只能变更为与其责任形式相近的另一种公司形态。

公司组织形态变更具有以下特征：

（1）公司法人资格延续。即公司在进行组织变更时，其法人资格并不因此消灭，仅是其法定形式发生变化。

（2）变更种类受到限制。公司只能变更为与其责任形式相近的另一种公司形态。

（3）变更需要遵守法定程序。公司组织形态变更将影响公司的股东、债权人等众多的利益相关方，因此各国公司法均规定需要遵守法定的程序。

二、公司组织形态变更的程序

我国《公司法》第 12 条规定，有限公司变更为股份公司，应当符合公司法规定的股份公司的条件；股份公司变更为有限公司，应当符合有限公司的条件。除了法定的条件外，公司变更需要遵守以下程序：

（1）股东会作出决议。公司变更，一般要先由董事会拟定公司变更的方案，再由股东会作出决议，经代表 2/3 以上表决权的股东通过。我国《公司法》第 66 条、第 112 条规定，有限公司股东会对变更公司形式作出决议，必须经代表 2/3 以上表决权的股东通过；股份公司股东会对变更公司形式作出

决议，必须经出席会议的股东所持表决权的 2/3 以上通过。

（2）公司资产折合为股份。《公司法》第 108 条规定，当有限公司变更为股份公司时，折合的实收股本总额不得高于公司净资产额。有限公司变更为股份公司，为增加注册资本公开发行股份时，应当依法办理。

（3）办理公司登记。公司组织变更后，应当按照法律规定的程序办理公司变更登记。

有限公司变更为股份公司，股份公司变更为有限公司，股东对公司的责任形式并未改变，因此无须履行对公司债权人的保护程序，仅需将公司变更作相应的通知、公告。

三、公司组织形态变更的法律效力

公司组织形态的变更并不导致公司法人资格的中断，原有公司的债权债务由变更后的公司概括承继。《公司法》第 12 条规定，公司依法变更后，公司变更前的债权、债务由变更后的公司承继。我国公司法仅规定有限公司和股份公司这两种企业形式的相互变更，而这两种形式中股东的责任并没有变化，因此法律仅规定公司债权、债务的承担问题，并未涉及股东的责任。但是如果无限公司变更为两合公司，那么因为股东责任形式发生变化，部分股东将变更为对公司承担有限责任。为了保护公司债权人的利益，法律通常要求变更后承担有限责任的股东在一定期限内对变更前公司的债务承担无限连带责任。

第二节 公司的合并

一、公司合并的概念和方式

1. 公司合并的概念

公司合并，是指两个或两个以上的公司订立合并契约，依照法定条件和程序，无须经过清算程序归并成一个公司的法律行为。公司合并具有以下法律特征：

（1）公司合并的当事人是公司本身，而不是公司股东，公司为公司合并的当事人。对于公司合并的规范，主要有两种立法例：一种是种类不限制主义，该种立法例是指不论公司的种类如何，均可合并；第二种为种类限制主义，只允许责任形式相同的公司合并或要求合并后的公司必须为某种类型。现在多数国家的公司法采取种类限制主义，只有少数国家和地区的公司法采取种类不限制主义，其原因在于，公司合并通常不需要经过清算程序，允许不同种类的公司合并，可能产生极其错综复杂的法律关系。我国公司法仅规定了有限公司和股份公司两种公司形态，因此无须对公司合并的种类进行限制。

（2）公司合并必须按照法定条件和程序进行。公司合并将导致公司的设立、变更、解散等一系列法律后果，从而影响公司的股东、债权人等多方利益主体。为了维护市场主体自由、公正的竞争，协调和保护公司合并过程中相关利益主体的合法权益，各国法律对公司合并均加强了法律监管，不仅在公司法中严格地规定了公司合并的条件和程序，而且在证券法、劳动法、反垄断法等法律法规中对公司合并予以规范。因此，公司合并必须按照法律法规规定的条件和程序进行。

（3）公司合并后将产生公司人格合一的法律后果。公司合并后，参与合并的公司成为一个新的公司。在吸收合并中，吸收其他公司的公司存续，其他公司消灭，其权利义务无须经过清算程序而由存续公司全部承继，其股东成为存续公司的股东。在新设合并中，所有参与合并的公司消灭，其权利义务无须清算程序而由新设公司承继，其股东也变成新设公司的股东。

公司合并，不仅可以扩大市场主体的规模从而产生规模效应，减少竞争对手，增强竞争力，而且可以达到无须清算而解散、营业连续、法律关系概括承受等效果。因此，公司合并近年来在全球资本市场发展迅速，而卡特尔、托拉斯等市场主体形式也受到较多的关注。

2. 我国《公司法》公司合并的形式

我国《公司法》第218条规定，公司合并可以采取吸收合并或者新设合并。吸收合并是指一个公司吸收其他公司，被吸收的公司解散。存续公司保持原有公司名称，概括承继被吸收公司的全部财产和债权，同时有义务承担被吸收公司的债务和所有未决诉讼。新设合并是指两个以上公司合并设立一个新的公司，合并各方解散。新设合并是在接管原有公司的全部资产和业务的基础上设立的，在这种情况下，被合并公司的法人资格发生消灭，它们所有的财产、权利和义务都概括转移给一个新设立的公司。

但是对公司合并事项持异议的股东，可以行使异议股东股份回购请求权，

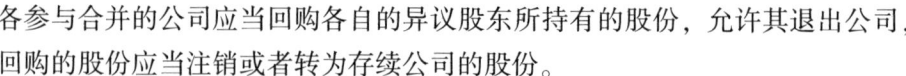

各参与合并的公司应当回购各自的异议股东所持有的股份,允许其退出公司,回购的股份应当注销或者转为存续公司的股份。

二、公司合并的程序

1. 一般程序

公司合并属于股东会的职权范围,但我国《公司法》未规定合并协议和股东会决议的先后顺序。在实践操作中,合并协议和股东会决议的次序如何安排并不是一个大问题,因为无论是股东会决议后签订合并协议,还是在合并协议中附生效条件,均没有问题。

(1) 签订合并协议。我国《公司法》第 220 条规定,公司合并应当由合并各方签订合并协议。合并协议通常包括:①合并各方的名称、住所;②合并后存续公司或者新设公司的名称、住所;③合并各方的资产状况及其处理办法;④合并各方的债权债务处理办法;⑤存续公司或者新设公司因合并而发行股份的总数、种类和数量;⑥存续公司或者新设公司因合并对于被注销公司的股东配发新股的总数、种类和数量,与配发方法以及其他有关事项;对于合并后注销登记的公司,其股东配发的股份不满一股应支付现金者的总数、种类和数量;⑦其他。需要注意的是,被合并公司的股东必须将其手中持有的股票进行置换,存续公司的股东可以持有其股份,也可以不持有其股份而选择证券、现金或者其他财产。

(2) 股东会批准。公司合并一般是由公司董事会作出合并决议,并制订公司合并计划。但是因公司合并可能会引起股东持股比例和表决影响力的变化,所以为了保护公司股东的利益,各国公司法多规定,合并事项应取得股东会同意。合并的表决属于股东会的法定职权范围,而且对于股东具有重大利益,属于特别表决的事项,法律多规定采取特别多数表决方式,必须经过代表 2/3 以上表决权的股东通过。但是在对股东权利影响不大的特殊情况下,可以免除股东会的批准程序,比如公司简易合并。需要注意的是,如果公司合并影响到了种类股份股东的利益,那么种类股份股东有权作为单独表决团体对合并进行表决。未经种类股份股东同意,不得进行合并。

(3) 编制财产清单和资产负债表。编制资产负债表的目的是了解公司现有资产的状况;编制财产清单,应当包括公司所有的动产、不动产、债权债务及其他资产或者负债,并分门别类标明价格,记载于财产目录中。上述表册,应当按照规定置备,并供债权人查阅。如果存在虚假记载,公司负责人应当承担相应的责任。

（4）通知或者公告债权人。公司合并可能涉及当时公司的重大财产、债权债务结构的重大变化，可能影响公司的经营能力，因此为了保护债权人的利益，必须履行必要程序向债权人通报信息，维护债权人的合法权益。公司应当自作出合并决议之日起10日内通知债权人，并于30日内在报纸上或者国家企业信用信息公示系统公告。债权人自接到通知之日起30日内，未接到通知的自公告之日起45日内，可以要求公司清偿债务或者提供相应的担保。

与1993年《公司法》相比，未接到通知书的债权人主张清偿或者提供担保的期限由原来的90日缩短到45日，这是为了适应现代社会资讯传递迅捷，债权人需要尽快了解公司合并的信息，减少合并公司等待的时间，稳定法律关系。

需要注意的是，公司合并时需要履行通知或者公告债权人的义务，但是公司合并不需要得到债权人的同意。这是因为公司合并导致的债权债务的概括转让与合同权利义务的概括转让不同，前者为法定转移，而后者为意定转移，法定转移无须相对人同意，仅以公告或者通知发生效力。

（5）办理合并登记。公司合并完成后，应当办理相应的注销、变更或设立登记。合并方式不同，需要登记的事项也不同。在吸收合并的方式下，被吸收的公司办理注销登记，存续公司进行变更登记。在新设合并的方式下，合并的各方办理注销登记，新设公司办理设立登记。

2. 公司简易合并的适用及程序

（1）母子公司的简易合并。当母公司和自己全部或者绝对控股的子公司合并时，可以免除被合并公司一方的股东会决议。《公司法》第219条第1款规定，公司与其持股90%以上的公司合并，被合并的公司不需经股东会决议，但应当通知其他股东，其他股东有权请求公司按照合理的价格收购其股权或者股份。法律免除被合并公司的股东会决议，主要是因为子公司90%以上的股份都属于母公司，其不能也无法阻止合并，表决没有任何意义，反而会浪费人力物力；而对于母公司而言，因为子公司90%以上的股份属于母公司，合并不会在实质上影响母公司的股东权益。需要说明的是，我国母子公司的简易合并，仅仅是免除被合并公司股东会的表决，并没有免除存续公司的股东会决议，另外为了保护被合并公司小股东的利益，要求被合并公司应当将合并信息通知其他股东，并赋予被合并公司小股东股权回购请求权。

（2）大公司合并小公司。在大公司合并小公司时，当作为存续公司的大公司的股东利益未发生实质性变化时,可以免除存续公司股东会决议的程序,节约成本和时间。我国《公司法》第 219 条第 2 款规定,公司合并支付的价款不超过本公司净资产 10% 的,可以不经股东会决议;但是,公司章程另有规定的除外。

需要说明的是,公司依照简易程序进行合并,虽然合并不需要经股东会决议,但是应当经董事会决议。

三、合并的效力

1. 公司的消灭、变更和新设

公司合并时,参与合并的公司中必然有 1 个或者 1 个以上的公司归于消灭,因此合并为公司解散事由之一。公司因合并而解散,无须经过清算程序,其法人人格消灭。在吸收合并时,只有一个公司存续,其余公司消灭,存续公司因其资本、股东等发生变化而发生公司变更,应当进行变更登记。在新设合并时,参与合并的公司的法人人格均归于消灭,而另设立一个新公司。新设公司应当重新制定公司章程,召开成立大会,并办理公司的设立登记。

2. 权利义务的概括继受

在公司合并时,因合并消灭的公司的权利义务,由合并后存续的公司或新设的公司继受。这种承继为概括继受,不得将权利和义务的一部分进行特别排除。另外,这种承继因法律规定发生,不需要进行特别的转移行为。

3. 股东资格的当然承继

合并后消灭的公司的股东被合并后存续公司或者新设公司接收,成为其股东。该股东所持有的被合并公司的股权,按照合并协议的规定转换为合并后公司或者新设公司的股权。

四、合并中利益相关人的法律保护措施

公司合并作为重大的公司活动,涉及公司相关利害关系人的利益,法律有必要对利害关系人进行保护。

1. 少数股东的保护

公司合并涉及对少数股东的保护问题,虽然公司合并的信息在股东会召开时会告知股东,但是要求所有股东均对合并协议的条款满意显然不太现实。在公司合并时,如果合并不符合少数股东的意愿,那么可以采取以下三个措

施来保护自己的合法利益。

（1）表决权。因为公司合并需要得到合并双方股东会的同意，所以对合并协议不满意的少数股东可以在股东会中投反对票来保护自己的利益。股东可以通过行使表决权来阻止决议的通过，一方面在于合并交易通常需要得到各方股东会的特别决议通过，实际上赋予了单独或者联合持有股份 1/3 以上股东对合并决议的否决权；如果公司存在类别股，其作为单独表决权团体进行表决，那么该种类股份实际上也拥有对合并决议的否决权；公司章程也可以约定保护少数股东的措施，如多数股东的表决权限制、关联股东的表决权排除制度等。

（2）异议股东的股权回购请求权。对股东会关于公司合并、分立的决议持有异议的股东，可以请求公司以公正的价格收购自己所持股份。

（3）多数股东的诚信义务。《公司法》第 21 条规定的股东诚信义务适用于公司合并场合，典型地适用于排挤合并的情形。因为某种原因，控股股东或者实际控制人可能会采取措施排挤少数股东，在公司合并中这种策略被称为"排挤式"（freeze-out）合并。法律通过适用公平标准对此类交易的公正性进行司法审查，对被排挤的股东进行救济。

2. 债权人的保护

公司合并涉及公司资产的重新配置，直接关系到公司债权人利益的保护。公司法保护债权人的主要措施有：

（1）告知制度及异议制度。在合并过程中公司有义务通知各自的债权人，并发布公告告知公司合并事实，债权人享有合并的知情权。债权人可以要求公司清偿债务或者提供相应的担保。但是现行公司法并未规定公司未履行告知义务的法律后果。

（2）债务法定移转制度。公司合并的，合并各方的债务由合并后存续的公司或者新设的公司承继。

3. 劳动者保护

作为公司中需要着重保护的弱势利益群体，在公司合并、分立中，应当保护劳动者的合法权益。我国现行法中有关公司合并的职工利益保护的内容包括：

（1）劳动者的建议权和监督权。《公司法》第 17 条第 3 款规定，公司研究决定改制、解散、申请破产以及经营方面的重大问题、制定重要的规章制度时，应当听取公司工会的意见，并通过职工代表大会或者其他形式听取职工的意见和建议。

（2）职工安置。《劳动合同法》第34条规定，用人单位发生合并或者分立等情况，原劳动合同继续有效，劳动合同由承继其权利和义务的用人单位继续履行。

五、公司合并无效及其诉讼

1. 合并无效

公司合并是民事法律行为，应当依照法律规定的条件和程序进行。如果公司合并违反了法律规定的条件或者程序，那么可能会导致合并无效。各国公司法规定的公司合并无效的常见原因有：

（1）合并协议无效。公司合并协议作为合同，应当适用《民法典》合同编及总则编民事法律行为规则等的规范，一旦合并协议无效或者被撤销，合并的基础发生动摇，合并本身可能无效。

（2）合并决议无效。如果合并决议违反法律、行政法规的规定，则属于有瑕疵的公司决议，适用公司决议无效、可撤销制度。

（3）违反债权人保护规则。如果未能满足债权人异议权的行使条件，则债权人可以主张无效。

此外，因公司合并涉及团体法律关系，无效将影响众多利害关系人的利益，所以各国公司法均严格限制公司合并无效的适用，在无效的原因能够补正时，允许补正。

2. 合并无效之诉

域外公司法大多规定了合并无效之诉，我国《公司法》没有直接规定，但多数学说认为，在立法解释上也可以成立公司合并无效之诉。一般而言，公司合并无效只能以诉讼的方式主张。合并无效之诉在性质上属于形成之诉。公司股东、债权人均可以作为原告，某些国家法律规定公司的董事、监事、清算人也可以作为原告。被告是合并后存续或者新设的公司。原告通常需要在合并完成后一定期限内起诉，大多数国家规定的为6个月。

合并无效确定后具有如下法律效果。

（1）对世效力。合并无效判决对于原告、被告、第三人均产生效力，任何人不可再提起合并无效之诉。

（2）不具有法律溯及力。合并无效判决确定之前，存续公司或者新设公司视为事实公司，已经发生的法律关系不因此而受到影响。

(3) 对公司的效果。第一，恢复原状。公司恢复到合并前的状态：吸收合并的，被消灭的公司复活，并从存续公司中分立；新设合并的，被消灭的公司均复活，并从新设公司中分立。第二，因合并而继受的权利、义务原则上复归于复活的公司，但没有溯及力。合并后的存续公司或者新设公司已经处分的权利或者已经履行的义务，应将其价额折算为现存价值进行清算。第三，因合并而取得的财产或者承担的债务由复活后的公司共有或者分担，有协议的根据协议，没有协议的根据公平原则分割财产或者承担连带责任。第四，恢复登记。无效判决确定后应办理恢复登记，即存续公司办理变更登记，新设公司办理注销登记，消灭公司办理恢复登记。

第三节 公司的分立

一、公司分立概述

1. 概念

公司分立（corporate division，corporate separation），是指一个公司按照法律规定的条件和程序分成两个或者两个以上公司的法律行为。公司分立的法律特征为：

(1) 在原公司基础上"一分为二""一分为多"，形成数个独立的企业法人。

(2) 公司组织变更的法定形式。如公司经过解散清算程序归于消灭后，原股东再设立两个以上的新公司的，实质上也能达到公司分立的效果，但这并非公司法意义上的分立，因为此处包含了两个独立的法律行为，而公司分立是一个连续的法律行为，也无须经过清算程序。公司分立是法律设计的一种简化程序，使公司在无须消灭的情况下成功实现"一分为二""一分为多"。

(3) 严格的法定条件和程序。公司分立必然涉及相关利害关系人的利益，因此法律规定了独立、严格的条件和程序。

2. 分类

(1) 派生分立，也称为存续分立，是指原公司继续存在，并分立出一个以上的新公司。派生分立的实质是公司分离出去部分营业作为出资，成立一个以上的新公司，而原公司以剩余营业存续。

（2）新设分立，也称为解散分立，是指原公司解散，同时分立为两个以上的公司。新设分立的实质是公司将其全部营业分割为两个以上的部分作为出资，分别成立两个以上的新公司。

二、公司分立程序

公司分立不仅关系到公司股东、债权人及公司本身的切身利益，而且涉及公司的终止、变更和设立等诸多法律程序。为了保证公司分立的合法、有效，维护公司股东、债权人的合法权益，公司的分立行为必须按照法律规定的程序进行。根据我国《公司法》和相关法律法规的规定，公司分立的程序主要包括：

（1）订立分立协议。公司分立应先由公司董事会拟定分立协议。分立协议的内容通常包括：公司的名称、住所；公司分立后存续公司或者新设公司的名称、住所；公司资产的分割方案、公司债权债务的处理方案、职工安置办法等。除法律、行政法规规定需要行政审批的外，公司分立协议自其成立时生效。

（2）股东会作出分立决议。公司分立与公司股东的切身利益相关，各国公司法均把公司分立的决定权赋予股东会。根据我国《公司法》的规定，公司分立必须由股东会以特别决议通过。

（3）编制资产负债表和财产清单。《公司法》第222条规定，公司分立应当编制资产负债表及财产清单。

（4）通知、公告债权人。公司应当自作出分立决议之日起10日内通知债权人，并于30日内在报纸上或者国家企业信用信息公示系统公告。

（5）办理登记手续。在公司派生分立时，原公司的登记事项如注册资本等发生变化，办理变更登记，分立出来的公司办理设立登记。在新设分立时，原公司解散，办理注销登记，分立出来的公司办理设立登记。

三、法律后果

（1）公司主体的变更。公司分立涉及公司的解散、变更和新设。新设分立的，原公司解散，新公司设立；派生分立的，原公司的注册资本和股东发生变更，新公司设立。

（2）股东和股权的变更。原公司一分为二，原公司的股东成为新公司的股东，留存公司的股东持股额发生变化。

（3）债权、债务的承受。原公司的债权、债务由分立后的公司承继，但是公司在分立前与债权人就债务清偿达成的书面协议另有约定的除外。

四、对利害关系人的保护

公司分立通常会减少公司财产，对股东、债权人和相关利害关系人的利益产生影响，因此法律对少数股东、债权人、职工等主体规定了必要的保护措施。

1. 债权人保护

（1）债务法定转移。公司分立对债权人利益影响重大的一个问题为债务移转。《公司法》第223条规定，公司分立前的债务由分立后的公司承担连带责任。

（2）如果公司因分立需要减少注册资本，则债权人还受《公司法》关于公司减资规定的保护。

2. 少数股东和劳动者的保护

在公司分立过程中，少数股东和劳动者的保护措施与公司合并时相同，不再赘述。

第四节　公司并购和重大资产出售

一、公司并购

公司并购（merger and acquisition，M&A，take-over），包括公司兼并（merger）与公司收购（acquisition），其目的在于兼并或者控制目标公司。

公司并购分为公司合并与公司收购。在公司合并的规则中，consolidation（多翻译为合并）和 merger（多翻译为兼并）两个术语经常在不同的场合出现。虽然《美国模范商事公司法》（MBCA）和《特拉华州公司法》均未对这两个术语进行明确的界定，但一般认为，法院通过 Morris v. Investment Life Ins. Co. Ltd 一案认为 merger 是指一个公司的人格为另一个公司所吸收，存续公司承受被兼并公司的财产、责任、特权和权力，被兼并公司不再作为独立的法律实体而存在。① 除此之外，与合并比较密切的术语还有两个：一个是并购（merger and acquisition，M&A），另一个是接管（take-over）。并购是指一切涉及公司控制权转移、合并的行为，包括资产收购、营业收购、股权收购和公司合并等方式。其中，merger 归于公司法上的吸收合并，而 acquisition 在公司法上是指收购股权或者资产。

公司资产收购和公司合并主要有五点不同：第一，资产转移范围不同。公司合并转移的是被合并公司的全部资产；在公司资产收购中，被收购公司可以转移全部或者部分资产。第二，债权债务的归属关系不同。公司合并导致被合并公司债权债务的概括承继；而公司资产收购中，除非明确约定，否则不产生此种后果。第三，股东身份变动情况不同。公司合并，存续公司吸收被合并公司的股东资格；而公司资产收购并不导致被收购公司股东身份的变化。第四，法律后果不同。公司合并导致至少一个被合并公司的法人资格消灭，而公司资产收购并不必然导致这一后果。第五，法律行为性质不同。合并的本质是公司人格的合并；而资产收购仅是资产的买卖行为，不涉及公司人格的变化。

接管（take-over）是指取得某公司的控制权或者经营权。控制权的取得主要通过购买、受让或者公开收购目标公司一定比例的股份；经营权的取得需要通过控制目标公司的股东会并改组其管理层来实现。

二、重大资产出售

重大资产出售，又称为主要财产转让，是指公司非依营业常规将其全部或者实质性全部资产出售的行为。重大资产出售的法律特征为：

（1）一种资产转让行为。公司将其资产出售给另一公司。

（2）标的是公司的全部或者实质性全部资产。

（3）非依营业常规。依据常规营业方式出售公司资产，即使出售的是公司的全部或者实质性全部资产，也不隶属于这一概念。

公司重大资产出售会对公司股东的利益产生重大影响，对于出售公司资产持异议的股东，可以行使股份回购请求权。《公司法》第 89 条第 1 款第（二）项、第 161 条第 1 款第（二）项均规定，当公司转让主要财产时，异议股东有权请求公司回购其股权。

---

① 江平：《新编公司法教程》（第二版），北京：法律出版社，2003 年版，第 85 页。

第二十章

公司解散和清算

第一节 公司解散

一、公司解散的概念

公司解散（dissolution）是指已经成立的公司，因法律或者公司章程规定的解散事由出现，停止其生产经营活动并进行清算，最终消灭公司主体资格的法律行为。

二、公司解散的原因

根据我国《公司法》第229条、第231条及《中华人民共和国企业破产法》（以下简称《企业破产法》）的规定，公司解散的原因主要包括以下几种：

（1）自愿解散（voluntary dissolution），或者称为任意解散，是指基于公司自己的意思解散公司，通常包括基于公司章程规定或者股东会决议而解散公司。我国《公司法》第229条规定了公司自愿解散的具体原因：①公司章程规定的营业期限届满或者公司章程规定的其他解散事由出现；②股东会决议解散，国有独资公司的解散由履行出资人职责的机构决定；③因公司合并或者分立需要解散。

（2）强制解散。公司被强制解散是指公司在生产经营过程中，因违反有关法律法规的规定，被政府行政机关依法吊销营业执照、责令关闭或者被撤销所导致的公司解散。行政机关强制公司解散主要有以下两种方式：

1）由市场监督管理部门通过吊销公司法人营业执照强制公司解散。《公司法》第260条、第262条规定，公司成立后无正当理由超过6个月未开业的，或者开业后自行停业连续6个月以上的，公司登记机关可以吊销营业执照，但公司依法办理歇业的除外。利用公司名义从事危害国家安全、社会公共利益的严重违法行为的，吊销营业执照。《市场主体登记管理条例》规定，公司未按照规定办理变更登记、情节严重，或者提交虚假资料、采取其他欺诈手段隐瞒重要事实取得公司登记、情节严重等，可以吊销营业执照。

2）公司主管机关作出撤销或者关闭决定。国务院银行业监督管理机构可依法对金融机构采取终止经营活动，责令停业整顿或者吊销其经营许可证，并予以解散的行政强制措施。金融机构的撤销，需监管部门或者地方政府组成清算组进行特别清算。

（3）司法解散。我国《公司法》第231条规定，公司经营管理发生严重困难，继续存续会使股东利益受到重大损失，通过其他途径不能解决的，持有公司股东表决权10%以上的股东，可以请求人民法院解散公司。股东申请法院解散公司，主要目的是解决公司的僵局问题。根据我国公司法司法解释的相关规定，公司僵局表现为四种情形：①公司持续两年以上无法召开股东会，公司经营管理发生严重困难的；②股东表决时无法达到法定或者公司章程规定的比例，持续两年以上不能作出有效的股东会决议，公司经营管理发生严重困难的；③公司董事长期冲突，且无法通过股东会解决，公司经营管理发生严重困难的；④经营管理发生其他严重困难，公司继续存续会使股东利益受到重大损失的。

（4）破产解散。公司破产解散是指公司因不能清偿到期债务，并依法宣告破产而导致的公司解散。我国《企业破产法》及相关法律法规规定，公司因不能清偿到期债务，依公司或者公司债权人的申请，法院依法宣告公司破产的，自法院作出破产宣告之日起公司解散。

三、司法解散制度

公司是由股东投资运营且以营利为目的的营利性法人，通常由大股东控制公司的运营，通过资本多数决原则体现投资和风险的分担。公司中小股东的表决权和监督权的行使时常受到限制，大股东以决议方式压榨中小股东的现象时有发生。公司司法解散制度赋予占公司一定比例股份的股东解散公司的权利，避免股东权益因公司继续经营而遭受无法挽回的损失。但是以司法裁判方式宣告公司解散是一种极端的救济方式，为防范公司僵局，可以在公司章程中约定此类事项的事先解决方法。虽然很多国家司法解散的事由主要有股东权滥用和公司僵局两类，但我国司法解散的原因仅限于公司僵局。

(一) 公司司法解散的演变

司法解散制度起源于19世纪中期的英国,但是英国早期公司立法和司法实践却禁止公司股东以诉讼的方式解散公司。在公司经营陷入僵局,清算公司公正和公平时,股东可以向法院提起清算申请。[①]

美国公司司法解散制度,经历了从禁止到许可再到严格限制适用的演变过程。根据公司自治理念,美国法院通常不干涉公司内部事务,导致中小股东对大股东权利的滥用缺乏有效的救济措施。从20世纪30年代起,美国开始确立由成文法与判例法共同构成的公司司法解散制度。

德国在《有限公司法》中规定了司法解散制度,除公司中必须存在解散的重要原因外,提起解散公司之诉的股东必须持有公司1/10以上的股份。[②]

(二) 我国公司司法解散

1. 适用条件

第一,公司经营管理发生严重困难。经营管理的严重困难不能理解为资金缺乏、亏损严重等经营性困难,而应当理解为管理方面的严重内部障碍,主要是股东会机制失灵,无法就公司的经营管理进行决策。[③] 股东之间、股东与公司之间以及董事与公司之间存在诉讼纠纷,并不是认定公司经营管理发生严重困难的充分条件。另外,如果股东会瘫痪而董事会运行正常,或者董事会发生瘫痪而股东会运行正常,也不能认为公司经营管理发生严重困难。判断"公司经营管理是否发生严重困难",应从公司组织机构的运行状态进行综合分析。公司虽处于盈利状态,但其股东会机制长期失灵,内部管理有严重障碍,已陷入僵局状态,可以认定为公司经营管理发生严重困难。[④] 法院审理公司解散纠纷案件,应当实质审查公司是否陷入持续性僵局。[⑤]

第二,公司继续存续会使股东利益受到重大损失。股东利益受损不是指

---

① 葛伟军:《英国公司法要义》,北京:法律出版社,2013年版,第475页。
② [德]托马斯·莱塞尔、吕迪格·法伊尔:《德国资合公司法》(第3版),高旭军等译,北京:法律出版社,2005年版,第665—666页。
③ 无锡某甲置业有限公司诉无锡某乙置业有限公司、晋某有限公司解散纠纷案,江苏省高级人民法院(2017)苏民终1312号。
④ 指导案例8号:林方清诉常熟市凯莱实业有限公司、戴小明公司解散纠纷案,江苏省高级人民法院(2010)苏商终字第0043号。
⑤ 某运输公司诉某鞋业公司、原审第三人某国际公司等公司解散纠纷案,福建省高级人民法院(2021)闽民终912号。

个别股东利益受到损失，而是指由于公司经营管理机制"瘫痪"导致出资者整体利益受损，公司资产不断减损导致股东的投资遭受不应发生或者本可避免的重大亏损，对于这一事实判断由法官自由裁量，比如公司长期停产等。但是公司正常经营不能作为法院不解散公司的理由。

第三，通过其他途径不能解决。主要以股东是否通过股东会、董事会协商解决，采取股权转让、和解、公司回购、减资或者分立等方式保护自己的合法权益后，仍无法协商解决，才可以提起公司解散之诉。股东之间存在股权回购条款，享有回购请求权的股东可以要求其他主体回购案涉股权，属于可以通过其他途径解决公司僵局的情形，不符合公司解散的法定条件。[①]

第四，持有10%以上表决权的股东向法院提起诉讼。在此类诉讼中，法院只对原告股东所持股份进行形式审查，对股东是否实际出资等情况不进行审查，即只根据股东提交的公司登记、股东名册或者公司章程所记载的持股比例判断股东是否具备起诉资格，因此瑕疵出资股东有权提起解散公司之诉，但隐名股东无权提起诉讼。在法院审理过程中，如果原告的持股比例发生变化，不再符合起诉条件，人民法院应裁定驳回起诉。[②]

2. 管辖

解散公司诉讼案件由公司住所地法院管辖，住所地是指公司主要办事机构所在地；公司主要办事机构所在地不明确的，由其注册地法院管辖。

3. 当事人

（1）原告与第三人。单独或者合计持有10%以上的表决权的股东均可以提起诉讼，没有持股时间的要求。原告一经起诉，应当告知其他股东，或由法院通知其参加诉讼。其他股东或者有关利害关系人申请以共同原告或者第三人身份参加诉讼的，应予准许。

（2）被告。公司为被告；如果公司被吊销营业执照或者被撤销登记后，依然为被告，但是其成立清算组后，由清算组代表公司进行诉讼。原告以其他股东为被告一并提起诉讼的，法院应当告知原告将其他股东变更为第三人；原告坚持不予变更的，人民法院应驳回原告对其他股东的起诉。

[①] 湖南某投资有限公司诉兰州某投资有限公司、甘肃某工贸有限公司公司解散纠纷案，最高人民法院（2021）最高法民申1623号。

[②] 上海宋和顾律师事务所：《合伙人：股东纠纷法律问题全书》（第三版），北京：知识产权出版社，2022年版，第1886页。

4. 调解

法院审理解散公司案件，应当注重调解。当事人协商同意由公司或者股东收购股份，或者以减资等方式使公司存续，且不违反法律、行政法规强制性规定的，法院应予以支持。当事人不能协商一致使公司存续的，法院应当及时判决。经法院调解公司收购原告股份的，公司应当自调解书生效之日起6个月内将股份转让或者注销。股份转让或者注销之前，原告不得以公司收购其股份为由对抗公司债权人。

5. 判决效力

（1）对世效力。人民法院对解散公司诉讼作出的判决，对公司全体股东具有法律约束力；法院判决驳回解散公司诉讼请求后，提起该诉讼的股东或者其他股东又以同一事实和理由提起解散公司诉讼的，人民法院不予受理。

（2）与清算的关系。股东提起解散公司诉讼，同时又申请法院对公司进行清算的，法院对其提出的清算申请不予受理；法院可以告知原告，在法院判决解散公司后依法进行清算。

四、公司解散的效力

解散是公司终止其营业及法律主体资格的起点，只有进行清算，清理财产，偿还债务，分割剩余财产之后，才能达到终止其营业及法律主体资格，退出市场的目的。因此，解散并没有消灭公司法人资格，而是启动了公司清算程序，公司的法律人格在清算终结前视为继续存在；公司与股东之间的法律关系仍适用《公司法》中关于股东与公司关系的法律规定，公司股东会、监事会等仍然存在，必要时可以行使《公司法》及公司章程规定的职权；公司的法定代表人及执行机构均丧失其地位和法定职权，其地位由清算组及其负责人取代；公司的权利能力受到限制，解散前公司存续的目的是实现公司章程规定的经营目的，而解散后公司存续的目的是实现法律所规定的清算目的，除与公司清算有关的业务外，公司不得从事任何生产经营活动，不得处理公司的财产；清算期间，公司概括承受其存续期间所产生的一切权利和义务。但是即使公司解散，其与第三人之间订立的合同也不因公司解散而受影响，解散中的公司仍应受该合同的约束。

第二节　公司清算

一、公司清算的概念

公司清算是指公司解散后，清算义务人按照法律规定的方式、程序处分公司财产以及了结各种法律关系，并最终消灭公司人格的一种法律行为。公司除因改制、合并、分立等原因解散公司无须进行清算外，其余公司解散必须经过清算。当然公司破产清算需要适用破产程序。公司解散后，其法人人格继续存在，以使清算人可以就公司的对内、对外关系加以处理，直至清算完毕，公司才告终止；但是公司从清算开始后便负有相应的义务，如不得开展与清算无关的经营活动。

二、公司清算的种类

按照清算对象、清算原因以及清算的复杂程度，清算可分为任意清算与法定清算、自行清算与强制清算、破产清算与非破产清算。

1. 任意清算与法定清算

按照清算是否依照法律规定的方式和程序进行，可以将清算分为任意清算和法定清算。

任意清算是指不需要依照法律规定的方式和程序，而仅依照公司章程或者股东会决议进行的清算。法定清算是指按照法律规定的方式和程序进行的清算。任意清算只适用于股东对公司债务承担无限责任的公司，这些公司的性质决定了股东应对公司债务承担无限连带责任，即使公司清算程序结束，公司法人人格消灭，股东对公司债务所承担的无限连带责任也不能免除。因此，公司清算可以按照股东意志或者公司章程规定的方式进行。对于有限责任形式的公司，由于其清算行为对股东、债权人以及其他利益相关者影响较大，所以各国法律均规定必须按照法律规定的程序进行清算。我国《公司法》没有规定无限责任形式的公司，因此不存在任意清算，所有的公司清算均为法定清算。

2. 自行清算与强制清算

以是否有公权力介入公司清算为标准，将清算分为自行清算和强制清算。

自行清算是指公司解散后由公司依法自行组织清算组，按照法定程序进行的清算。公司因章程规定的事由发生、股东会决议解散、依法被吊销营业执照、责令关闭或者被撤销以及司法裁判解散的，应当在解散事由出现15日内成立清算组，开始清算。

强制清算是指当公司因某些特殊事由解散后或者普通清算发生显著障碍致使公司清算不能继续进行时，债权人、公司股东、董事或者其他利害关系人请求人民法院指定有关人员组成清算组进行清算。启动强制清算的原因有两个：一是普通清算遇到显著障碍，即公司逾期不成立清算组进行清算或者成立清算组后不清算的，债权人、公司股东、董事或者其他利害关系人可以申请人民法院指定有关人员组成清算组进行清算；二是公司因违法被吊销营业执照、责令关闭或者撤销的，作出决定的部门或者公司登记机关可以申请人民法院指定有关人员组成清算组进行清算。

公司清算应遵循公司内部救济穷尽原则和公司自治原则，即以自行清算为主，强制清算为补充。清算属于非诉程序，非诉程序的意义在于符合条件即受理，不符合即驳回，因此在申请强制清算时，股权被强制执行、股东丧失股权，均丧失申请权，由法院裁定驳回强制清算申请。如果债权人未申请强制清算被吊销的公司，则不能直接请求公司股东承担赔偿责任。

3. 破产清算与非破产清算

以清算是否适用破产清算程序为标准可以将清算分为破产清算与非破产清算。破产清算是指公司因不能清偿到期债务被宣告破产后，由法院组织清算组对公司财产进行清理、估价、处理和分配，并最终消灭公司法人资格的清算。如果公司清算时资不抵债，那么公司应当转入破产清算程序。

三、清算组

1. 清算组概念

清算组，又称为清算人（receiver），是指清算事务的临时性执行机构，具体职责是对内执行清算事务，对外代表清算中公司。在公司解散、清算过程中，由于公司的法律主体资格并没有丧失，而公司原有的权利能力又受到限制，所以需要专门的机构负责公司的清算活动。

清算义务人是与清算组相关的一个概念，是指在公司解散时依法承担组织清算义务，并在公司未及时清算给公司或者债权人等利害关系人造成损害时，依法承担相应责任的民事主体。我国《公司法》规定，董事为公司清算义务人。清算义务人未及时履行清算义务，给公司或者债权人造成损失的，应当承担赔偿责任。

2. 清算组组成

清算组的组成是指公司清算组成员的选任和确定。公司清算组的具体组成方式，因公司清算种类的不同而不同。我国《公司法》规定清算人的选任主要有以下三种方式：

（1）法定清算人。我国《公司法》第232条规定，清算组由董事组成。

（2）选定清算人。我国《公司法》第232条规定，公司章程或者股东会决议可以选任其他人为公司清算人。公司章程可以直接指定公司清算人或者规定公司清算人产生的办法；而股东会作为公司最高权力机构，有权决定公司一切重大事项。在公司章程没有规定清算人的情形下，股东会有权通过决议方式确定公司清算人。

（3）指定清算人。在强制清算中，公司清算组由法院指定有关人员组成。根据法律规定，人民法院指定的清算组成员可以从下列人员和机构中产生：①公司股东、董事、监事、高级管理人员；②依法设立的律师事务所、会计师事务所、破产清算事务所等社会中介机构；③依法设立的律师事务所、会计师事务所、破产清算事务所等社会中介机构中具备相关专业知识并取得执业资格的人员。人民法院指定的清算组成员有下列情形之一的，人民法院可以根据债权人、股东的申请，或者依职权更换清算组成员：①有违反法律或者行政法规的行为；②丧失执业能力或民事行为能力；③有严重损害公司或债权人利益的行为。

当然，清算组成员既可以是自然人，也可以是组织。另外，公司法并未规定清算组的人数，人数可以根据清算事务的繁简情况决定。

3. 职权

在公司清算前，清算组是公司的事务执行机构。因此，公司清算组享有对外代表公司、对内管理公司清算事务的权利。公司依法清算结束并办理注销登记前，有关公司的民事诉讼应当以公司的名义进行。在诉讼中，大陆法系公司法在清算组为数人的情况下，原则上清算组成员均得代表清算中公司，实行共同代表制；而我国实行单一代表制。公司成立清算组的，由清算组负责人代表公司参加诉讼；尚未成立清算组的，由原法定代表人代表公司参加诉讼。

根据《公司法》第234条的规定，清算组在清算期间行使下列职权：

①清理公司财产，分别编制资产负债表和财产清单；②通知、公告债权人；③处理与清算有关的公司未了结的业务；④清缴所欠税款以及清算过程中产生的税款；⑤清理债权、债务；⑥分配公司清偿债务后的剩余财产；⑦代表公司参与民事诉讼活动。

4. 清算组成员的权利、义务

（1）权利。清算组成员有权获得报酬。公司自行组织清算的，成员的报酬由股东会在选任时确定；法院指定成立清算组的，成员的报酬由法院确定。

（2）义务。清算组成员在执行清算业务的范围内，其权利、义务类似于公司董事，与公司之间的关系属于委托关系，处于受托人的地位。作为公司的受托人，清算组成员与公司董事一样对公司、股东负有受信义务，而且对公司的债权人负有受信义务，违反受信义务的，承担违信责任。我国《公司法》第238条第1款规定，清算组成员履行清算职责，负有忠实义务和勤勉义务。

四、清算程序

公司清算程序是指在公司解散清算的过程中，按照有关法律法规的规定，应该经过的具体步骤。虽然有些国家公司法规定，公司解散后，除因合并、分立及破产等法律规定外，应于法定期间到登记机关办理解散登记并公告，产生公示的效力，但是我国法律并没有规定解散登记制度。根据我国法律的规定，公司清算的程序主要包括以下几个步骤：

（1）组成清算组。公司应该自作出解散决议之日起15日内，依法成立清算组。逾期不成立清算组的，可以由利害关系人提出申请，由法院指定有关人员组成清算组。

（2）通知和公告公司债权人。公司的解散会直接影响到公司债权人的利益，因此清算组应当自成立之日起10日内通知债权人，并于60日内在报纸上或者国家企业信用信息公示系统公告。债权人应当自接到通知之日起30日内，未接到通知的自公告之日起45日内，向清算组申报其债权。通知和公告公司债权人是清算组的法定职责，如果清算组未履行职责，比如应进行通知和公告义务而未将清算事宜书面通知债权人，则不免除清算组的民事责任；给债权人造成损失的，债权人有权要求清算组承担赔偿责任。在履行通知义务时，如果债权通知或公示的内容不详也构成清算组未依法履行通知和公告义务，则需要清算组成员承担连带赔偿责任。

（3）清理公司的财产，编制资产负债表和财产清单。

（4）登记债权、编制清算方案。债权人申报债权，应当说明债权的有关事项，并提供证明材料。清算组应当对债权进行登记。在申报债权期间，清算组不得对债权人进行清偿。债权人对清算组核定的债权有异议的，可以要求清算组重新核定；清算组不予重新核定或者债权人对重新核定的债权仍有异议的，债权人可以公司为被告向法院提起确认之诉。债权人在规定的期限内未申报债权，在公司清算程序终结之前补充申报的，清算组应予登记。债权人补充申报的债权，可以在公司尚未分配财产中依法清偿。公司尚未分配财产不能全额清偿，可以用股东在剩余财产分配中已经取得的财产清偿债权人的债权，但债权人因重大过错未在规定期限内申报债权的除外。但并不是所有债权均须进行申报，职工工资、社会保险和税款等费用即无须申报。当职工对清算组核定的债权有异议时，应当允许其要求重新核定，清算组不予重新核定或者职工对重新核定的债权仍有异议的，权利人可以公司为被申请人向人民法院提起诉讼请求确认。

清算组应当制订清算方案。公司自行清算的，清算方案应当报股东会决议确认；人民法院组织清算的，清算方案应当报人民法院确认。未经股东会确认的清算方案无效，清算组不得执行。执行未经确认的清算方案给公司或者债权人造成损失的，公司、股东、董事、公司其他利害关系人或者债权人可以要求清算组成员承担赔偿责任。

清算组在清理公司财产，编制资产负债表和财产清单时，发现公司财产不足以清偿债务的，应当依法向人民法院申请破产清算。人民法院受理破产申请后，清算组应当将清算事务移交给人民法院指定的破产管理人。

在清算组编制资产负债表和财产清单时，公司的股东、董事等直接责任人不提交账册、重要文件的，人民法院应当对直接责任人员进行民事制裁。

（5）收取债权、清偿债务、分配剩余财产。经股东会或人民法院确认清算方案后，公司清算组可依清算方案收取债权、清偿债务，分配公司的剩余财产。公司财产足以清偿公司债务的，应按下列顺序进行清偿：支付清算费用、职工的工资、社会保险费用和法定补偿金，缴纳所欠税款，清偿公司债务，按股东出资比例或者持有的股份比例分配。分配财产必须严格依照法定顺序进行，如果在未进行其他清偿前向股东分配财产，属于无效行为，不仅要追回所分配的财产，相关人员还会被依法追究法律责任。

（6）制作清算报告，进行公司注销登记。公司清算结束后，清算组应当制作清算报告，报股东会或者人民法院确认，并报送公司登记机关，申请注销公司登记。在办理注销登记时，应当提交申请书，依法作出解散、注销的决议或者决定，或者被行政机关吊销营业执照、责令关闭、撤销的文件，清算报告、负责清理债权债务的文件或者清理债务完结的证明，税务部门出具的清税证明，人民法院指定清算人、破产管理人进行清算的，应当提交人民法院指定证明。

五、清算中的民事责任

1. 清算人的义务与责任

清算组成员怠于履行清算职责，给公司造成损失的，应当承担赔偿责任；清算组成员因故意或者重大过失给债权人造成损失的，应当承担赔偿责任。清算组成员从事清算事务时，如果违反法律、行政法规或者公司章程给公司或者债权人造成损失，公司或者债权人可以向其主张承担赔偿责任。

有限公司的股东、股份公司连续180日以上单独或者合计持有公司1%以上股份的股东，在清算组成员有违法行为时，可以向人民法院提起股东代表诉讼。如果公司已经清算完毕注销，股东可以直接以清算组成员为被告、其他股东为第三人向人民法院提起诉讼。

2. 董事、控股股东、实际控制人的义务与责任

（1）未及时组织清算的责任（未成立清算组的责任）。公司的董事和控股股东未在法定期限内成立清算组开始清算，导致公司财产贬值、流失、毁损或者灭失，债权人可以主张在其造成损失范围内对公司债务承担赔偿责任。清算义务人的赔偿责任仅限于因怠于履行清算义务给债权人造成的损失。

清算赔偿责任属于侵权赔偿责任，请求权应当适用诉讼时效的规定，从债权人知道或应当知道其权利受到侵害时起算。[1] 公司债权人并不参与公司的经营管理，不掌握公司的财务账册；而清算义务人通常参与公司经营管理，掌握公司的财务资料并了解公司资产状况。因此，对于清算义务人怠于清算是否导致公司的财产流失或灭失的举证责任，债权人应限于提供合理怀疑的证据，而对于反驳该合理怀疑的举证责任，应由清算义务人承担。[2]

---

[1] 中国某资产管理公司上海办事处诉上海某实业发展总公司、上海市某某公司股东损害公司债权人利益责任纠纷案，上海市第二中级人民法院（2013）沪二中民四（商）终字第1387号。

[2] 王某江、车某斌诉范某波股东损害公司债权人利益责任纠纷案，四川省高级人民法院（2019）川民申721号。

（2）无法清算（阻碍调查程序的责任）。公司的董事和控股股东因怠于履行义务，导致公司主要财产、账册、重要文件等灭失，无法进行清算，债权人可以主张其对公司债务承担连带清偿责任。上述情形系实际控制人原因造成的，债权人可以主张实际控制人对公司债务承担相应的民事责任。

（3）恶意处置资产或者虚假注销。公司的董事和控股股东以及公司的实际控制人，在公司解散后恶意处置公司财产给债权人造成损失，或者未经依法清算以虚假的清算报告骗取公司登记机关办理法人注销登记，债权人可以主张其对公司债务承担相应赔偿责任。

（4）未予清算即行注销（违法注销的责任）。公司解散应当在依法清算完毕后，申请办理注销登记。公司未经清算即办理注销登记，导致公司无法进行清算，债权人可以主张公司的董事和控股股东、公司的实际控制人对公司债务承担清偿责任。

（5）股东或者第三人承诺（因保证性承诺而承担的责任）。公司未经依法清算即办理注销登记，股东或者第三人在公司登记机关办理注销登记时承诺对公司债务承担责任，债权人可以要求承诺的股东或者第三人对公司债务承担相应的民事责任。

公司的董事和控股股东、实际控制人为2人以上的，其中一人或者数人依法承担民事责任后，可以要求其他人按照过错大小分担责任。

（6）出资瑕疵责任不受诉讼时效限制。公司解散时，股东尚未缴纳的出资应作为清算财产。公司财产不足以清偿债务时，债权人可以要求未缴出资股东，以及公司设立时的其他股东或者发起人在未缴出资范围内对公司债务承担连带清偿责任。

第三节　公司注销登记制度

公司清算结束后申请注销登记，为公司终结的常态。但是现实中也存在公司成立后未开展业务或者公司被吊销营业执照后长时间未向公司登记机关申请注销登记的情形，我国《公司法》为此专门规定了两类特殊的注销登记制度来解决这些问题。

一、简易注销登记制度

1. 简易注销登记的概念

公司简易注销登记是指公司在存续期间未产生债务，或者已经清偿全部债务的，经全体股东承诺，可以按照规定通过简易程序终结公司的特殊注销程序。

2. 简易注销登记的适用条件

（1）公司在存续期间未产生债务或者已清偿全部债务。此处的债务不仅包括公司对外的一般债权债务关系，还包括未发生或者已结清清偿费用、职工工资、社会保险费用、法定补偿金、应缴纳税款（滞纳金、罚款）等。

（2）公司不存在不得申请办理简易注销登记的情形。有下列情形之一的，公司不得申请办理简易注销登记：①在经营异常名录或者市场监督管理严重违法失信名单中的；②存在股权被冻结、出质或者动产抵押，或者对其他市场主体存在投资的；③正在被立案调查或者采取行政强制措施，正在诉讼或者仲裁程序中的；④被吊销营业执照、责令关闭、撤销的；⑤受到罚款等行政处罚尚未执行完毕的；⑥公司注销依法须经批准的。

（3）公司全体股东书面承诺公司未发生债权债务或者已将债权债务清偿完毕，并对其真实性承担法律责任；承诺不实的，全体股东对注销前的债务承担连带责任。

3. 简易注销程序

（1）公司提交申请书和全体股东的承诺书。

（2）公司将承诺书及注销登记申请通过国家企业信用信息公示系统公示，公示期不少于20日。

（3）公司向公司登记机关申请注销登记。公告期间届满后，未有异议的，股东可以在20日内向公司登记机关申请注销公司登记。

4. 法律后果

公司通过简易程序注销公司登记的，公司终止；但是股东承诺不实的，应当对注销登记前的债务承担连带责任。

二、强制注销登记制度

1. 强制注销登记的概念

强制注销登记是指公司被吊销营业执照、责令关闭或者被撤销，满3年未向公司登记机关申请注销公司登记的，公司登记机关可以通过公告，强制注销公司登记的公司终止制度。

2. 强制注销登记的适用条件

（1）公司解散的原因必须是被吊销营业执照、责令关闭或者被撤销，对于其他原因解散的公司不适用该制度。

（2）被解散的公司满3年未向公司登记机关申请注销公司登记。公司因违法被吊销营业执照、责令关闭或者被撤销的，作出吊销营业执照、责令关闭或者撤销决定的部门或者公司登记机关，可以申请人民法院指定有关人员组成清算组进行清算。但是该被解散的公司满3年未向公司登记机关申请注销公司显然不妥，应予以纠正。

（3）公司登记机关通过国家企业信用信息公示系统发布公告，公告期限不少于60日。

3. 法律后果

在公司登记机关公告期间，未有异议的，公司登记机关可以注销公司登记。但需要注意的是，公司被强制注销登记的，原公司股东、清算义务人的责任不受影响。